U0584152

浙江省哲学社会科学重点研究基地
"文化发展创新与文化浙江建设研究中心"
资助项目

共同富裕看温州

COMMON PROSPERITY IN WENZHOU

洪文滨　主　编

王　健　执行主编

社会科学文献出版社

SOCIAL SCIENCES ACADEMIC PRESS (CHINA)

《共同富裕看温州》 编委会

序　言

王春光[*]

　　共同富裕，是全人类长期以来孜孜以求的理想，是社会主义的本质属性和要求。实现高质量发展下的共同富裕，是一个长期、不懈努力和奋斗的过程。共同富裕不仅仅限于物质富裕层面，而且还涉及精神、社会建设和治理、公共服务、文化生活等各个层面，这也就决定共同富裕建设的艰巨性。当然，人类历史发展到21世纪，当现代化建设取得巨大成就的时候，当发展以前所未有的速度推进的时候，那么共同富裕有可能存在从理想转为现实的机会和条件，当然这是一个实践过程，没有实践，理想就是虚无缥缈的，是乌托邦。为此，中央批准浙江省作为共同富裕先行示范区，就是按照实践逻辑作出的决策。作为

---

　　* 王春光，研究员，中国社会科学院社会学研究所纪委书记、副所长，博士生导师。

改革开放先行地、民营经济发祥地的温州，在浙江和全国来说，其特色就是民营经济，在民营经济发展过程中如何实现共同富裕，可以为市场经济条件下实现共同富裕提供一些有价值的理论提炼和实践机制。

改革开放 40 多年来，温州民营经济获得高速发展，社会财富快速累积。温州民营经济是一种全民参与发展的经济，换句话说，是一种全民经济。温州素有"宁可当鸡头、不愿做凤尾"的文化传统，人人都想当老板。所以在 20 世纪 80 年代，温州很多村镇出现"前店后厂""楼上住人、楼下生产经营"的家庭作坊生产模式，还有大量温州人亲带亲、故带故，不怕千辛万苦，不远千山万水，白天做生意，晚上睡地板，不仅赚遍神州大地，更是跑向全球做生意，凡是有人的地方就有温州人的踪影。温州人就是这样勤劳致富、创新创业致富的，可以说，在全国率先进行了共富的实践。

虽然在过去 40 多年的发展中，温州并没有很好地解决收入差距问题，但是温州的发展至少是按照共富逻辑展开的。一是社会层面的共富，就是亲戚朋友邻里乡亲在发展中互助互帮，抱团发展。全国各地的温州大厦、温州商场以及温州商会等足以说明这一点。这是一种社会共富的重要机制。二是温州企业的股份合作机制，温州是全国最早搞股份合作的地方，而且现在股份合作已经有了更多的发展，演变为现代企业制度的重要机制。三是温州慈善组织和社会组织非常活跃，其影响范围超出温州地区，全国一些很重要的社会慈善机构中有不少都是温州人创办和经营的。以红日亭、安基金等为标志的温州社会慈善组织处处存在，不仅发挥着救济帮扶解困的作用，而且还参与到社会治理、促进社会建设中，成为温州社会的软实力。四是政府在实现共同富裕上出台了许多政策和措施，推进民生事业和公共服务发展，"提低扩中"取得了一些效果，产业规划和政策体系基本形成，等等。

如何总结好、提炼好温州的共富实践，寻找背后的理论意义和实践逻辑，为温州作为共同富裕建设先行地提供科学的指导，并为全国提供可以参考的范例，本书就选择了多方面的案例进行深度研究和解剖，探索如何做大蛋糕和如何分好蛋糕的机理，立体呈现温州共同富裕建设故事。《共同富裕看温州》一书至少有这样几个值得关注的点：一是，展现了温州在共同富裕建设中的温州元素和经验，比如"折股量化"的扶贫资金机制创新了转移支付、养殖用海的"三权分置"改革、公益慈善组织的作用等。二是，案例的多样性呈现，这些案例既包括市场在共同富裕中的作用，比如，先进制造业集群发展、生态产业建设等；又包括激活传统生活和文化要素来发展特色产业，最令我印象深刻的是选择了永嘉麦饼产业做大做强的案例。三是，共同富裕建设涵盖全范围，从山到海，从传统到现代，从开发区到村庄，从农业到制造业、第三产业，从社会到经济和文化，等等，所有这些要素融合在一起，都成了共同富裕的丰富的动力要素。

最后需要指出的是，共同富裕建设是一个众人拾柴火焰高的实践过程，最关键的还是激发和动员社会、市场、政府、组织、家庭、个人等各种主体参与共同富裕建设的积极性、主动性。政府要为他们创造便利的、良好的政策环境、条件和机会，每个主体才能最大限度地激发出他们的动能和创造性。温州实践最关键的就是激发、增强和保护好共富主体的精神、动力和能力。我认为，本书给读者的最大启发就是这一点。

2022 年 4 月 10 日

目　录

创新驱动：先进制造业集群
助推共同富裕

陈静慧　陈振宇[*]

摘　要： 改革开放以来，乐清抓牢电气产业，以集群规模提升、创新增强、网络优化、治理能力提高为方向，产业规模不断扩大，质量效益不断提升。乐清电气产业集群成为全国唯一入选国家先进制造业集群重点培育名单的以县域为主导的产业集群，强县富民产业基础不断夯实。乐清实现从传统制造向先进制造的转型升级，最核心的是持续强化创新驱动，最关键的是集中力量发展优势产业，最根本的是通过三次分配促成发展成果在全社会范围内更加充分和合理地共享，其成功转型为推动县域产业高质量

---

* 陈静慧，中共温州市委党校乐清分校讲师，研究方向为产业经济；陈振宇，中共温州市委党校乐清分校高级讲师，研究方向为区域经济。

发展、实现共同富裕提供了经验借鉴。

关键词： 共同富裕　先进制造业集群　电气产业　乐清

前　言

电气产业是乐清市工业经济的重要支柱产业，乐清产业集群产值占全国电气市场产值的 65% 以上。2021 年，工信部公布的 25 个先进制造业产业集群决赛优胜者名单中，温州乐清电气产业集群成功入选。作为全国唯一以县域为主导的产业集群，乐清电气产业集群入选，给产业集群林立的温州以极大信心。改革开放 40 多年以来，乐清牢牢锚定电气产业发展，从发展乡镇工业到发展块状经济，再到发展标志性产业链、产业集群，乐清电气产业集群规模不断扩大，质量效益不断提升，成长为我国最大的低压电器产业集群。共同富裕物质基础不断夯实，城乡居民收入水平不断提高，收入分配格局上取得积极进展。乐清电气产业集群是如何晋级为国家级先进制造业集群的？它是如何助推县域实现共同富裕的？它给县域发展带来哪些启示？

一　共富路上"挑大梁"的乐清电气产业

20 世纪 60 年代，乐清通过简单修复、转卖国营企业产品的模式开始进入电气行业，凭借 80 年代"商品市场集散优势"、90 年代"制造集聚优势"，到 21 世纪以来的"龙头企业主导的集群优势"一路高歌猛进，乐清电气产业集群成长为国内电气全产业链发育最完整的区域产业集群。2021 年，乐清电气产业总产值达到 1360 多亿元，拥有电气企业 1.1 万多家，其中浙江正泰电器股份有限公司（以下简称"正泰"）成为温州首家市值超千亿元企业。乐清电力能源技术整体上达到国内先进水平，突破了大功率电力电子器件、高温超导材料等关键元器件和材料的制造及应用技术，主导或参与制定国际标准 11 项、国家标准 848 项，已成为电力行业产品标准的主要策源地。乐清智能电气产业集群入选浙江省新智造试点，电气产业集群获评国家先进制造业集群。发展模式也从平推式跨入立体式工业化发展阶段。

（一）以"电"为核心，做强电气先进制造业集群

2018 年，以被列入浙江省传统制造业改造提升省级分行业试点为契机，乐清着力推进电气产业集群建设，以集群规模提升、创新增强、网络优化、治理能力提高为方向，努力打造具有影响力的先进智能电气产业集群。

1. 加大企业培育力度，扩大电气产业集群规模

与国内国际先进产业集群对标，乐清电气产业还存在产品以中低压电器为主、中低端同质化竞争、集群整体质

量效益亟待提升等问题。做大做强企业、扩大产业规模成为集群高质量发展的重要前提。

乐清坚持以新理念、新科技、新动能引领电气产业高质量发展，打造集群创新生态，塑造集群核心优势，逐渐打破了电气产业"低、小、散、乱"路径锁定困境，产业结构持续优化，质量效益显著提高，产业呈现较快增长态势。2021年，乐清电气产业实现规上总产值979.45亿元，同比增长12.5%，规上增加值198.88亿元，同比增长2.2%，占整个工业增加值的比重超过55%。

为强化产业基础，乐清开展企业梯队培育行动，以"3+3+3"模式建立"雏鹰""凤凰""雄鹰"三大梯队，加快"专精特新"小巨人企业发展，打造现代化企业。当前，集群内规上电气企业885家，产值超亿元企业171家，超100亿元企业2家。"雏鹰"梯队中，规上工业企业累计达1368家，"专精特新"培育企业2186家；省"隐形冠军"企业11家，省"专精特新"中小企业66家；国家"专精特新"企业10家。"凤凰"梯队中，已拥有境内外上市公司11家；浙江证监局辅导备案企业7家；"新三板"挂牌企业累计20家，IPO签约企业32家，上市后备梯队企业50家。"雄鹰"梯队中有正泰、德力西、人民电器等3家培育企业。总的来说，乐清电气产业大、中、小企业融通发展，集群高质量发展模式基本形成。

2.聚焦数智化转型，增强企业创新驱动力

伴随电气产业高速发展，产业集群的短板也同时显现，如技术储备不够，缺乏关键核心技术，技术转化率不高等。大多数中小企业对新一代信息技术应用不敏感，研发投入强度不足，在编程、计算、云数据中心等接入设施领域的传统竞争优势尚未形成，在数字电网、需求侧响应、能源数据安全性等新兴领域储备相对不足。抓住工业互联网和智能制造时代的机遇，激发创新活力，成为乐清电气产业转型的关键。

围绕补短板、促创新，乐清以数智化为抓手，在资金补助、平台赋能、人才支持等方面出台了多项政策。一是推进电气产业数字化转型。深入实施数字经济"一号工程"，支持和培育发展芯片、通信模块、高端装备、传感器等高新基础产业，充分发挥"未来工厂""数字化车间""智能工厂"试点示范作用，完善"1+N"工业互联网平台体系建设，深化实施智能化技改、网络化制造、"5G+工业互联网+智能制造"三步走，推动数字经济新动能与传统动能双向融合提升；2021年打造了全国首个智能电气产业大脑，打通上下游产业链336个节点，集成国内电气产业链企业6万多家、电气领域人才2000多名，实现对产业链运行的常态化监测分析，率先实施了"碳均论英雄"改革及多场景、跨场景应用，为全产业链配套企业提供从产品设计、供应链采购到智能制造、运维管理等一站式解决方案和个性的服务。二是加大技改支持力度。近年来，为持续激发企业智能化技术改造积极性，在"技改新八条"的基础上，制定出台了"技改新十条"，将技改补助比例从 10% 提高到最高 30%，最高补助金额从 1000 万元提升到 1200 万元。三是推动多种形式创新载体共建，赋能企业创新。现已成功建设了科技孵化器、工业设计基地、检测中心、科技大市场等公共服务平台，顺利推进与高校、研究院所和大企业等研发合作。出资 5000 万元与浙江大学机械工程学院合作建立的智能装备中试基地、省智能电气制造业创新中心，与浙江大学联合在杭州紫金港建立的浙大乐清智能电气研究基地等多个创新合作平台均已投入运营。四是加强人才支撑。2020 年下半年以来，乐清密集出台《电气产业集群人才蓄水池 38 条》《高层次人才招引双 8 条》等一系列人才新政。在人才政策带动下，企业引进了更多高级工程师、高级技能人才。创业 32 年的环宇电气引入两位博士，挂上了博士后工作站的牌子。高端人才助力，效果立竿见影，2021 年第一季度企业产值增长了 30%。企业总经理王楚说，"环宇电气招引高层次人才的'豪气'，得益于乐清对建立'人才蓄水池'的一揽子人才政策支撑"。

在数智化政策的带动下，企业创新动力显著增强，乐清培育了一批数字化车间、智能工厂示范企业。正泰、人民电器、嘉德 3 家企业入选省数字化车间、智能工厂示范企业。正泰等 16 家企业通过工信部两化融合管理体系贯标认定。一方面，企业生产效率显著提高。近三年技改投资超过 500 万元的 124 家规上企业中，25 家企业税收增长超过 50%，13 家企业增长超过 100%；58 家企业销售产值增长超过 50%，25 家企业销售产值增长超过 100%。比如，近几年正泰投入近 5 亿元进行智能化改造，带动上游供应商 600 余台套设备数字化转型改造，产品一次性合格率提升 50% 以上，单极工费额下降 50% 以上，人均生产效率提升 300% 以上。另一方面，企业用工人数大幅下降。德力西的智能车间，通过智能化改造，用工数从 700 人减少为 70 人；浙江佳博科技股份有限公司，近三年投入 1100 多万元改造、净化车间和设备，减少了近 50% 的产线员工数量。

3. 强化产业协同式发展，提升产业链供应链创新能力

作为县域集聚的产业集群，并不先天具有市场竞争力。中小企业单独组成网络，容易产生竞争大于合作的现象。中小企业在相互抱团的同时，再与大企业抱团，在产业链中做好分工，这样才能增强供应链效力，真正发挥协同制造竞争力。乐清电气产业集群的抱团合作正是促成其提升产业链竞争力的一个重要因素。

在产业链中，龙头企业是领军企业，起着主导性作用。乐清率先通过要素优先保障、政策量身定制、服务绿色通道、评先重点推荐等措施，扶持正泰、德力西、人民

电器等 35 家行业龙头骨干企业,围绕供应链整合、创新能力共享、数据应用等产业发展关键环节,构建了资源开放、能力共享等协同网络,仅正泰就引领 400 多家核心供应商,开展了 46 项关键技术和材料创新攻关。另外,龙头企业积极联合中小企业开展协同制造,吸收本地中小企业参与电站建设、电网改造等大型工程,发挥其产业辐射和示范引领作用,提升产业集群整体竞争力。通过企业融通发展和产业链协同、区域协同制造的现代工业体系打造,乐清电气产业本地配套化率可达 85% 以上。"生产一个电气产品,在乐清范围内就能找全配件",天正电气副总裁方初富举例说,"每种配件都可在乐清找到多家优质供应商,且方圆不超过 50 公里"。

除了产业配套完善外,乐清电气产业集群最突出的特质是产业链条的韧性强。产业集群通过紧密合作加快了知识流动速度,提高了竞争追赶意识,从而形成了群体创新模式。当前,集群内拥有国家高新技术企业 596 家,高新技术产业增加值占规上工业增加值的比重达 76.4%,居全省 17 个经济强县首位。产业链上的创新集合迸发出巨大的力量,解决了众多能源互联网、智能电网等领域的关键共性技术问题,特别是在智能配电器、5G 专用断路器、物联网通信网络、汽车电器等领域,攻克了直流控制与保护、高电压可靠分断、多电源协调控制等关键技术,并使其达到国际先进水平。

4.打造产业促进机构，提高集群治理能力

为积极参与电气先进制造业产业集群竞标，乐清专门成立了电气产业集群促进机构——乐清市电气产业创新发展服务中心，这是一个新型的、非政府的、非营利性的集群发展促进机构，共拥有成员381家，其中有正泰、德力西等龙头企业15家；金卡、电光等"专精特优"和高新技术企业332家；浙江省电气行业协会、小型断路器行业协会等覆盖整个电气产业链的各类行业协会26家；清华长三角研究院、浙江大学智能电气研究院等院校和科研院所22家；国家低压电器产品质量监督检验中心、国家智能电气工业设计研究院、省级电气产业创新服务综合体等公共服务机构8个。

自成立以来，服务中心为集群发展提供多方位服务，充分调动集群内外资源，谋会展、办论坛、广交流、共分享、促研发，提升了集群现代化治理水平，推动了先进集群创建。一是促进集群产业基础高级化转型。组建由150名技术人才组成的专家库，为集群成员提供技术咨询服务，协助200余家规上电气企业实施智能化技术改造，协助1000余家企业完成装备数控化改造。二是深化集群网络化协作。以技术创新项目为载体，多次走访浙江大学、复旦大学等高校，对接乐清工程师创新服务中心、乐清智能装备与制造研究院等机构专家，涉及对接的企业近百家，建成中小企业公共服务平台等5个企业信息服务平

台，促进 750 余家物流企业规范运营，完善了"一小时"垂直配套闭环。三是加快集群技术创新。在引进创新项目、电力方向高精尖技术、产业数字化融合技术上持续发力，协助正泰成功创建"国家技术创新示范企业"、实施国家智能制造项目。四是保障集群要素集聚。对接参与国家制造业转型升级基金、物联网产业基金、长三角股权基金等三个地方性、区域性产业基金项目，涉及资金规模42 亿元，近三年帮助企业融资达 258.6 亿元。五是开展各类交流活动。近三年来开展各类公益讲座 300 余次，全面助推集群企业加强知识产权保护，维护自身合法权益；组织参加国际性展会 330 余次，参加企业 1620 家次，发布外贸预警信息 1200 多条，有效降低集群内企业外贸风险，有效保障成员国际市场开拓；组织承办中国电器文化节、世界青年科学家峰会等高级别活动，全面宣传集群产业形象，促成院士、专家项目团队与本地企业签约。

（二）以"电"富民强县，助推共同富裕

一个超千亿元电气产业集群的形成，是无数民营企业长期耕耘的结果。产业集群的高质量发展让民营企业担纲主力，在稳定增长、增加就业、改善民生等方面发挥了重要作用，助推乐清实现共同富裕。

1.创造社会财富，提供更多优质产品和服务

作为乐清主导产业，电气产业带动全市其他产业稳健

发展，壮大了实体经济根基，乐清经济从高速度增长向高质量发展迈进，综合实力不断提升。从 1978 年到 2020 年，乐清 GDP 从 1.84 亿元增长到 1263 亿元，年均增长 16.82%；人均 GDP 从 226 元增长到 9.6 万元，年均增长 15.50%。2021 年，乐清实现地区生产总值 1433.5 亿元，总量稳居温州第 1。2021 年乐清综合实力跃居全国百强县市第 14 位。

从模仿到提供更多高效、安全、清洁的产品，乐清电气产业不断满足人民群众高品质的用电需求。当前，产品门类覆盖输电变电配电等 200 多个系列 6000 多个种类 25000 多种型号。乐清电气不仅为居民提供了高质量的家用电器设备，也为电力能源、国家智能电网、能源互联网电气、轨道交通电气、航空航天电气等工程建设作出了卓越贡献，为人民群众的安全高效用电保驾护航。

2. 提供更多就业机会，助推员工成长

乐清电气产业为社会提供了大量就业机会，提高了居民可支配收入。当前，乐清电气产业集群提供了 30 万个就业岗位，随着集群内企业高质量发展，员工的收入也逐年增加。调研发现，乐清制造业职工的年平均工资是 8 万~10 万元，一些企业熟练工人月收入可达 1 万~1.5 万元。除了基本的工资收入，集群内部分企业已实施灵活多样的股权激励和员工持股计划，以增加员工财产性收入。如正泰上市后,股份分红就超过 90 亿元。另外,部分未上市的民营企业,预留利润的一定比例作为员工奖金,如宝龙电子提取利润的 20% 作为员工的年终奖励。多元的分配方式让更多优秀员工、专业技术人员、工程师等凭借出色的专业能力获得更高的收入,不断推动以中等收入群体为主体的橄榄形社会结构的形成。

为了更好地留住员工,特别是留住优秀员工,集群内多数企业已建立包含住房、子女教育、培训等在内的全方位员工福利体系。如宝龙电子为外来员工提供购房支持,累计已有 16 位员工在乐清购房安家;每月定期开办宝龙研修班,加强对高级管理人员和专业技术人员的培训。贝良风能鼓励并组织员工参加专业技术培训,报销培训相关费用,并对职称晋升者提高 10%~20% 的薪资。大规模高质量的职业技能培训让集群内的员工不断成长,当前集群内已有技能劳动者 22 万余人,高技能人才约 6.5 万人。另外,集群内部分企业采取项目领衔制,实现了工程师和企业在研发过程中的良性互动。在这种模式下,集群内企业研发投入占其全年收入比重的平均值达 4.2%,员工也可以获得研发转换收益,逐渐成长为独当一面的技术人才。尊重员工、关爱员工、成就员工,不仅让干事者能干成事、想成长者能成长,也增强了人才的归属感和尊严感,实现员工与企业共成长。

3. 联动发展，实现先富带后富

在产业集群的发展中，乐清电气产业形成了以大企业为龙头、以众多中小企业为卫星群的产业生态体系。65%的市场份额意味着乐清电气产业集群已经在国内构建了深度连接的产销网络，大量的电气经销商遍布全国乃至全世界，开创了独特的乐清人经济。在这种强连接的网络中，为大企业配套服务的中小企业和经销商在产业链的辐射下不断成长，如正泰，积极与上下游配套的小微企业进行供应链方面的合作，在技术创新、经营管理上进行帮扶，很多中小微企业正在成为独当一面的"专精特新"企业。正泰在国内的 2000 余家供应商也带动了无数乐清人发家致富。

除了产业链配套发展需要，集群内企业也更加重视社会责任，开展"山海结对""村企联盟"等活动，以缩小"三大差距"。共富流动车间就是推动山区乡镇村民提高收入的一个重要载体。2020 年，大荆镇+虹桥中讯电子+新坊村村民三方创建了一种新型的致富模式，依托闲置楼房和农村剩余劳动力，企业将一些对产品装搭技术要求不高但需要较多劳动力的来料加工工作转移到村民家门口，安排技术人员到现场开展培训，"共富车间"应运而生。当前，柳市、北白象、虹桥等乡镇 8 家企业在当地共设立来料加工共富车间 13 个，增加灵活就业岗位 1000 个以上，解决农村闲置劳动力 300 余名，使每人每月增收

3600 元。49 岁的村民鲍香领开心地告诉记者："孩子大了，我待在家里好几年了，现在在家门口就能实现就业，月收入有 4000 多元呢。""政府搭台、企业唱戏、群众受益"的新型模式正在激发农村劳动力就业和创业热情，是实现产业发展和群众增收的新路子。

4. 积极参与社会慈善和公益事业

集群内的企业家致富不忘回报社会，热心慈善事业，积极参与扶贫帮困事业。2003 年 1 月 4 日，正泰等企业发起成立了国内首个民营企业扶贫济困总会，在首期认捐仪式上获 1.1 亿元捐资款，主要用于资助贫困山区、老区和困难群众。2012 年民营企业扶贫济困总会并入慈善总会。到 2020 年末，乐清慈善总会累计收到捐助 7.48 亿元，其中民营企业共捐助 4.8 亿元，占比超过 60%。除依托公益部门开展慈善活动外，一些企业还成立慈善部门、建立公益基金、组织义工队开展公益活动，如正泰注资 9000 万元成立正泰公益基金会，集团累计捐款超 3 亿元；永固集团通过各种形式积极主动地参与落后山区扶贫、文化体育事业、新农村建设、社会公益事业及社会慈善事业，累计捐款超过千万元。集群内企业积极参与希望助学活动，建立助学基金，扶持家乡教育。如合兴集团捐助 70 万元，在 7 个学校开展帮困助学活动；另外，该企业还将集团 30 周年庆简办而节约的 100 万元资助乐清低保群体子女上大学。黄华集团在黄华中学和小学各设立 100

万元奖学金。正泰在多所学校设立"正泰品学奖"，奖励优秀学子继续深造。

二 做强产业集群 助推共同富裕的 经验与启示

共同富裕的核心是生产率提高的成果在全社会范围内更加充分和合理的共享。这意味着高质量发展是共同富裕的前提，实现共同富裕，要先做蛋糕，做大蛋糕，然后才能分蛋糕。乐清电气产业集群的发展壮大证明，县域产业集群的高质量发展不仅是推动工业化和城镇化的重要支撑点，而且是县域实现共同富裕的重要引擎。

（一）强化创新驱动，在高质量发展中"做大蛋糕"

创新是推动产业升级、促进共同富裕的核心引擎。不同于传统对规模和速度的追求，高质量发展更侧重于"质"和"量"的发展。乐清电气产业集群从传统产业集群向先进制造业集群迈进的关键就是把握住创新这条主线。集群内企业不断加大研发投入，将关键技术、核心装备牢牢掌握在自己手中，增强市场竞争力，锻造产业链韧性，推动电气产品向高端化、智能化、绿色化发展；政府致力于动能转换，建成长三角电气工程师创新中心等一批高能级创新平台，创建省级产业创新服务综合体，打造省级智能电力物联网"万亩千亿"新产业平台,推动电气产业发展质量变革、效率变革、动力变革。企业、政府、行业协会等多方合力共同推动电气产业迈向全球价值链中高端。当前,乐清电气产业集群已逐渐从简单低压领域加快向成套设备、智能电气等领域升级,逐步向先进制造业集群迈进,集群内的制造企业,采用长板加盟方式进行串联,不断抬升微笑曲线底部,提高电气制造环节在整个价值链上的议价权。产业链上各企业高质量发展,为乐清经济的发展夯实了坚实的工业基础,2021 年乐清跃居中国创新百强县市第 11 位、中国未来投资潜力百强县市第 5 位。

(二)做好三次分配,在高质量发展中"分好蛋糕"

推进共同富裕是创造财富和分配财富的统一,产业集群内民营企业的发展是共同富裕的基础,以百万人创业带动千万人就业,让每个人在生产中都靠能力、努力、勤奋获得财富。民营企业是初次分配、再分配、三次分配的重要主体,在促进社会协调均衡利益关系形成上肩负着重要的责任。民营企业在第一次分配中担好"主体责任",提高居民收益。乐清电气产业集群实现了约 20% 人口的就业量,企业员工收入从改革开放初期的年均百元左右增加到 2021 年的 8.6 万元。2021 年,乐清城镇和农村居民人均可支配收入分别达 73287 元和 41991 元,年均分别增长 7.8% 和 9.3%。民营企业在第二次分配中担好"纳税责任"，实现区域均衡发展。企业不断创造和提高效益、扩大利润、增收节支、依法纳税，向政府提供更多的税源。乐清电气产业集群纳税占财政收入的 40% 以上。2021 年，乐清财政总收入 166.9 亿元，其中一般公共预算收入 97 亿元，为开展再分配，支持教育、医疗、养老等公共事业发展提供了有力的资金保障。民营企业在第三次分配中担好"公益责任"，缩小收入差距。越来越多的企业积极参与社会慈善公益事业，参与扶贫帮困、助学关爱、公益文化等活动，成为第三次分配的主力军。2021 年乐清城乡居民收入比为 1.745，远低于全国平均水平，也低于浙江省平均水平。

（三）发挥"有为政府"作用，集中力量发展优势产业

产业政策要实现好的效果，关键是要甄别出具有潜在比较优势的产业以及其发展的软硬基础设施瓶颈，这样政府才能因势利导促进其发展。对于选定的优势产业，政府需要按照"集中优势兵力打歼灭战"的策略，集中有限资源，降低集群内企业的交易费用，以"星星之火可以燎原"之势促进经济更快更好地发展，这样才能为共同富裕夯实坚实的物质基础。乐清综合实力不断提高证明其找准了电气这个具有比较优势的产业。2020 年乐清政府工作报告提出，充分发挥以"电"为核心的基础产业优

势，围绕打造世界级先进智能电气产业集群，进一步延链、补链、强链、优链，全力打造全省数字经济发展先行区。正是抓准电气这个主导产业，围绕电气产业转型升级，提升集群现代化治理能力，完善集群创新生态，打好产业基础高级化、产业链现代化攻坚战，促进产业链供应链自主可控和科技自立自强，才将乐清电气产业集群建设成为具有影响力的先进电气制造业集群。

结　语

从乐清电气产业的发展之路来看，共同富裕目标的实现离不开产业的高质量发展。民营企业是县域产业转型升级的重要主体，我们一定要深入学习贯彻习近平总书记关于民营经济发展的重要论述和指示精神，坚持"两个毫不动摇"，促进"两个健康"，加快打造营商环境最优市，聚焦聚力民营企业高质量发展，支持民营企业做多做大做强，进一步夯实共同富裕的产业基础。我们要推动构建更加和谐的劳资关系，促进民营企业向"共富企业"转型升级，不断提升员工的幸福指数。我们要加大慈善宣传力度，营造和谐的慈善环境，引导更多的民营企业参与慈善活动，让"善行乐清"担当共同富裕县域示范标杆区。

永嘉麦饼：特色产业绘就"共富地图"

蒋杭波　李徐彬　陈海东　施建武*

摘　要： 为了促进农民增收减贫，吸收农村剩余劳动力，永嘉县政府找准麦饼这个特色产业抓手，在不同发展阶段针对麦饼产业制定相应的帮扶政策，政府角色经历了从"无为而治"到"适度有为"再到"强势主导"的转换，最终走出了一条独特的麦饼共富之路，改善了永嘉农民的收入水平和生存境况，促进了永嘉麦饼产业集聚，增进了永嘉社会和谐。本文通过剖析永嘉麦饼的案例，揭示了探求共富之路应该挖掘地方特色产业资源、发挥政府组织能力和农民主观能动性、因地制宜组织产业扶贫方式。

* 蒋杭波，中共温州市委党校永嘉分校讲师，研究方向为政治学理论；李徐彬，中共温州市委党校永嘉分校讲师，研究方向为党建；陈海东，"永嘉麦饼"产业发展领导小组办公室主任，研究方向为经济学；施建武，中共温州市委党校永嘉分校讲师，研究方向为党建。

永嘉麦饼的成功经验，为农业农村经济优化升级、农村剩余劳动力的吸收提升、探索新时代共富之路提供了重要借鉴。

关键词： 永嘉麦饼　共同富裕　产业扶贫

前　言

当前，实现共同富裕的重要举措是"扩中""提低"，扩大中等收入人群基数，实现贫困人口的最终清零，关键在于"精准识别扩中提低重点人群，分类制定针对性政策措施，推动更多低收入人群迈入中等收入行列"①。习近平总书记指出："发展产业是实现脱贫的根本之策。"相比于易地搬迁、生态补偿和社会保障等扶贫手段，产业扶贫不仅解决贫困之"标"，更着眼于根除贫困之"本"。

作为浙江全省山区 26 县之一的永嘉，近年来，着眼于乡村振兴，在新时代争创高质量发展建设共同富裕示范区县域样板，因地制宜找到了麦饼这一精准扶贫、农民增收的重要抓手。永嘉麦饼历史悠久、世代传承，是永嘉当地民间风味的重要代表，在永嘉周边及温州地区广为流

---

① 袁家军：《扎实推进高质量发展建设共同富裕示范区》，《求是》2021 年第 20 期。

传。如今在永嘉县委、县政府的大力主推下，通过麦饼技能培训的农民学会技艺带着麦饼闯天下，500 多家永嘉麦饼门面店走出温州，遍及全国。麦饼产业发展这一"小切口、大撬动"的突破性举措，为浙江农民农村共同富裕探索了新路。

一 麦饼从"寄乡愁"到"共富梦"的转变

永嘉地处浙南山区，山地广袤。在交通不发达的年代，麦饼是永嘉人走南闯北、务农经商的必备口粮。过去人们常怀揣自家的麦饼，或劳作田野或行走山道，渴了掬几口山泉水，饥了啃几口麦饼，永嘉人出行短则三五天，长则十天半个月。"爬爬山岭，吃吃麦饼，山水冰冰"（爬山岭，吃麦饼，饮山泉水）这句永嘉广为流传的俗语是以前当地人出行的真实写照。由此，麦饼寄托了走南闯北的永嘉人的乡愁。

（一）"无为而治"的政府与麦饼产业的第一波浪潮

改革开放后，温州地方政府大胆解放思想，推动市场导向改革。吃苦耐劳、敢闯敢干的温州人纷纷创业，开创了"家家办工厂，人人摆地摊"的局面，创造了生机勃勃的"温州模式"。乘着改革的春风，温州政府顺应民众，突破计划体制束缚，同时顶住来自各界对于"姓资姓社"质疑的巨大压力,不再对商品经济的发展设限,让温州的民间私营市场自由发展,地方政府这种"无为而治"的姿态成为促成永嘉麦饼产业发展第一波浪潮的主要因素。

随着温州地区商品经济的繁荣发展,麦饼的商品化经营开始在永嘉地区兴起,成为永嘉农民家庭增收的重要补充。麦饼产业的兴起除了政府因素之外,还源于以下几个方面:第一,永嘉地区耕地不足,"八山一水一分田"的自然条件使得永嘉人仅靠土地所获得的收入极其微薄,永嘉人不得不另谋出路,寻找其他副业;第二,农村劳动力尤其是妇女劳动力过剩,而麦饼制作本身技术门槛低,几乎所有的永嘉主妇都有制作麦饼的好手艺;第三,麦饼经营的资金投入较少,一个铁皮桶加个锅就够支撑起一个麦饼摊,再加些锅碗瓢盆,不过几百元;第四,麦饼在永嘉以及温州地区深受当地人民喜爱,潜在市场巨大,而分散在各地务工经商的永嘉人更是将麦饼的商机带向了全国。正是在以上几个要素的推动下,从20世纪80年代末到90年代末,永嘉麦饼产业开启了第一波发展浪潮。

麦饼产业发展的第一波浪潮发源于沙头镇。沙头镇曾经是永嘉船运的交通要道,80年代沿着楠溪江的船埠头挤满层层叠叠的舴艋舟,船老大们上岸,第一眼望见的就是沙头沿街的麦饼摊子。以前沙头镇周边沙地多,这种地种不了水稻,却适合种麦子,每家每户几乎都种麦子。一年收上千斤的麦子，在自给自足后，多出来的麦子就会被磨成粉做麦饼，沙头镇的船来船往也让麦饼有了不错的销路。

20世纪80年代，在永嘉沙头镇，麦饼个体经营户如雨后春笋般涌现，其中徐春珠的创业历程具有一定的代表性。1988年，30岁的徐春珠在沙头镇珍溪口渡头边上支起乡村用柴火烧的镬灶，摆上一口大铁锅，开始了她的麦饼摊点经营。徐春珠经营麦饼摊位的资金投入很少，一个镬灶加个铁锅总共不过200元钱，制作麦饼的其他工具都是家里自备的。原材料里面的小麦、榨菜、梅干菜都是自家地里种的或再加工的。当时，自家地里种的包菜、芥菜和白菜一年可以种三季，基本能够满足店面需求，猪肉则来自邻居家养的土猪。此前徐春珠是跟随丈夫在东北从事棉花加工的弹棉郎，务工闲暇期间，她尝试用自己家传的麦饼手艺来挣点外快，谁知生意出奇的好，那时候麦饼2元钱一个，平均一天能卖出去十几个，刨除成本一天净赚20多元，而那时候平常一个工人一天的工资也就20元左右。后来随着珍溪口大桥建成，徐春珠和丈夫王丐琴把摊点从渡头转移到珍溪口大桥边上。王丐琴种菜、腌咸菜、做梅干菜，徐春珠就专心地做麦饼，研究制饼技艺，日子慢慢红火起来。除了麦饼的发源地沙头镇，永嘉县城上塘也是麦饼摊点的集聚区。1991年，桥头人王金妹，因女儿陈晓微嫁到县城上塘，她随即到上塘开起面馆。但面馆的生意一般，反倒是她做的麦饼比较受欢迎，王金妹因此将面馆改成麦饼店，"王大妈麦饼"由此在上塘打开了市场。在她的带动下，店铺所在的屿后巷一度成为麦饼一条街。

永嘉麦饼产业发展的第一波浪潮有几个突出的特点：首先，地方政府的作用表现为"无为而治"，不再为个体商业经营设限，这是麦饼产业第一波浪潮兴起的基本前提；其次，麦饼经营的形式以简陋的摊点为主，大部分是经营规模较小的草根店铺，小麦、猪肉、芥菜、包菜等原材料自给自足；再次，大部分经营者将麦饼作为家庭经营的副业，这个时期麦饼收入更多的是务农或从事其他业务的收入补充，很多麦饼摊点的诞生带有"无心插柳"的意味；最后，这个时期麦饼摊点主要分布于岩坦、福佑、岩头、坦下、沙头、上塘、瓯北等地的公路沿线车站和水路码头，而永嘉本地的沙头、上塘两地的麦饼摊点尤为集中。

（二）"适度有为"的政府与麦饼产业的第二波浪潮

21世纪初，麦饼产业的蓬勃发展引起了永嘉县政府的重视，政府开始意识到麦饼产业对于发展永嘉经济、提升永嘉农民收入的巨大潜力，政府角色从"无为而治"转向"适度有为"，有意识地对麦饼产业提供直接的政策支持、引导和规制。经过永嘉县委、县政府的不懈努力，永嘉县在 2015 年前后掀起了麦饼产业发展的第二波浪潮。

这段时期政府对于麦饼产业的推动举措主要包括以下几方面。

第一，宣传造势，提升品牌影响力。永嘉传媒集团是麦饼宣传的主力，其主要宣传两方面：一是对以麦饼为代表的永嘉饮食文化的宣传，重点报道了永嘉人对于麦饼的情怀、记忆和永嘉人的乡愁，永嘉麦饼的悠久历史和风味特点等；二是对受永嘉人民欢迎的明星麦饼店面的报道和采访，永嘉传媒集团的记者采访了"王大妈麦饼""孝老头麦饼"等明星麦饼店面，介绍了这些明星店面的基本情况，现场试吃并发表感想评价，对不同店面麦饼的口味特点进行点评，进一步提升麦饼知名度，吸引周边食客尝试麦饼。

第二，搭台摆擂，激发行业创造性。永嘉人社局牵头举办的"楠溪麦饼王"麦饼制作技能大赛对培育麦饼产业人才、宣传麦饼文化起了重要作用。2015 年 11 月，永嘉人社局牵头，与总工会联合举办了首届"楠溪麦饼王"麦饼制作技能大赛，吸引永嘉周边的麦饼制作人才参与竞技。评委通过品尝，从色香味形、营养卫生、创意创新等各方面为选手相应赋分，最终评选出优胜者并授予其"楠溪麦饼王""楠溪麦饼制作大师""楠溪麦饼制作高手"等荣誉称号。"楠溪麦饼王"麦饼技能大赛对于宣传永嘉的饮食文化、动员周边群众参与麦饼产业发挥了良好的作用。不少优秀的麦饼师傅在"楠溪麦饼王"麦饼制作技能大赛中声名鹊起，逐步成为行业"领头羊"。

第三，全链建设，增强农旅融合度。永嘉农业农村局是直接推动麦饼产业发展的中坚部门。农业农村局将麦饼产业作为推进乡村产业振兴、提高农民收入的突破口，并且有意识地将麦饼产业打造成永嘉农旅融合产业布局中的重要一环。麦饼产业的发展与农业、农民、农村息息相关。麦饼的原料如小麦、猪肉、青菜、榨菜和梅干菜全部来自永嘉本地农村，从事麦饼制作销售的都是永嘉本地人，麦饼产业能够带动种植业、养殖业和农副产品加工业的发展，因而发展麦饼产业是解决永嘉"三农"问题的重要抓手。永嘉农业农村局采取一系列措施完善麦饼产业链，在原材料供应、生产、销售等环节进行有效监督和服务，对永嘉麦饼店做大做强起到了关键作用。将麦饼产业纳入"农旅融合"版图，使麦饼不再仅仅是一种果腹的日常食品，更成为带有永嘉烙印的旅游纪念品，成为楠溪江旅游的独特美食。

经过政府的一系列努力，2015 年前后，永嘉县麦饼产业发展迎来第二波浪潮，一些新的麦饼品牌开始涌现。其中，"什佳麦饼"的创立者叶智敏就属于麦饼创业第二波浪潮中的弄潮儿。2014 年，叶智敏毕业于杭州师范大学音乐专业，原本的人生轨迹应该是毕业之后找份教师工作为人师表。大三那年，叶智敏在大学附近看到一家麦饼店生意红火，就有了创业做麦饼生意的念想。2016 年，他辞去教师工作，在政府举办的培训班学习了麦饼制作的基本技术。经过不断改良，叶智敏终于创制出了有自己独特风味的麦饼，取名"什佳麦饼"。

除了新的创业者进入麦饼行业，原有的麦饼经营者也开始重新调整经营策略。2010 年，徐春珠夫妇在珍溪口省道附近盖起了三间小平房，加上一番装修，将原来简陋的麦饼摊改造成干净整洁的麦饼门面店并取名"王徐记"。2018 年，徐春珠的小女儿王娟燕代表"王徐记"出战，一举夺得第二届"楠溪麦饼王"麦饼制作技能大赛冠军，由此有了知名度，"王徐记"也一跃成为永嘉麦饼行业的龙头经营者。在这个阶段，王金妹注册了"王大妈麦饼"商标，这也是永嘉第一个注册的麦饼商标。2005 年前后，有了门店和品牌的"王大妈麦饼"迅速打开了市场并赢得口碑，先后荣获温州名小吃、永嘉名牌商标、中华名小吃等称号，品牌知名度进一步提高。随后，"王大妈麦饼"在永嘉和乐清、温州市区共开设了 11 家门店。除了自家经营，"王大妈麦饼"商标也授权他人经营，在全省高速服务站里开设了 18 家加盟店。由此，永嘉麦饼走出了温州，开始迈向全国。

永嘉麦饼产业发展第二波浪潮呈现了以下几个特征：首先，这个阶段政府开始从"无为而治"转向"适度有为"，主动介入、引导和鼓励麦饼产业的发展，出台了一系列有针对性的政策和举措，但是这些政策和举措都是牵头部门独立展开的，缺乏上级部门的统一协调和组织，扶持作用有限；其次，部分行业龙头经营者开始注重经营的规模化、品牌化、连锁化，麦饼家庭作坊逐步转化为现代企业，开始雇工经营，产品原料从自给自足逐步转化为统一对外收购，与此同时，大部分草根麦饼摊点依然大量存在；再次，这个阶段麦饼门面店开始从永嘉逐步扩散到整个温州地区，进而走向全国；最后，绝大部分新入行者将麦饼作为致富的主业，不再仅仅把麦饼作为副业，并且知名麦饼经营者的示范带头作用越来越显著。

（三）"强势主导"的政府与麦饼产业的第三波浪潮

2020年3月22日，"2020云上世界永嘉人大会"召开。永嘉县委领导在岩头镇丽水街楠溪麦饼铺现场带货，向网友介绍永嘉特色美食，还现场购买麦饼试吃。县委书记直播带货，引发了一股不小的麦饼热潮，也使得县委领导进一步认识到麦饼产业对于推动共同富裕建设的价值潜力。2020年4月，为加快永嘉麦饼产业发展，打造永嘉麦饼区域品牌，永嘉正式成立了"永嘉麦饼"产业发展领导小组，由副县长担任组长。随着"永嘉麦饼"产业发展领导小组的建立，政府对于麦饼产业的推动从"适度有为"转向"强势主导"。政府对于麦饼发展的推动有了统一的领导和规划，参与推动的部门也更多，部门之间的合作协调更加顺畅，推广帮扶措施也更加丰富多样，永嘉麦饼产业发展迎来了第三波浪潮。这个阶段，永嘉地方政府推动、支持、引导麦饼产业发展的举措包括以下几个方面。

第一，合力联动，组建核心牵头部门。"永嘉麦饼"产业发展领导小组包括 14 个成员单位，各成员单位结合自身职能切实履行各自工作职责，助力永嘉麦饼产业发展。如县委组织部负责将永嘉麦饼制作大师纳入人才建设体系，为麦饼产业发展提供组织保障等工作；永嘉传媒集团负责做好与麦饼产业发展相关的宣传等工作；县农业农村局牵头负责麦饼产业发展日常组织协调等工作；县财政局负责麦饼产业发展的专项资金支持和财政补贴工作。"永嘉麦饼"产业发展领导小组办公室（以下简称"麦办"）通过调研进一步摸清了永嘉现有麦饼店底数及产销情况，在此基础上发布了《永嘉麦饼产业发展资金奖补实施细则》，对永嘉籍人员的麦饼创业活动根据门面大小和店面所在城市级别进行补贴，随后发布的《永嘉县麦饼产业高质量发展三年行动方案（2021~2023年）》进一步加强顶层设计，提出了拓展销售渠道、提升经营能力、做强产业品牌、改进技术装备、强化政策保障等一系列措施。

第二，人才驱动，强化专门技能培训。定期举办的麦饼技能培训活动对"永嘉麦饼"品牌建设起到了有力的推进作用，也是促进麦饼人才资源库累积的有效途径。在充分研究柳州螺蛳粉、缙云烧饼产业培训做法的基础上，永嘉结合本地农村实用人才培训计划，积极与温州女子学院等单位合作办学，开设永嘉麦饼初级、中高级技术培训班，下沉村镇开展"千人计划"初级麦饼技能培训，每年培训1000人以上，并从中筛选300名优秀学员进入中高级班进行专精培训。培训课程涵盖食品安全、行业规范礼仪、食品文化、制作技能考核、专家评测等领域。

第三，统一标准，成立麦饼行业协会。2021年1月，在县委、县政府的推动下，永嘉县麦饼协会正式成立，致力于组织、策划麦饼行业相关活动，提高永嘉麦饼制作工艺水平，出台麦饼行业相关规范，组织、选拔、培训麦饼从业人员，丰富麦饼文化。2021年5月，永嘉县市场监管局组织起草了《永嘉麦饼标准制定工作方案》。随后，永嘉县麦饼协会等单位共同开展标准研制工作，协助联系技术专家及检测机构给予指导及关键指标验证，提供技术支撑。"永嘉麦饼制作标准"从原辅料、工艺流程、制作方法和配套设施等多个方面，对永嘉麦饼制作过程进行了详细的规定，在制作方法中，参考吸收了以"王大妈麦饼""孝老头麦饼"为代表的永嘉多家麦饼企业或商户的工艺流程，对和面、配制馅料、包裹麦饼、擀麦饼、烘烤等关键环节提出了明确要求，具有较强的指导性和可操作性。在保留传统风味，对外观、色泽、口感提出要求的基础上，对于最重要的与食品安全相关的原辅料、理化指标、污染物限量、微生物限量、食品添加剂等方面也提出了严格的要求。

第四，擦亮标识，持续深化文旅融合。永嘉县政府先后组织举办永嘉"尝新麦饼"寻味之旅、楠溪寻味之旅、家庭文化节暨"麦饼"技能大赛等活动，以永嘉麦饼为媒介，以农旅融合活动为平台，积极打造"互联网+农业+休闲+旅游+销售"创新模式。积极参加各级各类农业节庆和文化会展活动，并使用"永嘉麦饼"统一形象标识，搭建品牌展示平台。在2021年浙江省农博会上搭建永嘉麦饼特装馆，进行专题推介。另外，开展主题评选活动。围绕"百县千碗"和"特色美食名店"等主题评选活动，开展年度永嘉麦饼示范店和最佳制作师傅等评选活动，营造区域内重视"永嘉麦饼"品牌建设、爱护"永嘉麦饼"品牌的社会氛围。

第五，政策倾斜，优化产业营商环境。在麦办的统一协调下，永嘉县设立了麦饼发展专项资金，根据麦饼门面店的店铺面积、所在城市级别、雇员多少对麦饼经营店进行财政补贴。突袭而至的新冠肺炎疫情对餐饮行业造成了重大冲击，麦饼行业也难以幸免，2020年永嘉县内绝大多数麦饼门店业绩都有所下滑，尤其是个别规模较大的麦饼企业，因为承担更高的场地租金和员工工资，从而面临更大的经营困境。针对这一情况，永嘉县税务局特别组成"农副产品税收优惠政策辅导小组"，对以麦饼为代表的农副产品进行上门政策辅导，尽可能减轻麦饼企业的税负压力。

2020 年至今，永嘉县麦饼产业迎来了第三波浪潮。在短短不到两年间，全国永嘉麦饼店从 2020 年初的 100 余家增至如今 500 余家；2020 年产业产值为 3 亿元，2021 年预计为 5 亿元；麦饼产业逐渐从街边零散的小规模生产方式华丽转身，发展成为具有"永嘉地标"意义的特色农业产业，辐射全产业近万人，成为全县农民加快实现共同富裕的发展新选择。

永嘉麦饼产业发展的第三波浪潮呈现以下几个特征：首先，地方政府的"强势主导"成为麦饼产业井喷式发展的主要推动力，政府推动产业发展的作用进一步加强，并且有了统一的规划和顶层设计，部门之间的协作更加完善；其次，麦饼制作经营的各个环节逐渐标准化、统一化，麦饼经营者越来越注重品牌的打造，拥有独立品牌的门面店取代简陋的摊点成为麦饼经营的主要形式；再次，全国的永嘉麦饼门面店数量进一步增加，分布地域进一步拓展，并且开始走向海外；最后，麦饼销售渠道更加多样化，微信、抖音销售等线上渠道成为新的销售增长点。

二 永嘉麦饼产业助推共富的主要成效

（一）拓宽收入渠道，为自信自强创造条件

当前促进共同富裕的一个难点、痛点是如何改善社会底层群众的生活境况，这一群体往往学历低、年龄大、缺乏劳动技能和必要的创业启动资金，很容易沦为劳动力市场的"弃儿"。而麦饼产业对于吸收这部分剩余劳动力有着诸多优势，比如，行业门槛低，资金和技术要求有限，麦饼师傅只需经过简单的培训即可上岗，麦饼的制作设备电饼铛仅需数百元。一家在永嘉非核心地带的普通麦饼店面仅需 5 万～10 万元资金即可启动，而如果是只提供外卖没有店面的"麦饼家庭厨房"，启动资金可以进一步降到数千元。同时麦饼增收见效快，收益可观，能够快速有效地改善麦饼从业人员的生活境况。

以"王徐记"这样的明星店铺为例，在生意最火爆的2016～2018 年，年收入达 40 余万元，尽管之后受到新冠肺炎疫情的冲击和影响，年收入也有近 20 万元。徐春珠靠着这家小小的麦饼店供 3 个子女先后上完大学、买了房子和车，一家人生活条件得到很大改善。近年来，在永嘉，像徐春珠这样靠着麦饼走上致富之路的家庭不在少数，一般的麦饼店面一年的收入也能达到 15 万～20 万元。根据"麦

办"的数据，2018 年永嘉低收入农户 22775 户，共 40629
人，到 2021 年降为 12152 户 27346 人，这其中依靠麦饼及
相关产业脱贫近 1200 户，占整个脱贫比例的 1/9。

产业扶贫绝不仅限于经济层面的意义，它还能让一个
人从精神上有真正的独立感和价值感。如果一个人有劳动
能力，却没事可干，整天靠救济过日子，其精神状态将是
低沉萎靡的。"扶贫"这个词非常形象：一个人，站不起
来，就扶他站起来；走不好路，就扶他走好。脱贫攻坚特
别重要的任务之一就是要铺好路，扶助贫困户站起来，让
贫困户自己走下去，这条路就是发展乡村产业①。扶贫根
子在扶志，扶的是志向，产业扶贫也是扶志的一种重要方
式。能够靠劳动养活自己和家人，这对于一个人自我价值
的实现和精神气质的影响是巨大的。共同富裕不仅仅意味
着收入的增加，更重要的是实现精神的自信自强。

麦饼产业兴起以来，经营者的精神面貌发生了一系列
积极变化，个体自信明显增强，积极健康、向上向好、充
满自信心自豪感成为永嘉社会的主流。"孝老头麦饼"的
创立者陈久孝原先和妻子在北京经营服装店，2017 年生
意亏本，两人不得不结束了北京的生意回到永嘉另谋出
路。但当时夫妻俩觉得"年龄这么大了，没有一纸文凭，
没有一技之长，哪那么容易？"陈久孝夫妻一度感到茫然

① 郝思斯：《让产业扶贫更有生命力》，《中国纪检监察报》2021 年
5 月 20 日。

无措，生活看不到出路。偶然看到路边的一个麦饼摊生意相当不错，夫妻俩打定主意转行做麦饼，取名"孝老头"。刚开业的时候生意不温不火，那个时候上塘有数十家麦饼店，作为后来者的"孝老头"很难脱颖而出，直到 2019 年，转机来了。陈久孝参加了第二届"楠溪麦饼王"麦饼制作技能大赛并获奖，"孝老头"这个新丁在永嘉麦饼界闯出了属于自己的天地，陈久孝夫妻暗淡的人生终于迎来了光明。如今夫妻俩的儿子儿媳也加入店铺的经营，一家四口其乐融融，靠着麦饼走上了共富之路。

（二）形成产业集聚，为社会经济点燃引擎

自 1991 年第一家麦饼门面店在永嘉诞生，到 2016 年，全国登记在册的麦饼门面店已有 100 多家，年营业额超过 1 亿元。依托永嘉县委、县政府的帮扶政策和麦饼产业带头人的示范效应，随后几年永嘉麦饼产业发展驶入快车道，到 2020 年末，永嘉麦饼全国门店已达 300 余家，麦饼产业年产值也增至 3 亿元。根据永嘉县农业农村局的统计，2021 年永嘉麦饼产业产值达到 5 亿元，全国麦饼门店达到 500 余家。

依托全产业链建设，麦饼有力地激活、带动了相关产业的发展，促进了小麦种植、养猪、原辅料供应等产业的基地化建设。麦饼产业的发展带动了麦饼文化展示、电子商务、服装、包装等上下游产业的发展，永嘉县呈现

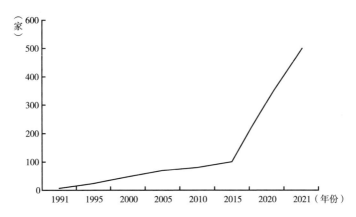

图1　1991~2021年永嘉麦饼门面店增长情况

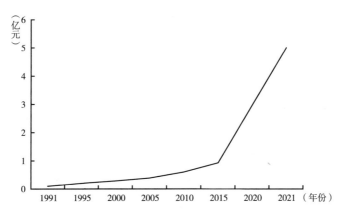

图2　1991~2021年永嘉麦饼产值增长情况

"麦饼兴，百业兴"的良好态势。永嘉农民利用自留地种芥菜、包菜、萝卜增产增收取得成效。目前，永嘉县种植芥菜面积4500多亩，产量预计300多万斤，产值1000多万元。为减轻菜农的劳动强度，永嘉县还设立专项资金用于种菜农户购置切菜机、洗菜机等设备，进一步激发了菜农的积极性。

（三）促进邻里和谐，为文明新风提供助力

麦饼产业引领的共富之路促进形成了活力和秩序有机统一的现代化社会环境，进一步提升了群众获得感、幸福感、安全感、满意度，彰显了社会的和谐之美。通过麦饼的全产业链建设，产业链上下游之间的协作关系大大促进了社会和睦。"王徐记"麦饼店所在的沙头镇珍溪村中数十户村民依靠麦饼相关产业，几户种菜，几户养猪，几户卖饼，相互协作共同奔向致富之路的过程中使邻里关系和谐了，加深了村民之间的互帮互助之风。以"王徐记"为例，随着生意的逐渐红火，原来家里自种的小麦、榨菜等原材料产能跟不上了，"王徐记"一个季度就要用掉7000斤咸菜、12000斤小麦粉。徐春珠就从村里其他人和亲戚那里收购小麦、榨菜和梅干菜，猪肉则是从沙头镇肉联厂购买的，一个小小的麦饼由此成了连接全村几十户村民社会关系的纽带。

"小五麦饼"在抗疫期间送出数百个麦饼的爱心善举更是成为彰显社会正能量的美谈。2018年，汪永良的家具厂关门后，自己向妻子学起了做麦饼，开起了门面店"小五麦饼"，靠着丰富的口味选择和扎实的用料很快闯出了名堂。面临新冠肺炎疫情，2020年大年初二，汪永良一家人提前结束假期，从老家屿北赶回店里，夫妻俩制作麦饼600多个，由儿女开车负责运送给全县各地一线的

抗疫工作人员，汪永良也由此被永嘉县文明中心授予
"永嘉好人"称号。

三　永嘉麦饼产业探路共富的启示

（一）立足地方底蕴，才能更好地挖掘产业特色

发展农村产业，构筑共富之路，要善于挖掘和利用本
地优势资源，统筹做好产业、科技、文化、市场这篇大文
章，努力谱写新时代共富绚丽篇章。产业扶贫，重在群众
受益，难在持续稳定。要延伸产业链条，提高抗风险能
力，建立更加稳定的利益联结机制，确保中低收入群众持
续稳定增收，关键在于挖掘自身资源，构建具备本地特色
的产业。产业是否有特色，直接关系到产业的竞争力和扶
贫的长远效果。发展产业不能眉毛胡子一把抓，必须立足
当地自然禀赋和文化历史根基，学会"靠山吃山唱山歌，
靠海吃海念海经"。

永嘉麦饼有着近千年的历史，是永嘉地区久负盛名的
特色民间美食。永嘉当地家家户户会做麦饼，人人爱吃麦
饼，小小的麦饼凝聚了永嘉人无数的回忆和乡愁，也为发
展特色农业和旅游业、铸就麦饼共富之路奠定了坚实的基
础。永嘉地方政府努力挖掘永嘉麦饼的产业潜力、文化理
念和价值特色，通过打造"永嘉麦饼区域品牌"来厚植

产业发展底蕴，把麦饼产业做大做强。永嘉县坚持文化引领、产业融合、开放合作、创新驱动，以保护传承麦饼文化为主题，以深化"农旅融合"为主导，将麦饼产业深度嵌入"楠溪江耕读文化"旅游发展格局，推动了麦饼产业的全面升级转型。

（二）深化统分结合，才能更好地发挥主观能动性

永嘉麦饼产业采取的"政府+个体户"的统分结合经营模式，具体而言是"五统一分"，所谓"统"指的是由地方政府统一提供资金补助、技术培训、产品标准、区域品牌宣传和市场培育等5个方面的生产服务。"分"就是分户经营，农民自己开展麦饼门面店分户经营和原料供应。永嘉的统分结合模式之所以能够成功，关键是"统"解决了农民自己解决不了的资本、技术和市场的问题；"分"是由农民来解决生产和经营问题，在当前农村劳动力大量外流的情况下，这正是农村产业发展所普遍面临的难题。分散经营保证了个体的灵活性和自负盈亏的市场激励，避免了吃大锅饭、劳动积极性不足的问题。

在这种"五统一分"的运行机制下，永嘉麦饼产业实现了众多小规模个体经营者与市场的有效对接，缓解了个体户面临的资金不足、产品销售难、技术短缺等突出问题。

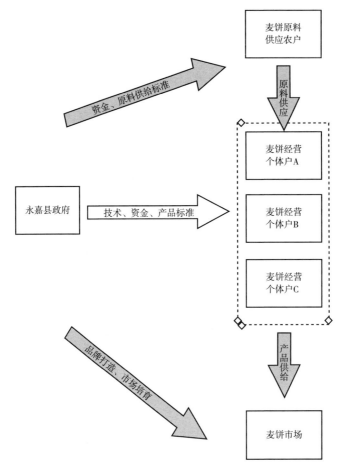

图3 永嘉"政府+个体户"的统分结合经营模式

（三）坚持因地制宜，才能更好地激活价值潜力

由于观念、技术、市场、资金等多方面因素的限制，分散的贫困户一般在整个产业链中处于弱势地位。在产业扶贫过程中，政府需要发掘合适的产业组织形式，让贫困户更好地嵌入产业链。产业组织形式是多元的，最重要的

是因地制宜、因时制宜、因产业类型制宜。通过产业扶贫实现贫困人口清零，要讲究量体裁衣，需要实现贫困人口劳动力素质与产业组织形式的精准对接。产业扶贫是一项系统工程，必须坚持规划先行，注重规划的科学性、前瞻性和可操作性。要保证产业组织形式与扶贫目标对象的适配性，不能搞"蛮干快上"，否则产业就发展不起来，即使勉强落地，也是昙花一现。客观经济规律一再证明不会因为是扶贫项目，市场就会格外施恩、垂青。违背市场规律，脱离目标人群的产业要素特征，很容易导致扶贫项目陷入"难真扶贫、真难脱贫"的泥淖。

以永嘉为例，贫困人口往往年龄较大，缺乏必要的资金、技术和学历，很难从事一些技术密集型或资本密集型产业，因而永嘉地方政府选择了麦饼这个产业作为脱贫致富的抓手，正是对准了目标人群的基本特征。麦饼经营技术和资金进入门槛低，投资收益见效快，并且由于麦饼在当地深入人心、市场广泛，政府只需要提供少量的技术培训和资金支持就可以扶助农民开启麦饼创业之路。政府通过麦饼产业从根本上激发经营者脱贫致富的内生动力，积极搭建麦饼产销对接平台，有效引导生产经营主体与经销商对接，加强与第三方电子商务平台和新零售企业合作，不断挖掘市场潜力。在此基础上，地方政府进一步推动永嘉麦饼产业与农业休闲旅游业有机融合，促进永嘉麦饼向旅游产品转化。

结　语

　　永嘉麦饼带有浓厚的地域特征，地方政府通过麦饼产业这一抓手，量体裁衣为中低收入人群设计了一条稳健持续的共富之路，取得了可喜的成效。麦饼产业的快速增长带动了永嘉第一产业的大发展，引领了永嘉新一轮乡村振兴的热潮。麦饼全产业链的发展促成了"麦饼兴，百业兴"的良好态势，原先游离于农村产业体系之外的弱势群体被吸纳进麦饼相关产业，农村中低收入人群脱贫致富的内生动力被真正激发出来。并且，麦饼成为新时期永嘉的城市名片，成了楠溪江旅游文化的有机组成部分。未来，需要进一步加强麦饼技艺的创新和研发，推进麦饼生产基地落地，并结合永嘉的人文底蕴与历史典故重点打造"状元麦饼""红军麦饼""福寿麦饼"等具有较高文化传承度与辨识度的特色麦饼，进一步讲好永嘉麦饼故事。同时，还需要推动永嘉麦饼的工艺创新和冷链保存、运输等技术难点的解决，运用"互联网+"思维，在麦饼工艺技术改进和提升的基础上，积极探索网络规模化销售和客户细分群体品种研发。通过综合施策，坚信永嘉麦饼能够"香飘万里"，不断绘就新时代共富共美的新图景。

参考文献

袁家军：《扎实推进高质量发展建设共同富裕示范区》，《求是》2021 年第 20 期。

郝思斯：《让产业扶贫更有生命力》，《中国纪检监察报》2021 年 5 月 20 日。

史晋川、朱康对：《温州模式研究：回顾与展望》，《浙江社会科学》2002 年第 2 期。

李周：《中国走向共同富裕的战略研究》，《中国农村经济》2021 年第 10 期。

张国芳、蔡静如、张怡：《多元主体互动机制下的乡村社区产业营造——基于浙江德清莫干山民宿产业的个案分析》，《岭南学刊》2018 年第 3 期。

徐凤增、袭威、徐月华：《乡村走向共同富裕过程中的治理机制及其作用——一项双案例研究》，《管理世界》2021 年第 12 期。

壮大集体经济：让村民生活更幸福

陈忠巢*

摘　要：发展集体经济是实现共同富裕的重要保证。农村集体经济组织为农村老有所养、病有所医、公平分配作出了极大贡献；也是"扩中提低"、增加农民财产性收入的重要基础。龙港市河底高社区发展壮大集体经济，成为"共同致富"的先行者，在理论提升、实践探索层面具有重要的研究价值。河底高社区发展壮大集体经济的主要做法和成效表现在：一是发展第三产业，夯实"共同富裕"基础；二是增强自身造血能力，健壮"共同富裕"体魄；三是借助数字赋能，筑牢"共同富裕"根基；四是倡导精神文明，提升"共同富裕"水准。河底高社区集体经济助推共同富裕发展的内在机理如下：一是强化党

* 陈忠巢，中共温州市委党校苍南分校教研室副主任、高级讲师，研究方向为基层治理。

建统领，织密"共同富裕"组织体系；二是挖掘经济潜能，拓展"共同富裕"发展体系；三是厘清分配原则，明晰"共同富裕"共享体系；四是强化纪律意识，筑牢"共同富裕"制度体系；五是创新服务方式，构建"共同富裕"动力体系。

关键词：共同富裕　集体经济　龙港市　河底高社区

前　言

龙港市河底高社区的前身为苍南县龙港镇河底高村，地处市区中心。2021 年，河底高社区由原龙港建镇时 5 个小渔村之一的河底高村融合沿河、站前两个居民区而成，区域面积 0.55 平方公里，户籍人口 9579 人，常住人口 16913 人，其中党员 284 人，下辖 8 个支部，居民代表 94 人，社区两委人员 10 名。1978 年，河底高村人均收入不足百元，全村灯不明、路不平、水不清，是个贫穷落后的一般农村。1984 年，龙港建镇后，河底高村利用地处龙港镇中心的有利环境，发挥村两委领导班子的智慧，积极创办村级集体企业，引导村民兴办第三产业。河底高，一个名不见经传的海边小村庄，从集体经济一无所有到不断发展壮大集体经济，从弱到强。经过 40 余年发展，目前，整个农村面貌发生了三大变化。一是村级集体经济得到壮大。2021 年，集体经济收入 1425 万元，是 1978 年 9.9 万元的近 144 倍；集体固定资产 8387 万元，是 1978 年 3.32 万元的 2526 倍；人均拥有集体固定资产 33548 元，是 1978 年 30.4 元的 1104 倍；集体企业年利润 1102 万元，是 1978 年 1.46 万元的 755 倍；集体自有流动资金 6328607 万元，是 1978 年 4 万元的 1582152 倍；上缴国家工商税收 180.8 万元，是 1978 年 0.19 万元的 952 倍。二是村民生活水平得到大幅提高。2021 年，村民集体经济人均收入 5700 元，加上个人部分，人均收入达到 10 万元，是 1978 年 72 元的 1388 倍多；2021 年人均住房面积至少为 110 平方米，是 1978 年 18.5 平方米的近 6 倍。且房屋质量更高，内部装修设施更是日新月异。2021 年，全村 930 户户户拥有小轿车、三门大容量电冰箱、液晶彩电，成年人人人拥有高档手机。三是务农劳动力发生大转移。到 2021 年，全社区人人都是都市的市民，80% 以上从事第三产业，其余大多数从事交通运输业。

河底高村集体荣誉很多，其中，省级以上的有中华孝心示范村、省先进基层党组织、省文明单位等。自镇改市以来，河底高社区和党组织先后获得的荣誉很多，突出的有 2021 年获得"龙港市先进基层党组织""温州市基层党建示范社区"，被选为"浙江省共同富裕百村联盟"单位。这些成就是如何取得的？2022 年春节期间，笔者来到仰慕已久的"先富起来"的典型——龙港市河底高社区，探访通过发展集体经济从而实现共同富裕的河底高社区的"共富之道"。

一　发展壮大集体经济的主要做法和成效

共同富裕是社会主义的本质要求，是中国式现代化的重要特征。共同富裕是我们百年大党接续奋斗的根本动力和重大历史使命，是中华民族几千年孜孜以求的美好梦想。而发展集体经济是实现共同富裕的重要保证。农村集体经济组织为农村老有所养、病有所医、公平分配作出了极大贡献。集体经济只有实力增强了，才能更好地增进农民福祉、发展农村事业，在农村双层经营体制中更好地发挥"统"的功能，才能有条件补齐共同富裕中的这块"短板"。另外，发展集体经济也是"扩中提低"、增加农民财产性收入的重要基础。当前就农村改革而言，最重要的是赋予农民更多财产权利、推进城乡要素平等交换和公共资源市场化均衡配置。全面完成农村集体产权制度改革，赋予农民更加清晰的集体收益分配份额后，就应该聚焦持续发展壮大村级集体经济，带动农民收入"水涨船高"。集体经济有收益才有分配，老百姓才能更有改革的获得感。河底高社区发展壮大集体经济，成为"共同致富"的先行者，在理论提升、实践探索层面具有重要的研究价值。

（一）发展第三产业，夯实"共同富裕"基础

党的十一届三中全会以后，在党的正确路线方针指引下，河底高村逐步开始脱贫致富。河底高村在发展集体经济、引导村民共同致富、走农村城镇化道路上的一条最基本的经验就是因地制宜，重点发展第三产业，创办龙头企业，带动其他各业的全面进步。

1. 积极发展第三产业

龙港镇的发展，对河底高村来说既是机遇又是挑战。在如何确定产业发展的方向上，河底高村本着实事求是、因地制宜的态度，认为发展第三产业，能充分发挥本村地利人和的优势，且投资少、见效快、效益高、风险小，最为合适，也最有前途。在具体措施上，河底高村采用集体个体一起上的办法，利用集体经济力量创办龙头企业。1985年，利用村积累和征田费32.4万元，逐步创办村集体企业，首先创办龙华装卸有限公司、龙华饭店、龙华大酒店，建立龙港客运南站、龙港鞋革市场、腈纶纱市场、龙港水果市场和龙华菜市场。自20世纪90年代开始，河底高村在村办企业的投资增加到241万元，陆续发展建立了腈纶毛毯市场、水泥交易场、站前停车场、化妆品市场等，并安排了296个村民劳动力的就业。这些企业发展创办后，均取得了良好的经济效益和社会效益，已成为河底高村的龙头企业，成为集体经济的支柱。1991年，腈纶

毛毯市场交易额达 7200 万元，上缴国家税收 4.5 万元，纯利润 34.8 万元；龙华饭店营业额达 158.8 万元，上缴国家税收 4.5 万元，提取折旧大修理福利基金 14.1 万元，纯利润 15.5 万元。多年来，村民发展第三产业积极性很高，1991 年，全村有个体客车 15 辆、三轮车 27 辆、载货拖拉机 6 辆、机动运输船 12 只、饮食服务业企业 5 家、商业企业 16 家，从业人员 137 人，纯收入 93.5 万元，占村民年纯收入的 43%。实践证明，河底高村发展第三产业，发展经济的路子是正确的。河底高村经济能快速发展，在很大程度上依赖第三产业的发展。主要村办企业如下。一是龙华大酒店。由河底高村于 1992 年投资 3400 万元建成，坐落于龙港繁华中心地段，环境优美，交通便捷，是一家集客房、餐饮、娱乐于一体的龙港目前唯一的三星级饭店。1992 年动工兴建，1994 年 10 月 1 日国庆节开业。二是龙华饭店。坐落在人民路龙港车站对面，创办于 1989 年，总用地面积 2 亩，总投资 110 万元，安排劳动力 20 多人，年利润 30 万元。既解决了劳动力就业，又增加了集体收入。三是龙华装卸有限公司。创办于 1985 年，第二年在鳌江瓯南大桥下游 200 米处南岸龙港外滩投资 141 万元兴建 500 吨级泊位外海码头一座，负责瓯南闽北各县中转物资装卸，特别是龙港镇建设水泥、钢材全部在该码头装卸，安排劳动力 50 多人就业，年收入相当可观。四是龙港客运南站。2000 年由站前停车场改建，总用地 20 亩，总投资 602 万元，主要经营通往龙港以南的宜山、钱库、金乡、炎亭、望里、渔寮等乡镇客运，平均日客流量 1 万多人次，安排劳动力 20 多人就业。五是河底高货运中心。坐落在港湖路与站前路中间地段，创办于 2002 年，总用地面积 20 亩，兴建仓库和办公用房 50 多间，总投资 602 万元，由几十家民营托运部经营托运发往全国各地的货物，成为龙港货运一大集散中心。以上企业 2005 年上缴县财政税收 355 万元。村年积累 600 万元。1994 年由温州市人民政府批复成立温州龙华集团，集体资产猛增至账面实数 1 亿多元。如付诸财产评估，村集体资产可能达 2 亿多元。河底高村成为当时苍南县经济实力第一村。河底高村办企业解决劳动力再就业 400 多人，企业职工人均年收入 15000 元。到 2021 年，村办企业还解决了本村劳动力就业大约 70 人。

2. 积极增加对农业的投入，扶持农业发展

工商业的发展势必给农业带来冲击，在村民务农积极性不高的情况下，为了使农业生产能够持续发展，河底高村对农业采取倾斜政策。1989～1991 年，共投入 10 万多元建设农业基础设施，相继开通了 6 条共计 700 米长的排灌水渠，筑建了 3000 米长的塌毁河堤岸，装修 1000 多米的排灌专用电线杆。为了降低农业生产成本，对农业税予以减免，对排灌费予以免收，对购买种子予以补贴，使得粮食生产能做到大灾之年少减产、轻灾之年不减产、平常

之年能增产。1991 年，在耕地面积大幅度减少的情况下，村民口粮能保持基本自给。

3. 因地制宜做好扶贫工作

共同富裕是社会主义的一个基本原则，致富的过程中，势必存在快与慢的现象。河底高村在引导一部分村民先富起来的同时，对部分困难户做好扶持工作。利用集体经济的调控能力，给他们适当的经济扶助，并在就业安排上优先予以照顾他们，增强他们的造血功能。1990 年，村中有 4 户老弱病残家庭困难户，对这些老弱病残困难户，河底高村决定安排他们在村办 4 个企业的值班室工作，让他们白天摆摊值班，晚上值班守夜，增加他们的收入。另外镇政府分给河底高村 8 辆三轮车，全部无偿分配到丧失正劳力户，通过几年的扶贫工作和他们自身的努力，这些贫困户也走上了共富之路。1991 年全村收入最低户人均收入达到 878 元。至 2021 年底全村收入最低户人均收入达到 10000 元。

4. 积极办好村级公益事业

河底高村利用集体经济的优势，促进全村公益事业的发展。首先，河底高村 1994 年、2001 年各兴建老人公寓 1 幢，共计 150 套，让 60 岁以上老年人住进宽敞的楼房，使他们老有所养、老有所乐。其次，动员所有村民将老房屋按城建规划建街市新楼房，大大改善了村民住宅条件，提高了生活水平。1991 年，河底高村投资 9.5 万元办教育，帮助老人创办村老人协会，建立了协会活动室，并给活动室添置了 1 台 18 英寸的彩电。对村中 60 岁以上的老人每月予以 10 元生活补助（1992 年开始增加到 20 元）；对女儿户父母实行养老金保险；改建环河路，并开辟河边小公园，使其成为具备娱乐功能的区域。

（二）增强自身造血，健壮"共同富裕"体魄

为深化农村经济体制改革，破除城乡二元结构，完善新形势下集体经济的有效实现形式和分配形式，切实保护集体经济组织及其成员的合法权益，促进城乡经济社会和谐发展。根据温州市委、市政府关于加快推进城乡一体化改革的总体部署，结合本村实际，河底高村推出"龙港镇河底高村集体资产股权量化分配实施方案"，实施村集体资产股权分配制度改革工作。对集体所有资源性资产、经营性资产、公益性资产进行清算，由合作社向全社区 2522 名股东发放股权证书分配股权，有效理顺集体经济组织关系。通过股份制改革等途径，实现了集体经济的健康可持续发展，率先探索出一条切合本村实际的农村集体资产股改路子。一是集体资产股份制改革。2014 年 5 月 27 日，河底高村召开全村户代表大会，共有 938 户代表参加，最终以 95.3% 的赞成票通过了村集体股改实施方案。经济合作社资产股权量化分配制度改革后，河底高村建立了以资产为纽带、股东为成员的新经济组织——河底

高村股份经济合作社。村级集体资产以股权形式确定固定股2579.7股、浮动股133.9股，通过股份确权，推进了集体资产的规范管理，保障了村集体经济组织成员合法权益，促进了村集体经济的发展。二是客运南站收归村集体。承包经营权招投标，为村集体增加收入。三是低效土地再开发利用。河底高老人公寓和龙港市五小周边区块旧城改造低效土地再开发成功。四是高效推进安置房建设。完成安置房建设建筑面积约12万平方米。五是龙华大厦重新开工建设，总占地面积4550平方米。至2017年，河底高村连续3年每个村民分红5000元、获购物券500元。如果孩子是独生子女，还能领到双倍的年终福利。改制至2020年，社员股东累计从集体经济发展中分红受益6695万元。2020年村集体经济收入达到1440万元，其中经营性收入1038万元，每股分红2600元。

（三）借助数字赋能，筑牢"共同富裕"根基

坚持共商共建共享治理新模式，加快推进"共享社·幸福里"建设。河底高社区结合自身实际，整合有效资源，不断强化"共商共建共治共享"的治理理念，科学推进"三城联创"、消防整治、疫情防控、平安建设、反诈、反邪宣传等工作。坚持"党建+数字赋能"，大力推广微信公众号、"智慧村社通"等平台，以信息化、数字化手段深入探索党建引领基层治理新模式。2022

年初,"幸福河底高"公众号上拥有 2592 位用户,"智慧村社通"平台入住 1780 位居民,已实现社区信息公开随时查看、民生小事实时反馈、你说我做等多种功能,打通了基层治理的"最后一纳米",提高了基层治理水平。以信息化为手段,在共商共建共治共享的良好氛围下,河底高社区给居民工作和生活带来实实在在的幸福感和获得感。作为龙港市和温州市民政局的典型公布案例,相关做法在"学习强国"和人民网等媒体被报道。

1. "未来社区"助服务

依托未来社区建设,打造涵盖教育、健康、交通、养老等 8 方面的公共服务场景,建立全方位的智能服务体系。线上依托未来社区智慧服务平台建设,向居民提供围绕未来社区八大场景的便捷的数字化服务。线下以红色管家建设为统领,打造邻里大厅、银龄驿站、城市书屋、健康小屋等全方位的优质公共服务场所。

2. "智慧村社通"强治理

社区基层治理中要吸引居民参与、提高服务质量,就需要多渠道信息与内容的整合统一,利用社区服务信息化平台打造"应用网络化、资源数字化、流程规范化"的智慧化社区管理和服务体系,这是一条社区基层治理新路子。为提升社区服务水平和治理能力,河底高社区于 2019 年 11 月引入"智慧村社通"平台。在新一届领导班子的重视、推广下,短短 5 个多月,平台就入驻了 1525

户居民。其间社区利用平台，第一时间解决了居民反映的社区某门店油烟污染的"烦心事"，社区干部用平台及时化解群众身边的民生难题，被《今日龙港》、《温州新闻》、学习强国、人民网等多方媒体报道，受到社会广泛关注与认可，诠释了"智慧村社通"在社区治理工作中的运用成效。依托"智慧村社通"服务平台，河底高社区通过社区微网格邻里互动，建立"受理、交办、反馈、考核、回访"全流程闭环工作机制和"运行、服务、宣传"3项动态评估机制，确保事事有着落、件件有回音。河底高社区书记高福喜曾在平台收到某居民反映的油烟排放问题信息，马上组织人员到现场了解情况，经过1个多小时的耐心协调，店主答应整改并在1周内落实到位。2022年初，平台每天能收到五六条群众信息，2021年累计办理各类事项135件。"智慧村社通"平台为居民找村社、找政府开辟了一条便捷通道。之前居民对社区大小事不知情，也没有获知途径，抱怨社区信息不够透明公开，有问题有困难不知向哪反映。自从有了"智慧村社通"平台，社区所有的工作都实时反映在平台动态上，居民可以随时随地查看社区大小事，了解自己关心的事。同时，居民可以通过"你说我做"的功能反映问题、困难，社区接到诉求后，第一时间会给予回复、解决。平台的运用也让社区所做的工作"事过留痕、有迹可循"，在平台的"三务"公开栏，社区及时公开党务、财务、事务，让社区工作"公开、公正、透明"原则得到落实体现。

3. "微信公众号"促宣传

在社区信息化建设方面，河底高一直走在全龙港市前列。早在2015年，河底高就申请开通了"幸福河底高"微信公众号。对村（社）信息与相关政策、重大决策等内容进行发布，经过宣传推广，截至2022年初，已得到2000多名居民关注，为社区信息工作奠定了良好的基础。有了"幸福河底高"公众号，广大居民可以直接了解社区要事大事，也方便他们反映诉求和提出建议，从而提高社区决策的透明度与公正性；同时也让社区工作多留痕，减少纸质台账工作量。

4. "网格微信群"助协调

为了方便广大居民"共商共建共享"民生实事，截至2022年初，河底高10个微网格建立了网格服务微信群，根据需要协调社区干部、志愿者等多方社区服务力量进群，方便相互之间沟通交流，共同协商解决问题，通过"群聊"方式，让网格人员沉下去，使群众沟通零距离。例如，龙跃路后街改造协商群，社区第3、5、9、10格邻里群等都在基层治理工作中起到了很好的协调作用。

5. "三五成群"利下沉

依托龙港大部制、扁平化的体制优势，把公安、市监、执法等下沉到社区的人员同驻社干部、社区干部、专职社工、网格员一起整编入格，形成"三五成群"团队，建立"联勤巡查""快速响应"机制，实现90%以上的基层问题都能在社区解决。

河底高社区积极推进信息化数字化改革，在探索基层社会治理、社会救助等领域数字化转型上，通过"微信公众号""智慧村社通"等服务平台数字化项目全面运行，塑造有特色的数字化改革标杆，为龙港"一区五城"建设交出河底高社区的优异答卷。

（四）倡导精神文明，提升"共同富裕"水准

共同富裕是"富口袋"与"富脑袋"的统一，不是单单物质上的"土豪""富豪"。习近平总书记指出："只有物质文明建设和精神文明建设都搞好，国家物质力量和精神力量都增强，全国各族人民物质生活和精神生活都改善，中国特色社会主义事业才能顺利向前推进。"物质贫穷不是社会主义，精神贫穷也不是社会主义。实现共同富裕是一个物质积累的过程，也是一个精神丰实的过程，两者相辅相成、缺一不可。站在全面小康新的奋斗起点上，衡量一个地方的发展水平，反映一个人的富裕程度，精神文化生活是重要硬指标。现实表明，推动共同富裕，是物质生产力发展的过程，也是文化生产力发展的过程，而且文化越来越成为关键变量、决定性因素。"脑袋不富"，眼里更多的是"柴米油盐"，"脑袋富了"，心中就能装着"诗和远方"，"脑袋""口袋"都富了才能有真

正的获得感、幸福感、安全感。河底高社区在抓经济建设的同时，更加重视文化建设；在注重增加城乡居民收入的同时，更加关注人民群众精神力量的增强、文化生活的满足，推动形成与共同富裕相适应的价值理念、精神面貌、社会规范、文明素养，让人们在共同富裕中实现精神富有。

河底高村推行的孝心村建设举措，让村民更和谐。2015 年 2 月，河底高村举行了"孝心村"创建动员大会，号召全体村民继承和弘扬传统孝文化，促进社会文明和谐，正式吹响了温州市区域内首个孝心村的创建号角。"百善孝为先"，为了更好地继承和弘扬传统孝文化，让孝道入家庭、入人心，促进社会文明和谐，河底高村在"孝心村"创建中，通过倡导"以孝治村，以和养心"的理念，营造全村孝文化环境氛围。河底高村通过树孝风、定孝制、开讲堂，让孝文化入人心、入家庭。开展孝老爱亲系列活动、各类敬老行孝活动等，使河底高村老人幸福指数明显提高，让村民更和谐。2016 年，河底高村成功获授"中华孝心示范村"。

1. 表彰典型道德引领

河底高村注重道德引领，连续两年开展"最美河底高人"（民间道德奖）的评选活动，不仅给社会注入暖流，也凝聚了强大的正能量，引领了全村的社会新风尚。"好媳妇""好婆婆""最美志愿者""模范丈夫""见义勇为者"等道德模范，为河底高精神文明建设奉献自己的一分力量，筑起了河底高精神文明建设的基石。

2. 成立队伍凝聚力量

为了进一步完善"孝心村"创建工作，河底高村在中华孝心示范村工程志愿者的指导帮助下，组建了河底高村志愿者服务队，组建了本地志愿者队伍——河底高村慈善义工队，成立了河底高村慈善基金会，为爱心人士提供反哺家乡的有力平台。

3. 立足阵地传承文化

充分利用文化礼堂场地设施优势，开展一系列弘扬传统文化的活动。利用春节、端午、中秋、重阳等传统节日开展节庆活动，积极组织村民群众参加年糕炒米制作、送春联、划龙舟、包粽子、煮腊八粥等民俗活动，将中国传统节日丰富的内涵根植于村民的心间。自2015年以来，河底高社区连续开展了孝老爱亲系列活动，组织了"九九重阳登高祈福""孝心杯羽毛球友谊赛""孝心杯登山友谊赛"等活动，开展了"体育文化进文化礼堂""居家养老知识讲座"活动，成功举办了"龙港老年大学校庆晚会""孝老爱亲文艺晚会"，使孝老爱老养老的责任意识深入村民心中。河底高社区建成了"孝心课堂""道德讲堂"，并通过举办送春联、捣年糕、温馨五月"母亲节"、送"梦回汉唐　开笔启蒙"启蒙礼等一系列活动，以点带面，全力助推孝心村建设，在引领河底高变富的同时，形成了孝老爱亲的良好社会风尚，让河底高村的精神文明建设也更上一个台阶。

了解了上述情况后，笔者又就 2021 年年终分红和其他情况采访了社区党委书记高福喜、村股份经济合作社董事长高有牙等人。"2021 年村股份经济合作社年终分红每股分到 2600 元现金。"高有牙说。"2013 年，新当选的村两委班子顺应民心，启动集体经济产权制度改革。村里成立改革组织机构，根据本村现状和需求，开展因村制宜的股权设置、股权界定，拟定股权量化配置方案，全过程公开透明，接受村民监督。""2014 年，龙港镇河底高村股改实施方案表决大会，通过了此次股改方案的表决，标志着龙港镇村股改工作'试水'成功。此次股改主要针对村内集体所有资产进行清算，并将集体资产股权量化方案进行一次性分配，设置固定股和浮动股，对村内各户进行股权分配。"据了解，河底高村股改后新组织总称为"龙港镇河底高村股份经济合作社"，下辖龙华大酒店、新龙华大酒店、龙华农贸市场、客运南站、市场开发部等，资产 10 亿多元。高福喜说，"改制后，河底高村建立以资产为纽带、股东为成员的村股份经济合作社，实行独立核算、自负盈亏、自主经营、民主管理、按股分红"。据了解，河底高村的改革是温州村集体股权改革的典范。河底高村村集体经济总量一直稳居全龙港市经济强村之首。河底高村股改工作起步早、效率高、成果显著，对全省农村改革发展具有先试先行、探索引路的作用。

高福喜说："我是土生土长的本村人，从 1993 年 26 岁那一年参加村办企业龙华大酒店管理工作以来，快要 30 年了。1996 年，当上村干部。我为河底高村奉献了美好的青春，对村里有很深厚的感情。我带领村两委借鉴各地发展村集体经济和村社治理的经验，因地制宜，推行村集体经济股份制改革、信息化管理、共商共建共享，弘扬中华民族传统文化，走出一条河底高模式的共富之路。""龙港市实施村改社区改革，河底高'一村容二居'，经过民主协商磨合，上行下效，已经形成合力。村文化礼堂对全社区居民开放，共建邻里中心，社区书吧、社区用房向原两个居委会倾斜使用，村老人公寓允许转租给原两个居委会老人，实行公共设施共享，重新组合成 8 个党支部，新建 1 个老年人党支部。全社区活动统一组织、信息统一发布，年终统一慰问 43 位老党员，融合文章做得很好，居民能安居乐业，很满意。""2021 年村改社区改革完成后，已经完成河底高社区换届选举'开门一件事'——创建龙港市第一个智能停车场，信息被《温州组工》发布；承接了省建设厅龙港市唯一试点河底高老旧小区改造加装电梯 26 座项目。"据了解，2021 年，高福喜本人也因出色的表现，被评为龙港市唯一的"温州市优秀党务工作者""温州市担当作为好书记"。

二 集体经济助推共同富裕发展的内在机理

河底高社区始终坚持以党建为统领，切实把党的政治优势、组织优势、治理优势转化为推动共同富裕的强大动能，以发展社区集体经济为基础，以未来社区建设为抓手，探索出一种共同富裕的河底高模式。

（一）强化党建统领，织密"共同富裕"组织体系

1.发挥支部堡垒作用

龙港建镇前夕的 1984 年，河底高村的集体积累仅 5 万元，几个集体企业（民船小组、小五金厂、碾米厂、纺纱店）也都濒临破产倒闭。龙港建镇后，由于城镇建设的需要，村里的部分耕地被征用。在土地征用费的处置问题上，村民与村干部、党支部的看法不尽一致。前者认为应分解到户，集体不提积累。他们说，村办企业效益差、成功率低，群众担心集体积累多了，容易被村干部挪用私分。村干部不同意这种做法，认为分解到户，不符合党的农村政策，更不符合发展集体经济的要求，是一种貌似顺应民意而实则对村民不负责任的短浅认识。至少应留部分资金，用于兴办企业，安排村民就业。只要我们以科学的态度健全管理制度，企业是能够办好的。至于群众的想法，需要我们村干部去做思想工作。为此，河底高村召

开了多次村干部会议和全体党员会议，解释发展集体经济的必要性和可能性，把党员干部中的一些分歧统一到党支部的认识上来。而后又相继召开了生产队长会议和群众代表会议，使党支部的认识得到大多数村民的理解和支持。通过做村民的思想工作，河底高村增强了村党支部的凝聚力，统一了村民对发展集体经济的认识，提高了村民对村党支部工作的支持度。1991 年，河底高村被评为"县先进村"，村党支部 1990 年、1991 年连续两年被评为"县先进党支部"，1999 年获"温州市先进基层党组织"，2003 年获"温州市巾帼文明示范岗"，2009 年获"温州市农村基层党风廉政建设示范村"，2013 年获"温州市文明村"，2015 年获"苍南县先进基层党组织"。

2. 构建四级运行体系

2020 年，新组建的河底高社区党委打破原有以地域来划分党支部的局限，优化组织设置，按照行业、领域、年龄等划分支部，建立了两个小区党支部和 1 个老年党支部。在此基础上，建立社区党委、小区党支部、楼道党小组、党员中心户 4 级组织体系，实行"分级负责制"，使党组织链条延伸至基层末梢。

3. 组建全域党建联盟

与本市东城社区党支部、农业银行龙港支行党支部等党组织组建党建联盟，推动优势互补、资源整合、共建共享。如与农业银行龙港支行签订"银社党建结对共建"协议，获得 3 亿元意向性信用额度，助推党建引领下的"河底高金融自治社区"创建工作，每年能为社区集体节省 200 多万元利息，为社区居民提供 4 厘的低息贷款帮助居民创业。

（二）挖掘经济潜能，拓展"共同富裕"发展体系

为了使村集体资产始终保持最大化，自 2017 年以来，河底高村努力挖掘村集体经济潜能，采取有效措施，改善经营，尽力拓宽发展路子。

1. 集体资产股改：从"连续下滑"到"持续增收"

一是龙华大酒店承包经营权公开招标。龙华大酒店 2010 年承包租金 400 多万元，由于经营不善，至 2017 年下降至历史最低谷。2016 年 10 月，该酒店结束了历时 3 年多的诉讼，收归村集体。2017 年 1 月开始经由县农村产权服务中心将 10 年承包经营权公开招标。2018 年租金上升至 200.8 万元，以后逐年递增，至 2022 年持续增至 226 万元，2027 年可望增至 261 万元。二是龙华农贸市场投租。2021 年以来租金收入 150 万元，以后将逐年递增。三是启动建设龙港市培训大楼。按照"河底高社区 2021~2025 年发展规划"安排的 17 个项目计划，将来还准备依托河底高未来社区建设，在龙港市五小靠近宫后路的 14 亩空置低效地启动建设龙港市培训大楼（暂名）。预计该大楼建成投用，将带来数额可观的租金。

2.资金土地整合：把"闲杂地"变为"聚宝盆"

河底高智能停车场项目作为新社区班子的"开门一件事"领办项目，面临建设资金短缺的问题，社区干部积极拓宽渠道，对接龙港市交通发展有限公司，以公司出资、社区供地的形式共同建设、管理河底高智能停车场，按约定比例进行收益分配，原来的闲杂地变成聚宝盆，每年能为集体经济增收35万元，并有效解决了周边居民停车难的问题。

3.推动居民就业：以"社富"带动"民富"

为了解决就业问题，社区党组织依托党建联盟和财富商圈优势，联动就业单位向社区居民推荐就业岗位，截至2020年，累计帮助100多名低收入居民实现就业，带动居民共同富裕。出台优惠政策，鼓励社区居民自主创业，集体店面仓储对河底高股民工商登记自行创业的，给予5%店租优惠，截至2020年，已有30多人享受了优惠政策。

（三）厘清分配原则，明晰"共同富裕"共享体系

2014年5月，河底高村推出的集体资产股权量化分配制度改革是根据温州市委、市政府城乡统筹综合配套改革的目标，以理顺村级集体经济组织关系为基础，以村级集体资产管理体制主体及其成员的利益为核心，深化村级集体资产产权制度改革，建立起与以社会运行机制为重

点、以明晰和保障村级集体资产的社会主义市场经济接轨的产权清晰、权责明确、政企分开、管理科学的现代农村集体经济产权制度，以实现资产所有股份化、收益分配股红化、股权流动规范化、监督约束法制化。

1. 改革后经济组织的名称和性质

经济合作社资产股权量化分配制度改革后，河底高村建立了以资产为纽带、股东为成员的新经济组织——苍南县龙港镇河底高村股份经济合作社。资产分为资源性资产、经营性资产、公益性资产三大类，合作社下辖龙华大酒店、新龙华大酒店、龙华农贸市场、客运南站、市场开发服务部等，实行独立核算、自负盈亏、自主经营、民主管理、按股分红制度，业务上接受上级主管部门的指导和监督。

2. 清查核实现有的集体资产

清产核资工作按照农业部、财政部《乡镇村集体经济组织清产核资办法》和农业部《农村集体资产清产核资资产所有权界定暂行办法》有关规定，依法确定原村经济合作集体所有的各种资产。清产核资结果在村务公开栏等地方公布，公开接受群众监督。本次集体资产股权量化方案为一次性分配，设置为固定股与浮动股相结合。遵循"依据法律、尊重历史、实事求是、公开合理"的原则，保障农村集体经济组织成员的合法权益。

3. 股权设置、界定及管理

股权界定：股权分配截止日期为 2014 年 6 月 30 日；

本村出嫁女离婚现未再婚，户口迁回统计截止时间为2013年12月31日；2014年6月30日24：00以前，死亡、出嫁不享受股权分配；2014年7月1日后新增人员不享受股权分配。集体资产股权量化后，由股份经济合作社向股东按各企业发放股权证书，作为享受股份经济合作社收益和今后集体资产整体处理分配的依据。股权证分为固定股权证（绿本）、浮动股权证（红本），绿本发放到社员手中，由社员自行保管（绿本），管理实行"增人不增股、减人不减股"的静态管理；红本由村股份经济合作社统一保管，浮动股未被收回前享受与固定股同等待遇。村级集体资产以股权形式确定后，明确了每个村民的股权份额，极大地推进了集体资产的规范管理，从根本上保障了村集体经济组织合法权益，同时有力地促进村集体经济的发展。实施过程中，在村民自愿的基础上，该村将股权设置为固定股和浮动股相结合。全村实行股改时涉及股东数2522人，按照"生不增，死不减"和允许股权转让的原则，2020年初，维持原定的这个股东数。现有固定股2579.7股、浮动股189.5股，共计2769.2股。

4. 收益分配原则

股份经济合作社在年终分配时应兼顾国家、合作社和股东三者的关系，编制财务决算，搞好收益分配。社员福利、医疗保险及救助、经营性支出均在收益分配前列支。合作社年终收益分配按提取30%公益金和福利费以及股东红利分配 70% 等方式，保障村里集体经济组织合法权益。村里给每一个 60 周岁以上老人每月失地补助 200 元，中秋节 500 元，重阳节 500 元；给每一个满 60、满 70、满 80、满 90、满 100 周岁的老人过年红包分别为 600 元、700 元、800 元、900 元、1000 元，依此类推。截至 2018 年，每人全年发补助费 1800 元。村民考上大、中专分别奖励 4600 元、3800 元。

河底高村的集体经济发展以后，有一部分公益金就用于公共设施建设和环境改造，大大提升了社区居民的获得感、幸福感和安全感，颇受社区居民的认同。2020 年初，全村 2500 多户籍人口中，60 周岁以上老人增加到 580 人。为了解决集中养老问题，2022 年农历正月十八，河底高村已经启动在消防队边 10 亩空地上建设居家养老中心，以满足日益增长的 60 周岁以上老人集中居住需求。

（四）强化纪律意识，筑牢"共同富裕"制度体系

好的政策需要人去贯彻，上级的支持需要人去争取，有利的条件需要人来利用。办好一个企业，办成一项事业，需要的是实干，而不是空谈。河底高村两委干部在党支部的带领下，团结一致，同心协力，办实事，创实业，工作兢兢业业、尽职尽责。做到年初有计划、年终能兑现、件件有落实。一年办哪几件事，由谁去办理，什么时间完成，都有具体的要求。在讲究实干的同时，河底高村

还注意各项制度的建立和健全工作。相继建立了决策民主制度（村里大的决策，主要负责人提出后，经全体干部讨论、修改通过，再交全体党员决定）、村党员干部联系责任区制度，财务支出实行审批和账目公开制度，企业承包实行投标制度等，这些制度的建立，对防止工作的偏差、自觉接受群众监督、促进干部廉洁奉公起到了积极的作用。例如，为了让村级财务真正公开，河底高村深入推进村级财务公开制度，店面仓库租金等收支明细一清二楚、及时公开，确保村级财务管理不断规范化、合理化。又如，明确社区运行社区准入清单、盖章证明事项清单、主职干部履职清单、干部廉洁履职负面清单、小微权力清单和小微权力运行流程图，规范社区运行。

（五）创新服务方式，构建"共同富裕"动力体系

1. 开先河，举行换届承诺大会

2013 年 12 月 5 日，河底高村在村文化礼堂举行了隆重的村两委换届承诺大会。而后，社区（村）两委换届承诺大会成为本社区的传统项目。在承诺会上，新当选的村支委成员作了履职承诺，公开郑重承诺，表示将尽心尽责，为村民群众服务，并希望村民给予鞭策，为全村今后的发展鼓劲献策。参选的村委作了竞职承诺，接受村民的筛选。新村两委当选后，就将承诺内容公布张贴，接受各方监督，全面兑现自己的履职承诺。村两委于每年底组织

召开总结大会，就当年党务、村务工作作总结汇报并对来年工作进行部署。

2. 增渠道，方便村民问政监督

开通"幸福河底高"微信公众号，建立党员、村民代表微信群和村民微信群，及时发布信息，村民可通过微信群增加对村务的了解。同时开设民主质询会，就村民对村务有疑问事项，村两委组织相关单位、人员召开民主质询会，面对面质询。

3. 勇创新，创"八议两公开"工作法

村党支部认真贯彻落实党的路线、方针、政策，在基层党组织建设中与时俱进、开拓创新，深入推行"五议两公开"工作法，独创"八议两公开"工作法——村民、老人协会、知名人士（乡贤）建议，村党组织提议，村两委商议，党员大会审议，村民代表会议，全村户代表会议，村民会议，决议；表决结果、实施情况公开。

4. 寻助力，发挥乡贤优势

积极寻求乡贤的亲缘、人缘、地缘优势，贴近群众，服务群众，激发群众主体作用，实现"共谋、共建、共管、共享"目的，凝聚社会资源，提高农村社会组织化水平，增强农村的"自组织"能力，弘扬优秀传统文化促进社会管理，建立起以村党组织为核心、村民自治组织为基础、村级社会组织为补充、村民广泛参与的协同共治工作格局。

结　语

　　河底高社区的共同富裕探索成绩特别显著，名震浙江。当前，龙港市河底高社区紧紧围绕龙港市"大部制、扁平化、低成本、高效率"的改革要求，积极打造信息化、数字化服务理念，构建共商共建共治共享基层治理新格局。直面困难、奋力而为、勇往直前、主动担当，发挥"市管社区"优势建设"共同富裕"未来社区，走好"共富"之路。

参考文献

　　黄宏、姚颖康、郁建兴：《在共同富裕大道上快速奔跑》，《浙江日报》2022 年 1 月 17 日。

　　六和钟：《"共同富裕"怎么看、实现"共同富裕"怎样干——读懂权威文献》，《理一理》2021 年 10 月 18 日。

　　佚名：《河底高坚持基层党建统领实现共同富裕》，《温州党建》2022 年 2 月 22 日。

　　本书编纂委员会：《平苍高氏通志》，国际炎黄文化出版社，2006。

"侨家乐": 品牌民宿助力乡村共富

程园园　谢俊杰　蒋伟煌[*]

摘　要: 为应对疫情冲击和旅游市场环境变化,扎实推进共同富裕,乡村民宿业纷纷转型和自救。文成县依托侨乡底蕴和"海归"乡贤优势,整合本土资源,创新推出"侨家乐"中高端区域品牌民宿。该民宿以"土洋结合"的侨特色破壁出圈,成为浙江省三大民宿区域品牌之一,以发展成果更大限度惠及村民实现从点上带动共富。其成功背后潜藏着突出"在地性"策略、"集群化"合力共进、注重发展"共享性"、发挥"主人家"价值及创新治理"组合拳"等共富"密码",使产业焕发了竞争新优势,拓展了可持续发展空间,让农户放心吃上了

---

* 程园园,中共温州市委党校文成分校讲师,主要从事产业经济、民俗文化研究;谢俊杰,中共温州市委党校文成分校副校长,主要从事公共事业管理研究;蒋伟煌,中共温州市委党校文成分校高级讲师,主要从事县域经济、刘基文化研究。

"旅游饭"。其发展经验也为传统民宿转型提供了从思路、方法到落地的一整套实操之术，为产业助力乡村共富提供了鲜活的实践样板。

关键词： 共同富裕　民宿　侨家乐　文成县

前　言

乡村繁荣、农民富裕是实现共同富裕的关键所在。如何推动乡村资源优势转化为共同富裕胜势，走出一条符合地方实际与乡村发展规律的共富路，是需要不断探索实践的课题。作为浙江山区 26 县之一的文成，是全省第二大侨乡、革命老根据地县，也是温州 700 万人民的"大水缸"，先后获评中国长寿之乡、国家重点生态功能区、中国气候养生福地。这里有着得天独厚的自然生态资源，境内 82.5% 的山地面积和丰富的水系赋予了文成"绿水人家绕，青山次第出"的奇美景色，文成光旅游资源单体就有 379 处，其中含刘伯温故里、中华第一高瀑百丈漈、亿年壶穴铜铃山等 5A、4A 级景区；这里也有着丰富多彩的文化资源，刘基文化、侨乡文化、畲族文化、红色文化交相辉映，浸润出多元融汇的文化生态。但是，这里也曾戴着穷乡僻壤、经济欠发达的"帽子"，耕地面积全省最少，县域面积 95% 以上处于珊溪水库的集雨区范围，导致一产发展有限、二产发展受限，成为浙江省经济社会发展不平衡不充分的重点地区和推进共同富裕的短板地区。为此，释放生态红利，走"绿水青山就是金山银山"转化路径，做生态富民文章，成为文成县后发崛起的必然选择。

近些年，"穷疙瘩"里旧貌换新颜，旅游景点提质升级，县域 17 个美丽城镇、120 多个美丽乡村拔地而起并串点成线、连片成景，吸引了各地游客纷至沓来，民宿伴生乡村旅游借此掀起了火热发展的浪潮。但是，在乡村旅游进入更新迭代期和遭遇疫情危机后，文成的乡村旅游和民宿业几近停滞。于是，文成县"危"中寻"机"，依托侨乡底蕴和生态资源，打造了"文旅融合、中西合璧"的"侨家乐"民宿品牌。"侨家乐"一经推出，迅速激活了后疫情时代旅游市场，成为短距离、低密度乡村游市场的"香饽饽"和文成乡村经济发展的"新芽点"。

目前，文成"侨家乐"民宿已成为浙江省继德清"洋家乐""丽水山居"之后的第三大民宿品牌，入选浙江省首批文化和旅游 IP，并推广于温州全市域。而且，在政府引导下，"侨家乐"民宿被赋予了更多的社会意义，通过"侨家乐"关联产业链和"农户+"利益联结机制成为撬动乡村共富的新引擎，让更多文成村民过上了"绿富美"的好日子。可以说，"侨家乐"助力乡村共同富裕是文成解锁"两山"转化、实现生态富民的新模式，其发展经验对浙南山区县推进乡村振兴和共同富裕具有可复制、可推广的示范效应。

一 探寻共富新路："侨家乐"绘出
乡村致富新图景

"侨家乐"民宿（overseas chinese home inn）是利用乡村闲置用房、兼顾侨文化特色和本土地域风情而打造的国际时尚文化与中国乡村文化、山水自然生态相互交融的沉浸式乡村旅游体验场景，为游客提供"中西合璧、土洋结合"的住宿、餐饮、娱乐、购物等全要素服务。它的"横空出世"，迅速在省域内低迷的乡村旅游和民宿业中火出了圈，有力地带动了文成旅游消费的复苏，并发挥了民宿助力乡村发展、农户致富的强大担当作用，成为山区农村"共富实践"的一扇"窗口"。

（一）缘起：以"侨"为媒，山区民宿探索特色
发展路

对于山区文成而言，共同富裕的巨大能量既潜藏于优美的绿水青山间，又潜藏于丰富的侨乡资源中。文成是浙江省第二大侨乡，共有华侨 16.8 万人，分布在世界 68 个国家和地区，其中侨领就有 1200 多人，因此又被誉为"侨领之乡"。2016 年，文成县玉壶镇还以独特的"慢"

元素和"侨韵"被国际慢城总部批准成为中国第五个、浙江省第一个国际慢城。大量的华侨不仅为当地注入百年的华侨文化，还带来了雄厚的民间侨资，疫情前当地年侨汇量达到 10 亿美元以上。疫情后，一大部分在外华侨纷纷回乡，看到祖国的巨大变化和故土的青山绿水，激起了投资创业的意愿和热情，其中不乏处于事业发展期的有为有能之士。归国华侨吴益宽（开臣璞居民宿"主人"），20 多年前漂洋过海在欧洲打拼，前两年回祖国，他说："我一直关注家乡的发展变化，引资千万元回国投资创业，是对家乡的一种思乡情结，想凭一己之力让家乡的百姓过得更好，也想让海内外更多人了解和认识我的家乡。"90 后夫妻黄靖和刘艳（寒舍迥塘民宿"主人"），在回家乡改造爷爷老房时，发现在乡村不仅有看得见的山水、望得见的乡愁，还能靠乡村旅游施展拳脚和抱负，于是毅然将国外生意托管后扎根在家乡打拼"新战场"。他们是回国投资创业、推动地方发展的文成华侨的缩影，带来的不仅是侨资，还有"洋"理念、"洋"故事和"洋"文化。

这两年，一直被视为文成乡村振兴重要抓手的乡村旅游和民宿产业遭遇了民宿迭代和疫情的严重冲击。以往依托山水而起的农家乐随着时代的发展，生存空间早已被挤压，在此之上升级发展的民宿，也因数量直线上升（2019 年底文成民宿在册 141 家）而遭遇"成长的烦恼"。综观县内传统民宿，在"趋同化"的发展模式下，"远离城市、隐居、诗意的生活"似乎已成为大家的统一符号，丢失了区别于其他众多民宿的鲜明内核；且由于民宿各自为战，"低、小、散"、抗风险能力较弱、盈利模式单一、发展可持续性差以及缺少利益共享分配机制、带动共富能力弱等问题逐渐显现；再加上没有相邻人口集聚地和经济发展水平较高地区等区位条件，使其在拥挤的市场中遭遇了同质竞争与个体孤独的双重困境。与此同时，突如其来的疫情，更是使文成民宿跌入寒冬、发展举步维艰。如何因地制宜，在资源有限的山区县域闯出一条民宿发展的特色路，使之成为乡村振兴的共富通途，成为一道亟待破解的难题。

在内源外因的共同作用下，2020年初，文成县召集民宿业主、侨领以及政府职能部门负责人开展了一场别开生面的"头脑风暴"。"用好'侨'资源、'侨'特色，打包一批高端民宿，创建统一品牌，以小切口带动大产业，将发达地区的高端消费引到山区，助推共同富裕……"这些字眼顿时成为全场讨论的焦点。2020年4月文成县决定发扬长板优势，在原有传统民宿的基础上，将侨乡文化、乡村文化和传统民宿进行有机融合，打造以"先富带后富，大富带小富"为目标导向的中高端民宿统一品牌，以此打通文成侨乡资源、"两山"优势的转化通道。就这样，作为统一打造的中高端区域民宿品牌——"侨家乐"应运而生。

如今，"侨家乐"已经正式成为文成高端、优质民宿的代名词。据统计，文成县目前已创成并对外营业"侨家乐"品牌民宿18家（其中，省级白金宿2家、银宿2家），在建14家。2020年4月至2021年11月，"侨家乐"民宿已累计接待游客25万人次，接待过夜游客11.2万人次，实现综合收入超过9000万元。"侨家乐"品牌民宿全年平均入住率达到60%，超过浙江省平均入住率17个百分点，餐住比为30%；人均消费为580元，而全省中高端民宿人均消费为300~500元。"侨家乐"品牌民宿的客源辐射半径也相对较大，目前已辐射到宁波、金华和杭州等地区。而且由于文成"侨家乐"品牌民宿的成功，"侨家乐"三个字已经成为温州市全域打造的民宿品牌标识，通过在鹿城、瓯海、瑞安、永嘉等华侨群体相对集中的县（市、区）建设"侨家乐"品牌民宿生态圈，使之成为温州的地域专属品牌和新消费高地的文旅样板，让游客一提到民宿就想到"侨家乐"，一想到"侨家乐"就想到温州。

（二）实践：以"特"出圈，山区民宿擦亮品牌辨识度

就像住舟山观海、住衢州望山、住莫干山度假、住丽水养生一样，文成"侨家乐"民宿也有属于自己的特色内核，那就是"侨"的元素（侨资、侨韵、侨味、侨品、

侨情），"家"的温馨（每一位民宿"主人"都是"园艺家、美食家、艺术家、生活家"），"乐"的体验（在自然山水、乡野田园中享受"土到底、洋到家"的品质生活）。为将这三种元素完美融合到高端民宿，"侨家乐"放弃了把高端酒店的发展模式简单复制到乡村的传统品牌化运作模式，而是联合浙江大学章艺教授团队，制定了更加凸显侨文化、自然生态及风土乡情的"侨家乐民宿等级划分与评定标准"，要求所有入驻的"侨家乐"民宿都要巧妙做好中西方文化"土到家、洋到底"的深度融合。不管是民宿的选址、建设、软装、运营、食材开发，还是"一砖一瓦、一草一木、一锅一盆"，都杜绝低端的模仿和复制。同时，硬性规定每家"侨家乐"都需具备"一个主人、一个故事、一个微视频、一个主题房、一套特色菜、一个伴手礼、一批书籍、一系列活动"等"八个一"内涵，并统一品牌 logo 和 IP 形象；软性引导每家民宿定制个性化风格，摒弃侨元素的简单堆砌，通过体验营造，让游客感受到独一无二、在别处无法获得的情感共鸣。

如此一来，各家民宿既做到了以"侨"为底色的"统一着装"，又彰显了自己在硬件、文化、服务上独特的"性格气质"。比如，位于田埂山林、溪流鸟鸣中的白金宿"水云见·源"走异域混搭风，民宿"主人"邹周璇在民宿内部融入自己喜爱的美式乡村风格，从世界各地搜罗而来的收藏品、车牌和装饰品被巧妙地安置其中，原有猪栏改成了可以喝到世界各种名酒的小酒吧和藏酒室，配上辣妈咖啡机和最好的音响设备，为客人营造出"美酒加咖啡"、一宿游全球的感觉。再如，"寒舍迴塘"以网红风和创意西餐取胜，在欧式的玻璃暖房中，望着眼前一片片金黄的稻田与远处旖旎的自然山水形成一体，听着耳边来自山谷的徐徐清风和跳动于黑白琴键的美妙音符，品着最地道的梅子酒。晚餐时分，民宿"主人"将卡布奇诺山药、百里香溪螺、西班牙烤肉、迷迭香柠檬鸡、杧果鹅肝等中西合璧的混搭西餐一一摆上桌，并用四国语言饶有风趣地介绍着各菜的创意与游历世界各国的见闻，让游客既满足味蕾又收获新奇……

此外，为了更好地擦亮"侨家乐"民宿的品牌辨识度，文成县还通过筑侨景、引洋货、植业态等一系列手段来塑"侨"风、显"侨"韵。其中，以村为单位，通过建筑风格、业态风情等"形神模拟"，打造武阳村、石庄村等3个以异国风情、本味餐饮、风情民宿为特色的"侨家乐"集聚区。通过"一街万国"汇聚世界精品，文成县建设了"玉壶旅游风情街""苔湖欧陆风情街"等一批"侨家乐"产业招商项目。组成"智慧营销团"，举办11场"侨家乐·YOUNG在文成"系列直播大型主题活动，进一步促进提升品牌对外形象。同时，帮扶管理和动态管理机制，使投资者看到实实在在的利益，保障"侨家乐"实现高质量发展。如出台"侨家乐"民宿专项扶持政策，全县统筹安排资金对符合标准的民宿以奖代补奖励 10 万~30 万元；实行"有进有出"的动态管理机制，对环境卫生、运营管理不符合"侨家乐"标准的，"侨"元素不凸显的，立即清退。组建"侨家乐"品牌民宿联盟，同步成立"侨家乐"党建联盟、"侨家乐"人才创新协同服务中心和专家库。经过一年多的探索实践，现在文成"侨家乐"品牌"侨"的核心特质已经塑成，"侨韵、侨情、侨品、侨味"成为文成"侨家乐"民宿最精准、最形象的概括。

（三）成效：以"富"兴民，山区民宿打顺共富发展牌

一张"侨"字牌，不仅让民宿焕发了勃勃生机，还让乡村把生态优势转化为"富民密码"。通过创新的经营模式、强大的品牌吸附力，"侨家乐"民宿充分展现出"一业兴、乡村旺、农民富"的品牌带动作用。现在，村民无论是开民宿、打工还是卖农产品，都比以往增加了不少收入，就连固定资产也实现了大增值。据统计，"侨家乐"通过抱团和"民宿+"产业链，向全县提供餐饮、导游等多种就业岗位，目前已辐射带动 1132 人解决就业问题。农户"养在深闺"的农产品依托"侨家乐+销售"和"侨家乐·YOUNG 起来"直播营销，走向了全国各地甚至海外。比如，"寒舍迴塘"民宿帮村民夏卖杨梅、猕猴

桃，冬卖山货、腊肉，因为擅长做柠檬烤鸡和梅子酒，仅2020年就从村民手中收购了2000多只本地鸡，销售梅子酒达5000斤。由于供不应求，"寒舍迴塘"干脆以300~500元/亩的价格向农户承包了一片山林、一片水田，专门种植杨梅和水稻用以制作梅子酒、梅子酱、梅子露等加工产品，流转田地的农户还可受雇成为代种农户和帮工来赚取佣金，使农户得到双重收益。另一家日系特色民宿乐云山居，2020年靠着"朋友圈"就帮助农户销售了糯米山药、南瓜等土特产2万斤，为农户增收10万元。如今，民宿凭着自己的"光环"和"流量"，为农户搭建平台售卖农产品，似乎已经成了每家"侨家乐"民宿的规定动作。4次民宿直播营销更是让农户看到了民宿的超强带货能力，累计吸引超过100万人"云"游文成，不仅农产品总销量达2000余单，还让杨梅、糯米山药等特色农产品实现溢价30%以上。因此，民宿真正让村民尝到了富民的"甜头"，南田镇团委副书记刘培佩介绍，这几年武阳村村民人均收入每年递增，现在已经从过去的1.4万多元增长到2.5万多元，不少村民仅凭家禽、山货售卖就可一年增加3万~4万元收入。而且，民宿进村之后，村子里的闲置民房也"活"起来了。武阳村村委会副主任刘万利表示，现在村里民房租金每年上涨，已接近县城水平，单间民房价值从不足5万元提升到140万元以上。

村民的"钱袋子"鼓起来了，村集体经济自然也不落下。"侨家乐"集聚村——武阳村和下石庄由政府引导推动，创新推出了"公司+农户""创客+农户""村集体+企业+农户"等多种经营模式，通过利益联结机制让村集体经济在民宿发展中获得分红。其中，武阳村民宿进村前，村集体收入约为 10 万元，2021 年武阳村集体总收入 122 万元（其中经营收入达到 102 万元），每个村民根据积分分红能拿到 800～900 元。而且，每一家"侨家乐"民宿除结对一家村集体经济外，还需兜底帮扶 100 户低收入农户，着实让村集体、村民得到实实在在的利益。不仅如此，有了"侨家乐"，乡村实现了从"脏乱差"到"净富美"的蝶变。用老百姓的话讲，"'侨家乐'在哪里，哪里就干净、整洁、有序"。最为典型的当属下石庄，它和上石庄同属石庄村，民宿的发展让两个村落命运截然不同。下石庄成为民宿村后，俨然成了"桃花源"式的古村落，不仅村居环境优美，基础设施也得到质的提升。小小的村落内，拥有幼儿园、晡山医院（中西医结合的综合性医院）、智慧交通中心、社会治理服务中心等配套设施，村居家养老服务照料中心（养老驿站）也正在加紧建设……可以说，原本冷冷清清的一个闭塞小山村，发生了翻天覆地的变化，老百姓的生活品质得到提升，幸福感陡增。此外，"侨家乐"还成了助跑未来乡村发展的主力军。目前，武阳村、石庄村已成为温州市首批"未来乡村"试点。"未来乡村"的核心是共同富裕，"侨家乐"

与"未来乡村"中的创业、建筑、文化、服务等未来场景深度融合后,为未来系列产品注入鲜活元素,将会进一步带动乡村实现整体推进。可见,"侨家乐"作为文成乡村致富的新引擎,它的功效得到了验证,也让更多乡村有底气把它作为产业发展的新方向。

二 解锁共富密码:多路径打开 乡村致富双赢局

共同富裕是一个循序渐进、分阶段实现的目标,需要尊重乡村发展规律,因地制宜探索有效路径。综观共同富裕的内涵外延,推动共同富裕需要注重发展性、共享性和可持续性三个关键因素。尤其是对山区县域来说,更需要以发展作为共同富裕的前提,以共享作为共同富裕的底色,以可持续作为共同富裕的基本条件,来整合各种发展要素并设计一系列与之相匹配的发展制度,使各主体有动力、有能力朝着共同富裕的目标迈进。文成"侨家乐"品牌民宿建设作为山区推进共同富裕的一项创新性工作,以特色营造、业态多元、要素融合、治理创新塑造了产业竞争新优势,并拓展了产业可持续发展空间,以共享机制的设置让发展成果更大限度地惠及当地村民。这些都是"侨家乐"品牌从遍地开花的乡村民宿中、从疫情下低迷的文旅消费市场中突围而出的发展"密码",也是文成将长板优势和生态价值转化为引领高质量发展、促进共同富裕巨大动能的致富"密码"，其发展经验值得推广借鉴。

（一）突出"在地性"策略

推进共同富裕、实现农户增收的基础是经济增长，而经济增长则有赖于乡村产业的持续稳定发展。因此，创新发展乡村产业，使其获得长久发展动能，是解决共富问题的先决条件。民宿作为乡村带动共富的载体之一，可以说是遍地开花，但很多民宿仅仅停留在简单的模式复制，生命力并不长久。文成民宿业在"侨家乐"品牌民宿创成之前，也经历了可持续发展的困境。因此，具备能够区别于其他同类产品的特色内核是民宿实现长效发展进而带动共同富裕的关键，而这个内核塑造则与"在地性"的深入挖掘与运用息息相关。"在地性"（原本是 in-site 的译文，直译为在现场）就民宿而言，是指民宿所在地的地理位置、空间特点、人文风貌等地域性的特点，由这些因素形成了特定的特点、属性。"侨家乐"民宿品牌正是充分挖掘和突出了"侨"这一独特的"在地性"特征，使民宿的外在物化表现和内在文化内涵都充分展现了异国风情与乡土元素的激情碰撞，从而形成了鲜明的"中西合璧、土洋结合"的品牌辨识度，给游客带来了与众不同的新鲜感和独一无二的情感共鸣，使其对当地"侨韵"文化和慢城乡愁生活方式产生好奇与认同。这是"侨家乐"民宿能够源源不断地吸引新客和回头客前来度假体验的重要原因，也是"侨家乐"民宿成功并持续发展的重要因素。

（二）"集群化"合力共进

"爬坡过坎"需要"抱团"前行。一个人的力量和所拥有的资源，远不如团队来得多、来得快。而且，当下消费者"更讲究住宿之外的体验延伸"，即民宿不仅仅是住宿的载体，而且是"微旅游目的地"，可以满足游客诗意栖居、文化体验、美食品尝、休闲娱乐、观光购物等全方位、多样化的需求。因此，民宿"抱团"发展可以借力互补、增强优势。同时，在"抱团"模式下，集体和个体因追求的价值理念和根本目标的高度一致，能形成稳固的互惠共生关系。这是"侨家乐"民宿能够在行业洗牌和疫情之下迅速"突围"的原因之一。一方面，"侨家乐"通过统一的 IP 品牌共建，让"散兵游勇"的民宿整合成发展的"集团军"。大家共享一个品牌、一个平台、一套管理体系，且逐渐形成一套集体致富的价值观。在这个价值观下，大家明白集体的发展目的在于带动个体的发展，个体的发展反过来又推动集体目标的实现。只有"侨家乐"品牌名声越响、发展越好，参与合作的个体生意才能越好。因此，大家力往一处使，连成一个团结的整体，极大地增强了发展的合力。另一方面，"侨家乐"通过"民宿+"经营模式创新，让民宿成为撬动多产业联动发展的杠杆，以此形成民宿产业集群。在这个集群内，大家通过"民宿+农事体验""民宿+非遗体验""民宿+体育健身"等差异化发展模式，充分释放合作效能，形成了功能配套、优势互补、良性循环的产业生态。而且，民宿搭载业态的多种多样也使各主体间具有不同的目标客户市场，不仅不存在行业内的同质恶性竞争，反而行业内各主体间相互促进，扩大了合作共赢的"生态圈"，真正激发了乡村旅游和民宿发展的活力。

（三）注重发展"共享性"

共同富裕的核心要义是坚持发展为了人民、发展依靠人民、发展成果由人民共享。因此，共同富裕要以人民为中心，重视发展的"共享性"，尤其要在顶层设计上强化保障农民的主体地位和利益分享，使农民真真切切地共享乡村发展的成果。文成作为浙江省和温州市内经济社会发展不平衡、不充分的山区县之一，在迈向共同富裕的道路上，拓展乡村农民就业和增收空间的任务较其他县域更为迫切、更为重要。因此，在"侨家乐"品牌民宿发展初始，文成政府就将其作为助力乡村振兴、推进生态富民和共同富裕的重要手段来抓，通过创新设计一系列利益联结机制，把民宿开发的利益走向与资本的逐利流向控制在均衡合理的区间，以此保障农民在农村有发展的平台、有赚钱的机会。在这种理念的驱动下，"侨家乐"民宿的发展成果更多更公平地惠及村民。首先，就业带动性更强，农产品销售更旺。较之以往传统民宿，"侨家乐"通过"民宿+"机制将上下游产业串联发展而创造出更多就业岗位，且通过品牌信誉和市场"流量"，释放了超强的线上、线下农产品"带货"能力。其次，收益渠道更多元，收益分配更合理。村民们通过"侨家乐"民宿可获取工资收益、农产品销售收益和田地、山林、房屋流转收益，低收入村民可获得兜底帮扶收益。对于上述收益不能覆盖的剩余村民，还可通过民宿与村集体共同成立的"民宿反哺村庄基金"，获得积分分红。最后，生活环境更优，生活品质更高。共同富裕不仅是农民收入的增加，还需持续改善农民生活品质。"侨家乐"民宿带动优化了乡村的基础设施建设和公共服务配套，并潜移默化地让村民接触到餐饮、服务、管理等方面的新知识、新技能，村民的生活因此改善，村民的素质能力因此增强。而且，由于村民实实在在地共享了"侨家乐"民宿发展的红利，所以也自觉投身民宿的建设、运营和景观、环境的保护当中，双方结成了坚实的利益共同体并共同促进"侨家乐"民宿经济向着有序、稳健、可持续的方向发展。

（四）发挥"主人"价值

民宿的"主人"是民宿的灵魂和核心竞争力，也是助力乡村共同富裕的生力军。民宿不是仅带有乡村记忆、地域文化的住宿载体，而是融入主人生活经历、品位喜好、文化情怀的生活场景。有人还曾把民宿定义为"我住在你的情怀世界里的一种度假模式"。可见，民宿"主人"有能力营造氛围和有生活情怀去吸引客人则显得至关重要。再者，民宿虽然具有"一业驱多业"、助力村兴民富的"DNA"，但仍需要民宿"主人"作为中间的"缔结者"和推动者才能实现发展。"侨家乐"民宿正是充分发挥了民宿"主人"的价值，才使民宿产生了极大的溢出效应并有效带动乡村共富。经调查了解，"侨家乐"民宿"主人"在民宿发展链条中，除了是提供就业的民宿老板外，还至少承担了"四重"角色的职责：其一，"情怀"的主讲人，每一家"侨家乐"民宿"主人"都有自己的异国经历、生动故事和对美好生活的取向，与民宿住客建立起情感的共鸣；其二，农产品的带货人，通过直播平台、微信朋友圈、小红书等渠道，为农户叫卖吆喝农产品；其三，产业发展的领头人，各种产业通过民宿形成链式发展，有效创造了生产价值；其四，贫困户的兜底人，共同富裕，重在"共同"，难在"共同"，"侨家乐"民宿通过贫困户兜底、村集体经济结对等方式反哺乡村，真正实现了"共富"。因此，"侨家乐"民宿"主人"通过多重角色，充分发挥了带动乡村振兴、农民富裕的能动作用，彰显了"主人"的价值，促使民宿与乡村共同蓬勃发展。

（五）创新治理"组合拳"

乡村治理和乡村产业发展有着紧密的逻辑关系。这种逻辑关系具体表现为乡村治理通过乡村主体、政策制度、党组织建设等治理要素的有机结合，以不同的治理手段影响着乡村产业发展。因此，优化和改善乡村治理要素，推动乡村治理方式创新，是推动乡村产业发展进而实现乡村共同富裕的有效路径。对此，文成政府从本地乡村特点和"侨家乐"民宿发展需求出发，推动了多项促进产业发展、保障农民利益的治理方式创新，实现了各主体人心的凝聚、产业发展活力的增强、乡村秩序的和谐稳定。其中，以"侨家乐"民宿集聚村武阳村表现最为突出。一是引入物业公司当乡村"管家"，实现村庄管理的精细化。把乡村当作城市居民小区一样，成立武阳村明武物业公司负责全村环境保洁、基础设施维护、安全秩序保障等工作，乡村的整体面貌得到了很大的提升，为产业发展提供了很好的乡村环境，这是乡村治理方式转变的一大步。二是组建"侨家乐"民宿党建联盟，挖掘民宿反哺模式。该联盟由19家民宿行业两个党组织组建而成，大家资源互通、服务联做，并以物业租金、民宿股金、文创销售薪金为驱动内核，开发"大明通宝积分智治系统"，村民通过邻里互助、垃圾分类、矛盾纠纷化解等获取相应积分，在村文创展销中心兑换柴米油盐等实物或抵扣医保费，年末还参与村集体收入的分红。可以说，党建联盟与"积分制"撬动了乡村治理，将民宿产业发展的利好还之于民，提高了村民在产业发展中的参与感、幸福感、获得感。三是温州市、文成县两级政府分别出台"侨家乐民宿等级划分与评定标准"，对民宿带动农民共同富裕进行量化赋分，且按分数值分级奖励，切实将农户捆绑进产业发展的利益链。三项举措堪称治理创新的"组合拳"，优化了政府管理服务手段，并织密了民宿产业之间、民宿与村民之间上下联动、互帮互带"共富链"。

结　语

民宿"兴一个村富一方人"。文成"侨家乐"品牌民宿创立至今，在助力共同富裕的道路上，实现了三重转变：一是实现了从资源优势到产业优势的转变，"侨家乐"让绿水青山和侨乡优势融合，实现了侨商侨资回归和乡村产业链式发展，使生态富民效应显现；二是实现了从兜底帮扶向产业致富转变，改变了以往低收入群体一味只靠政策兜底的现状，开始通过资产入股、村集体分红、参加就业等多种方式分享"侨家乐"产业"蛋糕"；三是实现了从小康生活到品质生活的转变，乡村融入中西方文化，吸引了城市高端消费群体，乡村农民在收入提升中开始追求品质生活。因此，"侨家乐"民宿走出了一条落后山区以产业点状带动乡村共同富裕的探索之路。未来，从产业长远发展和富民效应持续发挥出发，应制定"侨家乐"民宿全局性规划，采取"非均衡"发展策略增点扩面，重点支持有条件的乡村推进，防止一哄而上；进一步提升区域化、品质化、集聚化程度，拓展"侨家乐"品牌市场空间，激发长久生命力；创新覆盖面更广、共享性更强的利益联结机制，让更多的村民获得乡村发展的红利。

参考文献

郁建兴、任杰：《共同富裕及其实践议程》，光明网，2021年8月18日。

王甜：《"在地性"观念引导下的乡村公共建筑设计研究——以田园综合体相关建筑实践为例》，山东建筑大学硕士学位论文，2020。

中共浙江省委党校：《共同富裕看浙江》，浙江人民出版社，2021。

杨建武：《民宿主是民宿的灵魂和核心竞争力》，中国网，2020年11月30日。

庞代君：《民宿的灵魂取决于它的主人》，搜狐网，2019年10月9日。

夏婕妤、陈建丰：《文成："侨家乐"唱响山村"致富曲"》，《温州日报》2022年1月7日。

农民资产授托代管融资模式：
农村普惠金融助力共同富裕

朱呈访[*]

摘　要：瓯海农民资产授托代管融资模式能有效缓解农民融资难问题，激发农民创业热情，创新农村资源资本化路径，焕发农村发展活力，是温州农村普惠金融推动实现农民共同富裕的有益探索。瓯海农民资产授托代管融资模式突破传统贷款对抵（质）押物的限制，基于多元主体参与的多边信贷模式建立了双重信用体系，其中村级组织与政府发挥重要的信用中介作用，通过弥补效应与增强效应实现了信用优化机制的构建。信用优化机制促进了农民资产盘活与资产保护、农民经济权益与其他参与主体利益保障、农村经济发展与社会治理的有机统一，增强了农

* 朱呈访，中共温州市委党校讲师，研究方向为农村经济与数量经济。

民内生发展能力、农村改革的共享性与农村发展的可持续性，推动了温州实现共同富裕有效路径的优化。

关键词： 资产授托代管　农民　农村普惠金融

在中国，农民是低收入群体的主体，让农民增收致富，是实现共同富裕的关键。在实现农民富裕的实践中，农民致富面临创新创业资金缺乏的困境，除了基础性、行业性与环境性成因以外，更多地在于体制性成因，在于农村资源资产存在或部分存在不易变现、价值难以评估、缺乏法律意义上完整产权等缺陷而引起的有效抵（质）押物不足。因此，如何发挥资金要素对农民创新创业的支持作用，如何满足农民创新创业的资金需求，是温州农村普惠金融改革与发展中需要破解的难题。

温州市瓯海区作为农村体制机制创新的先行区，创新性地实施了农民资产授托代管融资改革，力图通过创新农村普惠金融模式破解农民融资困境，满足农民创新创业资金需求。2015年，瓯海区在瓯海农村商业银行（以下简称"瓯海农商行"）设立了农民资产授托代管融资改革试点，首次向农民推行贷款新模式。农民资产授托代管融资即农民可以将自有的不动产、动产及其他非标准抵（质）押物的经济权益作为贷款授托代管物，通过与银行签订书面贷款承诺书的方式申请相应的贷款。从本质上看，农民资产授托代管融资改革将贷款抵（质）押关系转化为委托关系，实现了银行贷款对传统抵（质）押物限制的突破，重点解决农民因缺乏可登记的资产而无法获得融资的问题，是一种农村普惠金融的创新模式。2017年，瓯海农民资产授托代管融资改革被列为国家级农村改革试验区拓展试验任务与浙江银行业转型升级亮点项目。经过多年的实施与完善，瓯海农民资产授托代管融资模式取得了较好的成绩，为农民创新创业开辟了融资新渠道。截至2021年第三季度，在农民资产授托代管融资改革中，已经签订协议的瓯海区农户数量超过9万家，授信农户覆盖率超过85%，授信金额超过200亿元。

一　农民资产授托代管融资的
主要做法与成效

瓯海区的每个行政村里，都设立了一个特殊的服务机构，这就是"农村普惠金融服务站"。每个普惠金融服务站都配备银行金融服务员与村里的协贷员，为农户提供资产授托代管融资服务。横屿头村村民钟某是瓯海农民资产授托代管融资改革的受益者，她将一套集体产权农房和横屿头家具商场的一间集体产权店面进行授托代管，经过认证与评估，获得了高达100万元的授信。净水村的赵某以村经济合作社股权授托代管获得了授信，丽岙的徐某以农房与名贵花木授托代管获得了授信，桐岭村的胡某以果苗作为授托代管资产获得了贷款，这样的例子非常多。

（一）主要做法

农民资产授托代管融资模式主要按照"农户申请—评估授信—合同签订与三方议贷—授托登记—资产代管—贷后监管与风险处置"流程进行，通过构建政府、银行、农户、村级组织、第三方评估公司多元主体参与的多边信贷模式建立较为完善的贷前、贷中与贷后管理体系。

1.农户申请

有贷款需求的农户可以向所在村的"农村普惠金融服务站"提出评估或贷款申请，协贷员与瓯海农商行的金融服务员会对农户资产与信用情况进行调查，建立农户信用调查档案。

2.评估授信

依据农户调查档案信息，瓯海农商行、村经济合作社与第三方评估公司（瓯海农合实业发展有限公司①）共同对农户的资格与资产进行认定，以此进行三方联合审查评估。在此基础上，瓯海农商行会向完成资产评估的农户提供准贷证，这意味着农户获得了银行贷款资格的认证。

---

① 瓯海农合实业发展有限公司是全国首家农村"三位一体"公司，是瓯海推进农村"三位一体"改革的运营平台。

3. 合同签订与三方议贷

在完成评估授信的基础上，农户可以根据自身的融资需求办理贷款业务。农户首先需要向瓯海农商行做出资产授托代管的承诺，其次需要向村经济合作社申请，再次由村经济合作社向瓯海农商行提交贷款需求单，最后瓯海农商行与农户签订借贷合同。借贷合同的确定是建立在三方议贷基础上的，由瓯海农商行、村经济合作社与第三方评估公司基于调查数据与评估情况共同协商确定差别化贷款政策。

4. 授托登记

在农民资产授托代管融资改革中，农户办理贷款业务需要完成资产授托代管。在政策规定的授托代管资产范围内，农户需要将自有资产进行授托登记。在授托登记中，由瓯海农商行、村经济合作社与政府部门三方实行协同登记制度，其中瓯海农商行对资产进行初步登记，形成资产情况表；村经济合作社进行报备登记，出具报备回执；政府部门包括房管部门、拆迁部门、工商部门等相关农户动产与不动产职能部门办理法定的登记事项。

5. 资产代管

授托的资产会被科学归类、分类代管。瓯海农商行主要授托代管纸质类权利凭证，如产权证明等；第三方评估公司主要授托代管动产类资产，但不包括需要人工培育的农作物与需要人工饲养的家禽；村经济合作社主要负责代管不动产与其他动产类（未纳入第三方评估公司代管的动产）。

6. 贷后监管与风险处置

在贷后监管层面，由瓯海农商行、村经济合作社与第三方评估公司三方对授托代管的资产情况进行联合动态监管，持续关注资产变动与纠纷情况。在风险处置层面，构建包括德治、自治与法治在内的"三治"处置体系。其中，德治是通过亲朋好友、协贷员与村干部等人员的劝导实现资产处置；自治是依据借贷协议，在村经济合作社范围内对授托代管资产进行处置；法治是最后的风险处置程序，由司法部门与公安部门依法对资产进行处置。

据此，在农民资产授托代管融资改革过程中，主要有五方主体发挥着重要的作用，分别是政府、银行、农户、村级组织、第三方评估公司。

一是政府，作为农民资产授托代管融资改革的发起者之一，地方政府在政策层面给予了大力的支持，多个政府部门联合助力改革政策落实，包括瓯海区农业部门、金融部门、房管部门、拆迁部门、工商部门、公安部门、司法部门等，其中，农业部门是改革的牵头部门，负责协调统筹各项具体工作；金融部门协助推进融资试点改革，并参与政策的完善与过程的监督；房管部门、拆迁部门、工商部门等处理农户动产与不动产授托登记事项等；公安部门与司法部门为农民资产风险防控处置提供高效的"法治"

保障，降低农民资产授托代管融资改革的金融风险。

二是银行，瓯海农商行是农民资产授托代管融资改革的试点金融机构，主要负责向市场推行此次融资改革，主要包括资产评估、授信放贷、授托登记、资产代管与贷后监管等职责。

三是农户，农户是农民资产授托代管融资改革的主要受益者，可以将改革政策中规定的资产进行授托代管，并以此获得相应的贷款。

四是村级组织，村级组织在改革中发挥了重要的纽带作用，村经济合作社的主要职责包括农户资产的认证、评估、代管与监管等。

五是第三方评估公司，第三方评估公司主要负责农户资产的审查、评估、监管等，作为外部主体，第三方主体的参与能使农民资产授托代管融资改革更具专业性与客观性。

（二）主要突破与成效

农民资产授托代管融资模式就是农户口中的"信诺贷"，一时间受到很多农户的欢迎，也让很多农户尝到"甜头"。瓯海存在一大批农户因为没有正式的抵（质）押物而无法获得融资。在此次改革中，凭借农房、农作物、花木果树等农村较为常见的资源资产就可以获得贷款，让很多农户看到了新的机会，也唤起了农户创业致富的激情，取得了一定的突破与成效。

1. 转变信用确认方式，推进农村普惠金融创新

作为一种新型融资模式，农民资产授托代管融资模式具有区别于传统信贷方式的特征。其一，农民资产授托代管融资是一种承诺贷款模式，一方面，农户在融资过程中，不需要贷款担保人，不需要购买保险，不需要权属登记，只需要签订书面承诺贷款申请书；另一方面，银行通过向农户提供准贷证的方式发放承诺的贷款，以此实现了农户与银行两者双向承诺模式的构建。其二，农民资产授托代管融资是一种信用贷款模式，农民资产授托代管融资模式在贷款过程中不存在抵（质）押与担保，本质上是一种信用贷款。其三，农民资产授托代管融资是一种委托贷款模式，农户在向银行申请贷款过程中，需要将相应的自有资产委托于银行等机构代管，自有资产在授托代管期间，财产处置权归属银行，农户不得擅自处置授托代管资产。这意味着银行由注重资产的权属证明转变为对资产价值的认定，实现了从"确权"到"确值"的转变，降低了农民的借贷门槛，促使农民真正享受到普惠金融。

2. 以地域特色创新农民授托代管资产范畴，盘活农村沉睡资源资产

被瓯海农民资产授托代管融资改革认可的农村资源资产种类多达 16 种，主要包括农作物类、花木果树类、存

货珍品类、禽兽类、生产设备类、农村房产类与征收拆迁指标类等。此次改革结合温州农业农村发展特色，充分挖掘农村资源资产的经济价值与经济潜力，对农村授托代管资源资产的范围进行确认，促进了农村授托代管资源资产种类的多样化，在很大程度上盘活了农村沉睡资源资产。农民授托代管资产种类较多，这为瓯海农户获得贷款创造了便利的条件。娄桥的黄某先后获得了两笔贷款，他先是将自己的农房进行授托代管获取了 35 万元贷款，后又将自己的安置房认购指标进行授托代管获取了 11 万元贷款。此外，娄东大街的拆迁户将拆迁协议进行授托代管获得了最高达 100 万元的贷款。

3. 健全风险管理制度，降低农村金融风险

其一，在正规金融支持不足的情况下，农户会选择民间借贷等非正规融资方式来满足资金需求，这增加了农户的借贷风险，而资产授托代管融资改革在一定程度上破除了正规金融的融资困境，降低了农户对非正规金融融资需求，以此促使农民信贷风险降低，进而促使农村整体金融风险水平下降。其二，严密的贷前调查与贷后监管制度为掌握农户资产与风险变动提供了完善的信息传递机制，为农村社会风险隐患提供了预警新途径。其三，信用优化机制中的村级组织与政府发挥信用中介作用，在一定程度上抑制了农户逆向选择和道德风险行为，为营造良好的农村信用环境提供了保障。数据显示，截至 2019 年底，农民

资产授托代管融资模式的不良率仅为 0.42%，低于同期温州金融业不良率 0.52 个百分点。

二 农民资产授托代管融资的共同富裕实现机理

（一）双重信用体系中的信用优化机制

农民融资难的核心问题在于农民缺乏有效的抵（质）押物。抵（质）押物可以在较大程度上降低银行因信息不对称带来的违约风险，从而可以增强农民的融资能力，缓解农民的融资约束。然而，农村抵（质）押体系发展尚不完善，特别是农村较多重要资源资产存在权属不清、产权模糊、流转能力差等诸多问题，并且农村资源资产抵（质）押法律法规不健全，这导致农村的耕地、宅基地、土地经营权、林权、农业生产资料与农作物等重要资源资产难以被银行接受，无法成为标准的抵（质）押物。

而瓯海农民资产授托代管融资改革通过建立政府与村级组织双重信用体系构建信用优化机制，解决了农村资源资产中信用不完备性的问题，实现了农民信贷的"可信承诺"。瓯海农民资产授托代管融资改革打破传统"金融机构—农民"的双边信贷模式的融资约束，向多主体参与的多边信贷模式转变，以此降低契约不完备性带来的信贷风险与不确定性。其中，村级组织与政府双方主体发挥了重要的信用中介作用，通过弥补效应与增强效应实现了农民信用优化机制的构建。

1. 村级组织的信用弥补效应

在瓯海农民资产授托代管融资改革中，村级组织的引入可以发挥较强的信用弥补效应。由于信息不对称与授托代管资产信用不完备性的存在，农民信用缺陷较为突出，村级组织基于"熟人社会"的信息相对透明与道德监督的作用特点，可以为农民融资发挥信用弥补作用。从改革实践看，村级组织作为金融信用中介，为农民融资发挥了信用弥补作用，对缓解农民融资困境有着重要的意义。其一，村经济合作社对农户申请授托代管资产进行认证、评估与监管，发挥了重要的监督作用，村级组织成为授托代管资产信用最直接的质量监督人。其二，村经济合作社提供了补偿损失渠道，贷款出险认定的部分责任须由村经济合作社承担，分担了金融机构的风险压力。其三，村级组织为农户与金融机构建立了沟通的渠道，有利于双方进行信息传递，消除信息传递障碍。由此，村级组织的信用弥补效应主要体现在：一方面，金融机构可以基于村级组织"熟人社会"信息相对透明的特性将对农户的信用信息获取、甄别、监督成本外部化，降低了其本身信贷成本与金融风险，强化了其信贷行为的动力；另一方面，基于"熟人社会"的道德监督机制，抑制了农户逆向选择与道德风险的动机，也因此减少了贷款风险的不确定性，增强了农户信用。

2. 政府的信用增强效应

在农民资产授托代管融资改革中，政府的信用信号对农民的信用起着增强效应。瓯海区政府给予银行在贷款风险防范与处置方面较大的支持，发挥着贷款融资风险"兜底"的作用。瓯海区政府专门组建了改革领导小组统筹协调工作，并联合多个部门通过行政手段、刑侦手段与裁判手段对农民的违约行为进行监管、规制与处置，为降低农民资产授托代管融资改革的金融风险保驾护航。此外，政府也是改革风险最终的"隐性"承担主体，当贷款风险出现而银行面临大量不良资产需要处置时，政府会遭受银行与农民的双重压力，由此带来的较大声誉风险与社会风险会让政府最终不得不为改革风险买单。由此，政府具有最高的信用水平，政府的风险"兜底"作用发挥着强大的信用增强效应，对农民信用水平起着强化作用：一方面，政府的信用机制降低了贷款发放的风险，对金融机构信贷行为起着激励作用，使金融机构愿意提高贷款额度；另一方面，政府的信用机制降低了风险溢价水平，会促使金融机构愿意降低借贷利率水平，从而实现农民融资成本的降低，这也抑制了农户的逆向选择。

综上所述，信用优化机制功能体现如图1所示。对于低收入无抵押的农户，银行会提高贷款利率来弥补高风险带来的高损失。而瓯海农民资产授托代管融资改革中的信用优化机制会降低贷款风险，以此激励银行降低贷款利率。

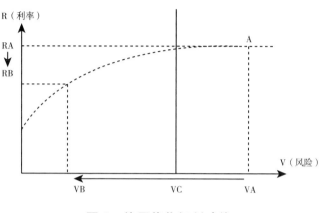

图 1　信用优化机制功能

图 1 显示，VC 为银行信贷风险的警戒线，VA 为没有信用优化机制的农户信贷风险，VB 为存在信用优化机制的农户信贷风险，RA 为没有信用优化机制的农户信贷利率，RB 为存在信用优化机制的农户信贷利率。据此，由于农户缺乏相应的抵（质）押与担保，那么原始信贷风险为 VA，原始利率水平为 RA，但是 VA>VC（即原始的信贷风险超出银行信贷风险的警戒线），故农户融资无法实现。而当信用优化机制得以构建，信贷风险会从 VA 点向左移动，下降到 VB 点，而 VB<VC（即存在信用优化机制的信贷风险在银行信贷风险的警戒线之内），这使融资得到实现，此时的利率下降至 RB。此外，信用优化机制对风险水平的调整会影响银行预期收益率，进一步影响

信贷交易量，即信用优化机制降低了风险水平，从而提高了银行的预期收益率，以此增加了信贷供给。可见，信用优化机制降低了信贷利率水平，提升了信贷交易量，由此降低了农民融资成本，增加了创业资金。

（二）信用优化机制中的共同富裕实现机理

共同富裕是发展、共享与可持续的有机统一，其中发展是前提，共享是核心，可持续是内在要求。瓯海农民资产授托代管融资改革基于信用优化机制充分发挥农村普惠金融的巨大优势，增强了农民内生发展能力，提升了农村改革的普惠性与共享性，强化了农村发展的可持续性，是温州推动实现共同富裕的有益探索。

1. 农民资产盘活与资产保护的有机统一：以增强农民内生发展能力助力共同富裕

从农村发展实践来看，农村较多重要资源资产存在权属不清、产权模糊、流转能力差等诸多问题，这严重抑制了农村资源资产要素活力，农村资源资产难以被资本化。而瓯海农民资产授托代管融资模式创新了农村"资源资产"变"资本"的路径，使得农村资源资产的经济价值得到市场认可，农村长期沉睡的资源资产被唤醒。在瓯海农民资产授托代管融资模式中，农村非标准抵（质）押经济权益虽然权属证明存在瑕疵，但仍可以作为贷款授托代管物获得银行授信。这就实现了银行贷款对传统抵（质）

押物限制的突破，解决了农村资源资产经济价值无法得到市场认可的问题，找到了实现农村资源资产资本化的新型路径，农村资源资产经济价值得到体现。而其中最关键的是构建了村级组织与政府的双重信用体系，以其信用优化机制缓解了农村资源资产中的信用缺陷，使得农村资源资产的经济价值被深入挖掘，形成价值的叠加效应，产生唤醒农民内生发展活力的强大动力。

此外，此次改革十分重视对农民资源资产的保护，特别是加强了对民生属性资源资产的约束。农村房产、征收拆迁指标与养老收益权等是重要的授托代管资产，并且在授托代管资产中所占的比例较高。而这些经济权益均有民生属性，对于农民基本生存具有保障功能。一旦民生属性的资源资产遭受处置，就会对农民的生存造成较为严重的负面影响。由此，此次改革加强了对民生属性资源资产约束的重视，以此降低农民融资风险并保障农民基本生存权益。其一，规范农村资源资产评估，防止农民资源资产流失。此次改革引入第三方评估公司对农民授托代管资产经济价值进行评估，提升了评估的专业性与客观性。经过多年的改革实践，第三方评估公司不断健全农村资源资产价值评估体系，规范价值评估原则与评估标准，统一估价办法，细化估价规则，提升评估科学性，防止农村资源资产价值在评估中被低估与流失。其二，在资产处置中，对资源资产处置予以约束，如当唯一住房被处置时，先保障农民的居住权，才能进行依法追偿，当承包地的经营权被处置时，只能处置流转期限内的经营权，期满后必须归还权益。其三，创新处置方式，如探索村集体内部的处置方式，尝试让村经济合作社回购农户资源资产再在村内部进行交易的方式。

由此可见，农民资产授托代管融资改革通过村级组织与政府的信用优化机制实现了农民资源资产盘活与资源资产保护的有机统一。一方面，盘活农民资源资产，创新农村资源资产资本化路径，降低贷款门槛，破解了农民融资难问题，满足了农民对创业资金的需求；另一方面，注重加强农民资源资产保护，防止农民资源资产的流失，由此激活了农民内生发展动力，保护了农民内生发展的物质基础，增强了农民内生发展能力。

2. 农民经济权益与其他参与主体利益保障的有机统一：以提升农村改革的普惠性与共享性助力共同富裕

长期以来，农民的政治权利被较多地关注，而经济权益在较大程度上被忽视，这使得农民经济发展需求没有得到很好地满足，使得农民经济状况改善无法跟上城市居民提升的步伐。特别是长期以来，囿于农村体制机制改革的不足，农民在经济发展中面临较大的融资难问题，正规金融机构融资额度不够、融资担保较难、融资成本较高、手续烦琐等问题制约着农民经济发展权益的实现。在瓯海农民资产授托代管融资改革中，农民可以将自有的不动产与动产等非标准抵（质）押经济权益作为贷款授托代管物，并与银行签订书面贷款承诺书，而银行依据被评估过的授托代管物价值向农民发放相应的贷款。该项改革通过村级组织与政府的双重信用体系构建发挥信用优化功能，畅通了农民正规融资渠道，重点解决了农民因缺乏可登记的资产而无法获得融资的问题。另外，瓯海农商行给予了农户优惠利率，减轻了农户的融资负担。截至 2019 年底，超过 35% 的贷款金额为新增额度，超过 50% 的贷款农户为首贷农户，且平均年利率为 6.5%，远低于同期的民间借贷利率。由此可见，农民资产授托代管融资改革强化了农村金融的普惠性，农民获得贷款的覆盖率提高，农民获得信贷的金额得以提高，农民获得贷款的成本得以降低，满足了农民对创业资金的需求，促进农民经济权益保障得以强化。

另外，瓯海农民资产授托代管融资改革加强了对农民经济权益的保障，但并未牺牲其他参与主体的利益，而是建立在多方主体利益实现基础上的。其中，从政府的角度来看，该项改革满足了农民的融资需求，带动了农民的创业，有利于农村经济发展与农村社会稳定，提升了政府的执政成效；从银行的角度来看，瓯海区有近 10 万农户，其中有 30% 的农户因缺乏抵（质）押物而无法获得足额贷款，农村金融市场具有较大的吸引力；从村级组织来看，该项改革扩大了村级组织的影响力，优化了农村经济发展条件，促进了农村的社会治理，村级组织还能获得瓯海农商行的物质奖励，具有政治、经济与社会三重收益；从第三方评估公司来看，作为审查、评估、监管业务的重要参与主体，该项改革能够为其提供较大的利润空间与市场发展潜力。

由此可见，瓯海农民资产授托代管融资模式不仅使农民的"金融排斥"得以消除，使金融发展能更多惠及农民，还使其他参与主体从中获得收益，这促进了农村改革普惠性与共享性的提升。

3. 农村经济发展与社会治理的有机统一：以强化农村发展的可持续性助力共同富裕

从农民正规金融信用方式来看，主要有抵押、质押、信用等贷款形式。一方面，虽然抵押贷款与质押贷款的利率较低，但银行对抵押物与质押物要求较高，农民因缺乏银行可接受的抵（质）押资产而难以获得授信；另一方面，虽然保证贷款与信用贷款对于抵（质）押物没有要求，但利率较高、限制较多、审查较严格等问题仍然使农民融资困难重重。瓯海农民资产授托代管融资模式打破了传统银行对抵（质）押物的限制，而其中构建的信用优化机制有效降低了农户贷款利率，增加了贷款额度，激发了农户创新创业的热情，促进了农村产业的发展。调查数据显示，瓯海农民资产授托代管融资的资金主要用于创新创业（占比达到 70.7%），投资主要包括农村制造业、农村服务业、农林牧业、农村建筑施工业、农村文体教育等。①

此外，瓯海农民资产授托代管融资模式为农村社会治理提供了新路径。随着我国农村制度改革不断推进，传统的农村社会治理模式难以适应农村新形势下的新要求。农村社会治理呈现分散化、碎片化的特征，治理体系不健全，治理模式不完善，制约了农村制度改革红利的释放。在农民资产授托代管融资模式中，多元主体参与的多边治理模式打破原有农村单一化的基层社会治理力量，为农村社会治理注入多元发展力量提供了新路径：其一，农户申请、入户调查与三方联动资产评估是贷款办理的前提，这为政府有关部门充分了解农户经济状况提供了数据支撑，也为农户表达经济发展需求提供了新渠道；其二，正规金融融资渠道的优化也在一定程度上杜绝了无序化的自发自由交易并降低了金融风险，因为农户自发自由交易往往缺乏评估和保护机制，存在较大的信贷风险；其三，信用优化机制中的村级组织与政府发挥信用中介作用，在一定程度上抑制了农户逆向选择和道德风险行为，为营造良好的农村信用环境提供保障；其四，严密的贷后监管体系为掌握农户资产变动与风险提供了完善的信息传递机制，为农村社会风险隐患提供预警。

---

① 数据来源于瓯海区农业农村局内部资料《温州市瓯海区农民资产授托代管融资研究报告》，2020 年。

由此，农村金融创新、农村经济发展与农村社会治理三者相辅相成，促使农村发展的可持续性得到强化。

结　语

瓯海农民资产授托代管融资模式是农村普惠金融的一种创新模式，通过多元主体参与的多边信贷模式的构建形成了双重信用体系，以此建立了农村资源资产的信用优化机制，克服了农村资源资产信用不完备性的缺陷，促进了农民资产盘活与资产保护、农民经济权益与其他参与主体利益保障、农村经济发展与社会治理的有机统一，增强了农民内生发展能力、农村改革的共享性与农村发展的可持续性，以此推动了温州实现共同富裕有效路径的优化，其中的共富经验与共富秘诀具有较强的借鉴意义。

其一，敢于创新与实践，有效解决农民融资难问题。长期以来，农民融资难困境难以克服的核心问题在于农民缺乏有效的抵（质）押物。而瓯海农民资产授托代管融资抓住了其核心问题，敢于打破原有政策限制，敢于进行制度性突破，并将其付诸实践，不断地推广与完善。农户可以将自有的不动产与动产等非标准抵（质）押经济权益作为贷款授托代管物，在此基础上与银行签订书面贷款承诺书，以此就可以获得相应的贷款。该项改革通过村级组织与政府的双重信用保障机制构建畅通了农民正规融资渠道，降低了农民融资的门槛，有效缓解了农民融资难问题。

其二，完善管理体系，最大限度保障农民权益。在改革中，农村资源资产经济价值得到体现，其中被瓯海农民资产授托代管融资改革认可的农村资源资产种类多达16种。但值得注意的是，制度在创新的同时也存在不足，对农村资源资产经济价值的审查、评估、代管与监管等环节仍然存在较大市场空白。为了保障农民经济权益，积极引入第三方评估公司，第三方评估公司对农民资产的审查、评估与监管提升了改革的专业性与客观性。此外，贷款商定、资产代管、资产处置等方面实现由瓯海农商行、村经济合作社与第三方评估公司"三方联动"参与，构建多重管理体系，打破银行主导话语权与主导地位的约束，最大限度地保障了农民应有的权益。

其三，平衡多元主体利益关系，构建良好的合作关系。在农民资产授托代管融资改革过程中，政府、银行、农户、村级组织、第三方评估公司五方主体积极参与，其紧密的联动模式与利益平衡机制促进良好合作关系的构建，这也是改革取得较好成效的关键：瓯海区政府在政策层面给予了大力支持，为改革的推行奠定基础；瓯海农商行主动参与融资改革，优化管理制度，细化服务功能，不断推进融资模式的完善；农户是融资改革最大的受益者，也是重要参与者；村级组织积极参与合作，村居合力强化对农户资源资产的审查、认定与监管，起着重要的信用中介作用；第三方评估公司的参与促使改革中的资产评估、代管与监管等环节更具专业性与客观性。

参考文献

黄承伟：《论乡村振兴与共同富裕的内在逻辑及理论议题》，《南京农业大学学报》（社会科学版）2021 年第 6 期。

张冀民、高新才：《农民合作社农业资产抵押融资模式研究》，《经济纵横》2016 年第 2 期。

张文律：《农民资产托管融资制度创新的理论解析——基于浙江瓯海农民资产托管融资的案例研究》，《山东行政学院学报》2019 年第 6 期。

董晓林、吴昌景：《四大担保模式化解农民贷款难题》，《农业经济问题》2008 年第 9 期。

郁建兴、任杰：《共同富裕的理论内涵与政策议程》，《政治学研究》2021 年第 3 期。

马英才：《我国农地资本化的动因、绩效及政策建议——基于城乡统筹的视角》，《湖北社会科学》2013 年第 10 期。

养殖用海"三权分置"：制度创新谱写沿海渔村和谐共富乐章

陈庆挺　倪维铭[*]

摘　要：浙江省苍南县大渔湾是我国著名的紫菜养殖基地，2016 年以前，养殖用海没有划界定权，谁先占有谁养殖，养殖户之间用海纠纷不断，矛盾突出。为解决苍南养殖用海经营、承包无偿无序，海域使用纠纷频发等问题，苍南县从 2016 年起牵头推进养殖用海改革，在全省率先探索养殖用海"二级发包"制度，实行养殖用海所有权、经营权、承包权三权分置。通过这项改革，苍南县完成了涵盖大渔湾 75600 亩海域、涉及 1502 户养殖户的建档入册工作，

　　[*]　陈庆挺，中共温州市委党校苍南分校高级讲师，研究方向为基层社会治理；倪维铭，中共温州市委党校苍南分校助理讲师，研究方向为哲学。

化解了多年来因各方争夺养殖用海引发矛盾纠纷的历史性顽疾。2017 年以来大渔湾海域未发生大纠纷事件，紫菜养殖生产稳定，大渔湾海域呈现一片"耕海牧渔"繁荣景象，为全省乃至全国提供了养殖用海规范化管理的"苍南样本"。

关键词：海洋经济　渔业　三权分置　苍南县

前　言

苍南县地处浙江东南沿海，是全省海洋渔业大县、温州市第一大海洋渔业县，海域面积 3783 平方公里，坐拥大渔湾、沿浦湾、渔寮湾三大海湾，近岸海洋自然条件全省最优，拥有"中国紫菜之乡"金名片。尤其是大渔湾渔区，地处苍南海岸线中段，海域面积达 75600 亩。沿岸山间分布着 20 余个村庄，有 10 多万常住人口。大渔湾海域的紫菜养殖业发达，紫菜等藻类养殖面积稳定在 5 万亩，年产紫菜鲜品 7 万吨，产值可达 5 亿元左右。

近年来，苍南县首创养殖用海"三权分置"管理体制改革，采取养殖用海所有权、经营权、承包权"三权分置"并行管理。养殖用海管理体制的改革创新，不仅有效地解决了海域所有权问题、海域承包权纠纷以及海域经营权争夺等固有顽疾，更为全国沿海城市的海域养殖提供了规范化、可参照的"苍南样本",切实有效地推动了乡村振兴和渔民养殖户共同富裕。

一 养殖用海"三权分置"的做法与成效

长期以来,大渔湾养殖户对海域国家所有的权属概念不明、认识不清,"门前海""祖宗海"的传统思想根深蒂固,加上养殖用海管理工作缺少前期排查和规划,养殖用海基本数据掌握不准,在海域养殖利益驱动下养殖用海无序、无度扩张,镇与镇、村与村、养殖户与养殖户、养殖户与捕捞渔民、合法海域使用权人与实际养殖户之间的养殖用海纠纷连年不断,错综复杂,严重影响了社会安全和基层稳定。

(一)起源:破除养殖用海困境,探索共富新途径

紫菜养殖业是大渔湾海域的主导产业。但是,养殖用海纠纷频发、三权模糊不清等问题,严重制约了苍南紫菜养殖产业的可持续发展。苍南要带动渔民养殖户走好共同富裕路,破除养殖用海困境是关键。大渔湾养殖用海困境主要体现在如下方面。

1.海域无偿使用,定界模糊,引发用海纠纷

大渔湾海域面积宽阔,沿岸 20 余个村落都有紫菜养

殖传统，但是因为养殖海域没有明显的标志物，镇与镇、村与村、户与户之间养殖海域界限不清、权属不明，养殖海域使用权长期无法确权。养殖海域谁先占有，谁就拥有养殖使用权，大渔湾存在不同乡镇、不同村居之间养殖海域犬牙交错、互相交叉的现象，养殖用海出现矛盾纠纷成为必然。另外，紫菜养殖户大多数使用的是插杆式紫菜养殖技术，对养殖用海的要求条件较为苛刻，大渔湾可供紫菜养殖的海域面积仅占全部海域的 15% 以下，养殖海域资源非常有限。海域的无偿使用、定界模糊以及可用海域面积狭小为养殖用海矛盾纠纷频发埋下了祸根。

2.传统观念、利益驱使，加剧用海争夺

自 2010 年以来，大渔湾地区紫菜养殖产业蓬勃发展，市场上的紫菜供不应求，养殖户的收益不断增加。与此同时，渔业产业经济效益下滑，渔船出海捕捞未知风险加大，部分渔民逐步从原来的海洋捕捞作业转向紫菜养殖产业。但传统养殖海域已被抢占，部分渔民以"祖宗海""门前海"为由，主张本村村民都有权利无偿使用，强烈要求政府重新进行养殖用海资源配置。传统养殖用海观念与利益博弈导致渔民之间互相争夺养殖用海的矛盾纠纷频发、多发，甚至还有持械斗殴事件发生。

3.用海纠纷不断，生产生活受限，产业发展举步维艰

仅 2015 年，大渔湾养殖用海矛盾纠纷通过县级层面协调 15 次、村居调解 21 次、领导带队下海划界作业 10

次、海上监护执法 35 天、刑事拘留 10 人，历时半年化解涉及 600 多户 20000 亩养殖海区纠纷。频发的养殖用海纠纷不仅严重影响到养殖户的生产生活，更阻碍紫菜养殖产业的有序发展。2015 年，因为大渔湾海域紫菜养殖的无序扩大和矛盾纠纷，养殖海域出现大面积烂菜现象；同时，多发的矛盾纠纷使政府的政策无法落地，扶持项目无法推进，严重影响大渔湾沿岸渔村的发展和渔民收入的增加。

（二）落实：开展"三权分置"改革，明晰共富新道路

在上述背景下，为有效改变大渔湾养殖海域无序无度开发的状态，根治养殖海域矛盾频发的顽疾，实现渔区社会稳定、沿岸渔民增收，2016 年，苍南县先后召开 100 多次会议，征求养殖户、渔村干部意见建议 92 条，借鉴土地"三权分置"的经验做法，确立"三权分置、二级发包、一证到底"的改革思路，在大渔湾海域开展养殖用海"三权分置"管理体制改革试点工作。

1. 创设"三权分置"，完成顶层设计

所谓的"三权分置"是"政府行使所有权，赋予村集体用海经营权，保障养民享有承包权"。首先，苍南县政府以"海域使用权证""水域滩涂养殖证"，对养殖用海行使所有权。其次，县政府赋予大渔湾沿岸渔村集体养

殖用海经营权。通过村集体与养殖户签订租赁协议，赋予养殖户承包权。这套体制框架以制度的形式明确"三权"承载主体、权利边界、责任范围，为解决海域无偿使用、定界模糊这一根源性问题，提供制度保障。

2. 实施"二级发包"，精准养殖用海区域

为明确养殖用海面积划分，破解养殖用海乱象，苍南县以大渔湾养殖海域为试点，创新实施"二级发包"制度，即国有海安渔港建设发展有限公司作为一级发包主体行使所有权，将养殖海域按面积发包到村集体，村集体成为二级发包主体行使经营权，通过村民代表大会审议的方式再发包给本村养殖户享有承包权。在承包方缴纳全部租金后，由县海洋与渔业局发放"养民证"，明确养殖户养殖区域，划清养殖区域经纬坐标，实现养民养殖区域边界清晰。通过养殖航拍图，确定大渔湾紫菜种植亩数为 4.6 万亩，完成 1502 户养殖户的信息核对登记，下发"养民证" 1502 份，精准地掌握紫菜养殖产业的基础数据。

3. 执行"一证到底"，保障政策落实

苍南县首创"养民证"制度。"养民证"是养殖户在有关部门签署租赁协议、缴纳租金后获得的唯一经营凭证。"养民证"具有证明持有者承包资格、承包用海面积记录、租金缴纳情况等功能。"养民证"是相关部门日常管理养殖户经营权的主要依据，相关部门对养殖户的承包、缴费、养殖船年审管理、生产成本补贴申报实行

"一证到底"。同时，县政府联合县农商银行推出"蓝色信贷"等金融服务，使用"养民证"的养殖户享有金融机构低息信贷的政策红利，帮助渔民解除养殖经营资金缺乏的后顾之忧。

（三）成效：打造苍南"海改"样板，提供共富新思路

苍南县的"海改"，围绕"三权分置"架构，实施海域养殖"二级承包"试点，落实一系列创新措施。这一"苍南智慧"有效地化解养殖户之间的海域纠纷，为渔区经济社会发展、海域生态环境保护、渔民养殖致富提供了一套可复制、可操作、可推广的试点样本，为沿海乡村发展振兴、实现渔民共同富裕提供强有力的支撑。

1. "三权分置"海改填补国内空白，海域矛盾纠纷数量大幅下降

苍南在浙江全省率先探索出一套养殖用海创新制度，提供了养殖用海规范化管理的"苍南样本"。养殖用海"三权分置"明确养殖海域国有属性，消除海域无偿占有使用行为，有效化解了养殖海域矛盾纠纷。自"三权分置"改革以来，大渔湾养殖用海矛盾纠纷数量连年下降，2017年以来，大渔湾海域未发生大纠纷事件。苍南养殖用海"三权分置"改革获得省市领导先后6次批示肯定，被列入温州市深化改革重点项目、温州市国家海域综合改

革试点项目，《人民日报》《新闻联播》《浙江日报》《温州日报》等对改革进行了多次持续报道，并一致点赞。2018 年 12 月 17 日，新华社发表《向着更加壮阔的航程——致敬改革开放 40 周年》重磅评论，文中指出：浙江苍南首创养殖用海"三权分置"管理体制，为全国提供养殖用海规范化管理的"苍南样本"。

2.生态环境明显改善，公共服务设施极大改善

大渔湾紫菜养殖每年需要重新更换竹竿 33 万根左右，部分养殖户为了减少成本，对插在海涂上的竹竿只截取海平面上面的竹竿，海平面下面的竹竿则留在养殖海域，废弃毛竹留在养殖海域给海洋生态环境带来了极大的破坏，不仅改变了海流的自然状态，给海面上渔船航行也埋下严重的安全隐患。为鼓励养殖户主动拔掉养殖海域上废弃竹竿，苍南县每年财政支出 230 万元左右，给予拔掉每根废弃毛竹财政补助 7 元，明确养殖海域废弃毛竹"谁拥有，谁清理"的责任，大大保护了养殖海域的生态环境。自 2020 年开始，探索用玻璃钢插杆代替原有的毛竹养殖紫菜，实行玻璃钢企业先行投入玻璃钢插杆，再以租赁的方式给养殖户使用，租金不超过养殖户每年毛竹竿的成本投入，从根本上解决了废弃毛竹竿对养殖海域生态带来破坏的问题。养殖用海"三权分置"改革后，沿海村居集体经济迅速发展壮大，基础设施投入明显增加，村容村貌焕然一新，滨海旅游产业快速崛起。紫菜养殖重点村居中墩社区书记、

主任王良军介绍说："'养殖用海'三权分置改革后，每年社区租金收入在 50 万元以上，让村委对公共服务设施的投入更有了底气，'滨海山城花园中墩'的目标正在实现。"

3. 村民收入大幅提高，渔村渔民谱写共富乐章

养殖用海"三权分置"改革后，大渔湾沿岸村居社会稳定，紫菜养殖户安心生产经营，如今，大渔湾每年的紫菜产量约占全国的 1/6，年产值超过 10 亿元，养殖户年平均收入可达 15 万元左右。"现在海上打架的情况几乎没有了，紫菜养殖的收益也提高了。"养殖户兰准平说。流岐岙村共 405 户，现在 80% 以上的村民从事紫菜行业。兰准平养了 30 多亩紫菜，好的年份能赚七八十万元，差的年份也有十几万元。苍南农商银行赤溪支行行长王丽君介绍："苍南农商行立足于服务三农，授信'养民证'贷款，总金额达 1 亿元，支持养民们生产经营。"紫菜养殖户兰颜中说："养殖数量比较多，资金在社会上不好借，银行这一部分可以解决了救急。"当前，大渔湾赤溪镇、大渔镇紫菜养殖户每年共缴纳租金 1000 多万元。赤溪镇小岭村党支部书记杨茂可算了一笔账：每排紫菜承包租金 200 元，村里拿 50%，每年村集体平均可得 15 万元的经营性收入。"海域租金返还"大大提升了村集体收入，促进强村惠民，有效壮大村集体经济。大渔湾沿岸的渔村，每年可获得 5 万~50 万元不等的经营性收入，19 个集体经济薄弱村全部"摘帽"。

二 制度创新：开辟共同富裕新路径

共同富裕是社会主义的本质要求，是中国式现代化的重要特征。面对养殖用海矛盾纠纷频出的困境，苍南县灵活地运用整体性思维，完善顶层设计，明确政府、集体与养殖户的权责关系，实施"三权分置"改革，彰显了"以人民为中心"的发展思想。

（一）善用整体性治理思维，构建顶层设计

苍南养殖用海"三权分置"改革成功的关键因素之一是灵活运用整体性治理思维，构建顶层设计。苍南县海改的背景是养殖资源分布不均引发纠纷，利益驱使加剧矛盾，最终影响养殖户的生活，甚至阻滞养殖业、苍南县渔业的健康有序发展。这一系列矛盾发展过程中牵涉多方利益的角逐，暴露出政府对现有养殖海域管理制度的空白，反映出苍南县紫菜养殖业无序发展的现状，更牵扯出苍南县大渔湾一带产业升级、可持续发展的重要问题。为此，面对上述问题的治理，不能简单地采取"头痛医头、脚痛医脚"的线性策略，而是应当基于公共治理的视角，从系统性、整体性及宏观性的思维分析框架中谋求解决之道，避免碎片化、分散化的形式主义治理。

　　整体性治理是克服碎片化、分散化治理及形式主义的一种理想选择。整体性治理强调以协调与整合为基础的政府整体运作，并在价值层面恢复和重建了民众在治理中的根本主体地位。苍南养殖用海"三权分置"改革不仅是党委和政府的责任，而且是社会各方的责任。实现苍南养殖用海"三权分置"改革，需要明确不同社会治理主体的角色定位和职能职责。针对海域养殖产权改革工作，赤溪镇开展 100 多次专题调研，广泛听取广大村民和镇村干部意见，共同研究分析问题。经多方征询意见，借鉴农村土地"三权分置"改革思路，建立养殖用海"三权分置"管理新体制，落实养殖二级承包制度，制定对策方案。这一做法坚持了党对社会治理的集中领导地位，发挥党委总揽全局、协调各方的领导核心作用。同时，县政府在这一过程中，坚决破除妨碍社会治理的各种体制机制弊端，积极地拓宽公众参与社会治理的制度化渠道，建立起政社互动、政企互动、政民互动的联动机制，充分调动各方力量参与社会治理。通过引导与整合多元社会主体的力量，苍南县构建了更加精准的政策需求导向机制。以"三权分置"为核心的海改制度，不仅解决了苍南县渔业群众的生产生活问题，更是一个乡村社会的综合治理典范。它善用整体性思维，破除以往工作中"碎片化"及形式主义等的困境，将渔村治理与经济发展融合统一。

（二）明确政府、集体与养殖户的责权关系

苍南养殖用海"三权分置"改革成功的关键因素之二是明确政府、集体与养殖户的责权关系。苍南县养殖用海的困局在于政府、集体与个人三者的责权关系不明晰。海改以前，部分养殖户受到传统思想影响，盲目追求经济利益，争夺养殖用海资源，导致纠纷矛盾频出。这些矛盾纠纷不仅严重损害沿岸养殖用户个体的经济利益，而且大大影响村集体经济的增长，甚至侵害政府对养殖用海的所有权。为解决上述难题，不能简单地搞"一刀切"，而是应当明确政府、集体与养殖户的责权关系，破除社会治理中存在的体制机制弊端，推动政府治理和社会自我调节、居民自治良性互动，调动群众参与人民内部矛盾化解，探索一条在党领导下，政府依法治理，村集体依法管理，个人依法行使权利、履行义务的新途径。

在我国，权利的实现要求义务的履行，义务的履行确保权利的实现。实施"三权分置"实则是明晰政府、集体与养殖户的责权关系的过程。首先，就政府而言，"三权分置"有效地保障政府对养殖用海的所有权，相对应地，政府有义务参与到紫菜养殖业的管理中，如举办听证会、积极宣传"三权分置"改革、利用无人机开展大渔湾养殖现状调查等，为紫菜养殖业的有序发展提供服务。苍南县政府在保障自身养殖用海所有权的同时，着手规范

无序的紫菜养殖业，实则是为村集体的经济发展、个人收入增长提供必备条件。其次，"三权分置"有效地保障村集体对养殖用海的经营权，相对应地，村集体有义务帮助渔民开展紫菜养殖，为渔村居民谋福利。养殖户缴纳的租金反馈村集体经济，这不仅使养殖海域配套管理经费得到保障，还有效地改善了养殖海域的环境，如沿岸各村修建码头，完善村落基础设施，改善村居生态环境等。最后，"三权分置"有效保障了渔民清晰的承包权，避免养殖过程中的各种矛盾和纠纷，明确缴纳竹排租金，逐步改变渔民"祖宗海""前门海"的错误认识，提高了渔民履行公民义务的自觉性。

苍南县养殖用海"三权分置"改革，明晰了政府、集体与个人的责权利关系，促进了海域养殖的公平性，不仅探索出有效的公共资源管理方法和利益协调机制，为其他领域的公共资源配置和管理提供了新思路，而且为其他依托养殖用海的渔村提供了致富经。

（三）坚持"以人民为中心"的发展思想

苍南养殖用海"三权分置"改革成功的关键因素之三是苍南县政府坚持"以人民为中心，一切为人民服务"的发展理念。以人民为中心是中国共产党的初心，是中国特色社会主义道路的根本遵循。要实现人民安居乐业、社会安定有序，不断提升人民群众的获得感、幸福感、安全感，就要继续深化改革开放。坚定不移地贯彻"以人民为中心"的发展思想，必须把最广大人民的根本利益作为我们党一切工作的根本出发点和落脚点。

苍南县"三权分置"改革的根本出发点是，破解养殖用海困局，帮助养殖户致富，带动大渔湾沿岸渔村经济发展、产业升级，最终实现共同富裕。这一举措牢牢地抓住了人民群众最关心、最直接、最现实的利益问题；并始终体现了中国共产党坚持以人民为中心，致力探索将党的群众路线优势转化为社会治理动能的途径，努力创新组织群众、发动群众的机制，不断健全为民谋利、为民办事、为民解忧机制的过程。

"三权分置"改革的落脚点在于，让改革发展的成果更多更公平地惠及全体人民。具体而言，可以表现为以下两点。一是取之于民，用之于民，振兴渔村。政府向大渔湾沿岸渔村养殖户征收的海域有偿使用金，20%用于参与紫菜养殖业的国有公司的日常管理，30%用作镇政府管理经费，而50%直接返回村集体。镇政府与国有企业又将大量资金注入渔区乡村建设、养殖设施改造提升和养殖业发展，同时探索通过利用承包租金、各方统筹等方式成立紫菜养殖保险基金，提升养民的抗风险能力。二是先富带后富，走向共同富裕。苍南县"三权分置"改革是浙江省率先走出来的渔村致富道路。它不仅探索出适应苍南大渔湾的有效管理机制，而且为其他领域的资源管理提供了新思路。

"折股量化"：扶贫资金机制创新助力共同富裕

谢中榜[*]

摘　要：苍南县莒溪镇溪东村依托财政扶持资金"折股量化"试点，以股份收益量化折算破解项目缺乏启动资金的难题，在短时间内将 16 间闲置农房改造成特色民宿，不仅实现了所有权、承包权、经营权分离运作，还构建出股权清晰、回报共享的收益格局。从深层次来看，溪东村的实践已经在一定程度上突破了"项目制"的技术治理逻辑局限，可为制度创新探索内在规律和营造外部环境提供借鉴，也有助于形成公平性、多主体、高效率的基层善治新路径，其经验对推进共同富裕具有深刻的启发意义。

* 谢中榜，中共温州市委党校文化与社会学教研部副教授，研究方向为乡村文化旅游。

关键词： 折股量化　财政资金　扶贫　苍南县

前　言

当前中国脱贫攻坚战已经取得了全面胜利，如何从扶贫攻坚转向常规化的相对贫困治理，如何把巩固拓展脱贫攻坚成果同乡村振兴有效融合，是扎实推动共同富裕的历史阶段必须直面的问题。各地政府都在千方百计地优化政策环境，大力推动乡村振兴、共同富裕建设项目落地。但一些突出问题仍然存在：生态、文化、旅游等扶持项目繁多，但"大水漫灌""一投了之"的问题没有得到根治；财政扶贫资金的申报、使用程序烦琐且过程漫长，许多申报对象因此望而却步，造成大量项目资金闲置的现象；后发展的村庄往往拿不到扶持项目，政府也更青睐那些"亮点村庄"，因此"马太效应""能者恒能"的现象突出……这些现象背后是一个共性问题：财政扶贫资金分配、使用、管理的不科学与不合理，进而导致高技术成本和负外部效应。

财政扶贫资金的机制创新是落实普惠性"三农"政策和内生性、开发式扶贫政策的重要途径，也是打通共同富裕之路的重要环节。尤其是涉及农业、旅游、扶贫的专项资金及政策衔接演进，能有效激活共同富裕新动能。2017 年，温州市出台《温州市财政支农资金折股量化扶贫试点工作实施意见》，选择苍南、泰顺等 5 个县（市、区）开展试点，探索财政支农扶贫资金的折股量化实践样本。苍南县莒溪镇溪东村通过试点，在短短一年半内就完成了"畲族风情民宿"项目建设，并引入优质国有企业进行运营，形成了低收入农户增收长效机制。这改变了过去财政支农资金无偿投入方式，为财政支农政策供给侧改革提供了一个现实样板，因此被《中国财经报》《浙江日报》等主流媒体报道，并得到了时任省长袁家军的肯定性批示。本文对"折股量化"在溪东村旅游业发展中的创新应用进行深度分析，揭秘背后的机制机理，在此基础上提出优化财政扶持资金机制创新的建议。

一 溪东村的"折股量化"试验

（一）缘起：下派干部带着扶持资金为畲村谋发展

溪东村位于苍南县莒溪镇，距县城 27 公里，距镇政府所在地 1.5 公里，是 5A 级景区玉苍山与莒溪大峡谷连接点，素有"莒溪门户"之称。这里自然风光秀美、生态环境优越，有诗云："溪东矴步跨两岸，青山绿树遮民居。"近在咫尺的莒溪大峡谷险峻奇秀，却因为开发难度大、安全事故易发等，迟迟没有启动景区建设。有不少徒步探险的游客慕名而来，当他们路过溪东村时，都不禁赞叹这里是"人间仙境"，对村庄里宁静的生活羡慕不已。但是，游客们无法深刻体会溪东村民身在"福"中却不"富"的苦楚，不能完全理解一个偏远畲村对美好生活的迫切期待。溪东村是浙江省级民族村，全村人口938人，畲族占全村人口的97%，该村保留有完整的畲语、畲歌、畲舞及婚丧嫁娶的传统风俗。同时，溪东村也是苍南县集体经济薄弱村、扶贫重点村，是远近闻名的穷村、落后村。2017年，溪东村人均年收入4600元以下的家庭还有67户，不少年轻人为了谋生和发展离开了，留在村庄中的大多是上了年纪的人，甚至村两委的适龄干部人选也捉襟见肘。2017年以前，溪东村的集体经济收入几乎为零，除了零散的农业生产，村民们没有其他的收入来源。

发展旅游业是拉动经济发展的重要动力，是推动乡村振兴和共同富裕的重要抓手，这已成为社会共识。2017年10月19日，习近平总书记在参加贵州省代表团审议报告时指出："脱贫攻坚，发展乡村旅游是一个重要渠道。要抓住乡村旅游兴起的时机，把资源变资本，实践好绿水青山就是金山银山的理念。"党的十八大以来，苍南县就有不少乡村通过发展旅游业抢先走上小康路，率先在共同富裕道路上迈出了坚实步伐。例如，马站镇中魁村牢牢抓住了生态资源优势，大力发展乡村旅游产业，有效带动了村庄环境优化、乡村治理提升和乡村文化复兴，摇身成为远近闻名的富裕村庄样板。面对良好的发展机遇，溪东人对发展旅游业的共识越来越清晰，急切希望改变村庄落后的面貌。但是，像溪东这样一个偏远、落后的村庄，基础设施不完善，旅游配套几乎空白，很难通过竞争拿到政府的旅游发展项目。虽然溪东村两委一直在努力号召乡贤回乡创业，但因为没有好的项目扶持，很多想投资的乡贤都只是抱着观望态度。

2018年，苍南县将溪东村列入乡村振兴示范带节点村，希望通过发展旅游业带动这个村庄脱贫致富。苍南县委组织部选派优秀机关干部到基层挂职第一书记，帮助基层群众解决实际困难、脱贫致富。"部门挂钩"是一种非制度的操作路径，但它在传统科层制的组织结构和运行机制中，具有相当大的优势和便利，这等于拓展了村庄向上关联的信息、资源渠道。黄科长是财政局的一名业务科长，他下派时是带着"项目"的。财政局承诺拨付150万元"折股量化"试点资金给溪东村用于扶贫，以示对下派工作的重视。下派干部带着项目资金，"腰杆"也更硬，更利于开展工作，尤其是推进各类改革试点任务。黄科长曾在基层单位历练过数年，因此他对基层的情况较为熟悉，因此被财政局认为是最适合下派的干部。黄科长也是从溪东村走出去的"乡贤"，乡情感召也令他格外珍惜这次下派机会，迫切想要通过两年时间改变家乡的落后面貌。因此，黄科长也很快得到村民的认可，村民们都认为这是一名真正想为村里谋福利且有能力的干部。

经过溪东村两委代表大会多次商讨，村民们商定要依托畲族文化和生态优势，通过发展旅游业带动集体经济发展。但是如何实现这个目标呢？村民们莫衷一是，黄科长虽有个基本方向，但也费尽心思而不得其解。黄科长和村干部们提出了多个设想，从销售土特产到"三月三"畲族歌舞节，始终没有找到让所有人都拍板同意的点子。虽然溪东是个畲族村，但是发展少数民族风情旅游并非那么容易，周边的平阳青街、文成西坑等地畲族聚居更多，发展旅游业起步更早，如果溪东村照搬它们的模式，恐怕难以避免同质化竞争。实现差异化发展是乡村旅游业发展的一个普遍难题，溪东村要想争取政府的旅游扶持，就必须打造更有特色的项目，让游客走进来、留下来。最终，他们把目光聚焦于特色民宿项目上，想要依托莒溪大峡谷和玉苍山中轴的区位优势，在这一旅游资源密集区域"先入为主"，提供高品质、个性化的住宿和餐饮服务。黄科长提出将村中三栋合计16间破旧倒塌的农房改造成民宿，这一设想得到村两委和村民的大力支持，溪东村迈出了坚实的一步。

（二）实践："折股量化"助推民宿项目快速落地

"折股量化"是指在不改变用途的情况下，财政专项扶贫资金和其他涉农资金投入设施农业、林业、养殖、光伏、水电、乡村旅游、村集体经济等项目形成的资产，具备条件的，可"折股量化"给重点帮扶对象，尤其是丧失劳动能力的低收入农户①。2017 年，财政部、农业部、国务院扶贫办联合发布了《关于做好财政支农资金支持资产收益扶贫工作的通知》（财农〔2017〕52 号），允许各地在不改变用途的情况下，将利用财政投入设施农业、养殖等产业所形成的资产增值，用于资产收益扶贫。温州市农办、财政局正在开展"折股量化"试点项目评比，苍南县财政局、扶贫办也想尽办法寻找"折股量化"项目试点的典型案例，这也是黄科长下派的另一个任务。至于"折股量化"如何在乡村旅游项目建设中应用，并没有现成的案例可以照搬，黄科长也只能"摸着石头过河"。他面临的最大挑战就是如何让"畲族风情民宿"套上财政局所承诺的"折股量化"项目，并且在他下派两年期间让项目顺利落地。项目方案确定后，黄科长利用其资源网，多次与组织部、县财政局、农办、经信局等单位对接项目。整个过程非常复杂，若没有专业知识和社会关系网络作为支撑，没有超常规的创新举措，根本不可能在短时间内快速推进。综观整个项目的推进过程，其中最关键的举措有以下三方面。

---

① 周胜芳、戴佩慧、吴澄等：《温州市财政支农资金折股量化扶贫机制探索》，《经济论坛》2017 年第 7 期。

其一，盘活闲置资源，利用股份收益量化折算破解项目缺乏启动资金的难题。根据过往的扶贫政策，除了社会救助资金、信贷扶贫资金以外，财政扶贫资金都必须以项目的形式支出，不能直接拨付给贫困群体。资金必须以"项目"的形式支付，要做到既不违反各项规定，又能创新整个流程，提升项目推进的效率，实际上是非常困难的。但是，作为财政局的业务骨干，黄科长还是从"折股量化"试点文件中找到了突破口。文件规定，允许围绕政府、低收入农户、项目实施主体、政府委托持股主体，形成产权转移关系、股权关系、投资关系和收益关系。若"折股量化"对象个人资源（如房产、土地等）已投入项目中，也可以将财政投入支农资金直接"折股量化"给个人。简言之，虽然项目扶贫资金不能直接发到农民手里，但可以通过股份收益量化折算的形式，让村民直接获得收益。这既可以解决没有启动资金的难题，也可以确保帮扶对象获得长期收益。因此，溪东村的民宿项目计划将村中 16 间破旧倒塌的闲置农房改造成民宿，然后村集体股份经济合作社以租赁的形式获得 20 年租期，农房户主就可以用租金折算的形式入股民宿项目。黄科长提议工程以农村自建房形式审批，委托工程造价询价公司进行工程造价预算（报告），由原 14 户村民业主与施工单位签署施工合同，以股份收益量化折算资金作为首笔建设资金。这样一来，溪东村村民没有花一分钱，"畲族风情民宿"项目启动资金问题就解决了。

其二，创新政务服务流程，破解项目立项—评审—评估—验收的程式僵化和效率低难题。一方面，如果按照当时的政策规定，工程建设必须实行招投标制度，这样溪东村的项目将会耗费大量的技术成本和时间成本。溪东村向镇政府提出房屋确权手续，委托专业机构制作了设计图纸，出具工程造价预算报告，尝试着走出了一条边建边审批的路子。黄科长认为，若到时候有关单位要审查，他们可以提供相应材料，也能证明即使没有通过招投标，这个项目也符合要求，还节约大半的时间和成本。这样的做法被默许，得益于 2016 年底浙江率先提出"最多跑一次"改革，为"容缺审批"等创新举措带来制度空间。苍南县政府还针对溪东村问题召开过一次协调会，允许民宿项目按照一次性提交申请材料办理后续相关联的多个事项。另一方面，相关政策规定财政扶贫项目资金不能预付，必须由财政监督局全程把关，还有后续不定期的审计监督。因此，市财政局的"折股量化"扶贫资金打到县里后，直接进入苍南财政监督局的账户。按照正常流程，只有工程验收后，溪东村才能拿到这笔钱。溪东村以"折股量化"试点改革方案为依据，向苍南县政府提出"一事一议"申请，最后经过多方协调，县里同意由扶贫办、财政局联合发文并预拨了 100 万元资金。2019 年，苍南县政府对《财政专项扶贫资金管理办法（试行）》进行了修订，提高了涉农扶贫资金项目的补助标准，并规定以乡镇、村为业主已实施的扶贫项目，通过评审立项，在下达立项计划时，可全额预拨项目资金到乡镇。

其三，构建多元参与格局，以社会资本参与专业化运营实现项目的长期可持续发展。由于启动资金十分有限，黄科长原计划在一期建设完成后，由溪东村集体经济股份合作社承包，通过招商引入第三方负责二期装饰工程，按风情民宿的定位完成设计、施工、招投标、装潢等，并负责后期对外经营。但在一期项目的建设过程中，莒溪镇政府也想进来"插一脚"，因为它们有一笔 60 万元的扶贫资金没有找到合适项目，刚好可以用于民宿项目的外立面建造。项目资金闲置现象是普遍存在的，苍南县政府还为此召开专题会议研究，要求各乡镇提出整改措施。但是，莒溪镇提出必须要走招投标的程序，且后续要从该项目的收益中分红，用于全镇的低保群体帮扶。最终，外立面项目招投标价格为 102 万元，比黄科长原先预算整整多出 40 余万元。莒溪镇政府的谨慎和顾虑是有原因的，因为它们只在项目治理链条中"过手"，对项目资金没有独立的支配权，更没有意愿去触碰这些"麻烦的事儿"，只能按照规定程序来办。项目建成后，溪东村与苍南旅游投资集团经过了多轮谈判，签订了长期合作协议，将民宿交给专业团队运营管理。最终，溪东村、莒溪镇政府、苍南旅游投资集团三方之间达成股份及收益分配方案：项目总投资 505 万元，其中"折股量化"资金 150 万元、乡镇投入 60 万元、村民出资 42 万元。村集体股份经济合作社占股 45.9%。苍南县旅游投资集团负责后期装修和运营，盈亏 自负，每年要给溪东村固定分红 23 万元，并保证解决本 村 30 人次低收入农户就业。溪东村的 23 万元分红中，40%归村集体，10%归 14 户村民业主，50%由乡镇政府统 筹帮扶低收入农户。20 年承包期满后，房屋折旧残值归 还原 14 户村民业主，村集体股份经济合作社享有优先承 包及经营权。

（三）成效：精品项目带动溪东乡村旅游发展和增收致富

溪东经验很快得到浙江省、中央部委领导肯定，被树 立为扶贫工作典型，经主流媒体报道后，前来学习观摩的 人络绎不绝。领导批示和媒体报道对溪东发展产生了重要 影响，许多部门主动送资金和项目上门，村里很快就完成 了道路硬化、路灯安装、办公楼和文化广场建设。2020 年 9 月民宿建成并对外试营业，房间数约 15 个，具备宴 会厅、咖啡吧、畲族生活文化展览室、情景式餐厅、园林 景观等功能及配套设施，成为当地特色文化旅游的热门 "打卡地"。2020 年，溪东村被纳入"浙江省民族乡村振 兴'农文旅'融合开展培育民族村"名单。截至 2021 年，总投资超过 1000 万元的优质项目相继在溪东村落地，带动了该村环境整治、溪流整治、道路建设项目以及景区游步道等旅游配套设施建设，村庄面貌焕然一新。过去因交通不便，旅游资源和当地物产"锁在深闺"出不去。如今蕨菜、马蹄笋、野山笋、山核桃、猕猴桃等名优特产销售火爆。旅游每年为村民带来超过 200 万元的营业收入、人均 2000 元以上的月收入。该村成立的"苍南县瓯越畲歌艺术团"进驻该民宿项目，常年为游客提供有偿演出服务，预计每年收入在 50 万元以上。2021 年 8 月，苍南桥墩至莒溪"四好"农村公路提升改造工程完成建设，依托"美丽城镇"和"桥莒瓷韵·生态旅游"乡村振兴示范带建设，整个莒溪镇跨越式发展步伐将进一步加快。同时，苍南县旅游投资集团正在开发建设"莒溪大峡谷"旅游项目，溪东村也将迎来更大的发展机遇。

二 突破技术治理局限的制度改革

共同富裕是一项综合性任务，涉及产业、生态、文化、公共服务等多个领域，中央各部委以不同名义的"项目"向地方政府转移支付。因此，"项目制"的技术逻辑被广泛运用，成为推进共同富裕的重要治理手段。项目治理旨在通过技术治理减少行政过程中的不确定性，但其中包含多个层级的行动主体，既有委托方、被委托方之间的动态博弈，也存在上下级之间的控制—反控制逻辑，遵循单一的技术逻辑必然会产生悖论。在乡村旅游、文化产业、公共服务领域的项目建设中，启动资金不足、程序冗余、进度慢等诸多问题是普遍存在的，势必会影响共同富裕的推进速度。而溪东村的"折股量化"试验，已经在一定程度上突破了以"项目制"为核心的技术治理逻辑，这有助于形成公平、多主体、高效率的基层善治新路径，可为共同富裕探索制度创新的内在规律和外部环境，其经验具有深刻的启发意义。

其一，制度创新要基于程序正义，确保共同富裕过程和结果公平。如果不考虑技术成本和外部效应，缺乏程序正义和人文关怀参照系，技术治理结果就会走向自己的对立面。诚如黄宗智等所言，"项目制"理论本身也许无可厚非，但它显然需要其他的制度配套和较崇高的价值取向方可展示其所可能发挥的"现代化"和"合理化"作用①。在共同富裕的治理格局中，村庄则在整个链条上处于末端，扮演着"抓包"的角色，即通过申报、竞争的方式获得这些共同富裕的具体项目。由于项目资金不计入地方财政预算，再分配的裁量权掌握在上级部门手里，因此，竞争十分激烈，"跑项目""吃了上顿没下顿"的现象十分突出，"能者恒能""强马多吃草"的问题始终难以克服，违背了公平正义的基本原则。而落后村庄往往被

---

① 黄宗智、龚为纲、高原：《"项目制"的运作机制和效果是"合理化"吗?》，《开放时代》2014 年第 5 期。

认为不具备相应的资源优势和行动能力，政府又需要有能力快速推进项目的村庄来树立样板，自然在竞争中不占优势。但从溪东案例中可以看出，只要在公平的项目分配机制中获得相应的机会，落后村庄同样具有很强的行动能力和资源优势。在温州的财政资金"折股量化"改革试点中，特别突出收益分配的平等和公平原则，优先倾向那些低收入农户中的弱势群体，使其能够通过股份分红，分享农村产业发展成果。《关于推进精准扶贫增强低收入农户发展能力的实施意见》（市委办发〔2016〕92号）明确提出，受益对象优先从低收入农户重点帮扶对象库中的第一类、第二类和第三类群体中选择。实践也已证明，在共同富裕项目的分配过程中，"折股量化"可为后发展村庄及其人群提供公平、公正的机制。2019年，苍南县在全县扶贫工作中推广"溪东经验"，推出建立乡村共同富裕项目库和开展集中招投标等改革举措，让更多偏远乡村的资源要素有机会转化为实现共同富裕的发展动力。

其二，制度创新要坚持让利于民，构建全民受益的共同富裕多元参与机制。在过往的乡村治理进程中，政府部门是最主要的责任主体，扮演着共同富裕建设项目的"发包者"和"监督员"等多重角色，多元参与的格局很难真正形成。这也导致所有的压力都转移到政府身上，一旦项目建设推不动，就由"一把手"挂帅，成立联席会议，来督促各个部门的工作进度；或者搞誓师大会，立军令状，将工作责任与干部考核、提拔使用捆绑，用行政压力倒逼乡镇干部去执行。而乡（镇）在基层治理链条中处于"悬浮"状态，乡镇干部所处的位置十分尴尬，无钱无权，却又不得不疲于奔命，这种制度上的困境一直很难突破。那些下乡的工商资本，则更自觉地遵循利益最大化的行动逻辑，往往不能真正带动农村低收入群体增收致富。在溪东的民宿项目中，财政资金被创新性地注入经营主体，将股份量化到当地村集体以及缺劳动力、技术、资金的低收入农户，形成"三足鼎立"即"集体＋农户＋企业"的利益联结模式，形成"五权分离"（即产权、承包权、股权、经营权、监督权）的管理结构。财政投入溪东村"折股量化"的试点资金仅为150万元，但撬动社会资本投入350多万元，还建立了长期稳定的收益分配机制。作为国有企业，苍南县旅游投资集团坚持让利于民的原则，与村集体股份经济合作社签订20年长期合作协议，预计支付溪东村固定回报460万元（年均23万元），其中40%用于壮大村集体经济。莒溪镇作为另一个出资方，仅仅投入60万元就实现了全镇低保群体的长期帮扶目标，最终获益的是当地相对贫困人口。这样的创新举措不仅调动了各方的积极性，还明确了彼此的权责边界，实现了"多赢"的局面。

其三，制度创新要重视非制度因素。在传统的项目治理和制度创新中，通常是技术逻辑和规则制定占主导，而非正式制度因素很容易被忽略，例如，传统的信任、共识、惯习等，倘若完全忽视这些非正式制度要素，制度在创新过程中就容易导致所谓的"不接地气"。溪东民宿项目之所以能快速落地，黄科长的个体行动策略起到了非常重要的作用。他在动用各种社会关系的情况下，去县里各部门跑了不下 20 次，才能协调整个项目的推进。他曾经感叹，如果按照正常程序走，恐怕到 2020 年也建不成这栋民宿。从这一案例依稀可以看到改革型干部依托自身个性和能力而采取的非常规操作痕迹，但他们的大胆尝试和变通执行也是补齐制度短板和推动制度创新的重要动力。黄科长与溪东村的地缘、血缘关系，也让他能够在短时间内凝聚全体村民的共识，避免了项目推进过程中常见的征地冲突、利益分配矛盾。另外，上级领导批示、会议纪要等非制度化举措也对溪东试点发展起到了关键作用。有学者认为，领导"批示"与国家治理现代化并不矛盾，批示的本质是政治系统中意见综合与利益协调的环节，无论国家治理模式如何变化，批示都将持续存在下去[1]。

截至 2020 年 10 月 30 日，温州全市已实施 286 个"折股量化"项目，投入各级财政资金 5.96 亿元，撬动社会资本 4.63 亿元，直接分红受益低收入农户 3 万余人，户均年收入增加 1500 元左右。实践证明，"折股量化"

---

[1] 孟庆国、陈思丞：《中国政治运行中的批示：定义、性质与制度约束》，《政治学研究》2016 年第 5 期。

探索已经触及一些深层次问题，并且显示出良好的政策扶持效果。但出于种种原因，这一改革仍停留在边际改革而非根本性变革，仍有许多关键问题需突破。现阶段共同富裕被赋予了更多的"政治意义"和社会预期，变通、试错抑或创新，无疑都将获得更大的包容性。应把握改革创新的空间和窗口，努力在共同富裕的制度创新中形成以下几方面突破。一是统筹整合涉农资金，尝试建立项目扶贫的财政预付和担保机制。二是清理项目治理过程中的冗余环节，开展涉农、涉旅领域"最多跑一次"专项改革，简化审批程序，开设多部门联合审批窗口。三是基于共同富裕项目库、对象数据库，建立大数据分析与综合评价相结合的瞄准机制，提升项目与需求的匹配度；建议对涉农资金统筹整合，提高使用效率，切实以财政资金撬动扶持项目，使资金在投入过程中发挥极致作用，同时要制订简易目录式指导清单（让基层干部都能读懂），深化"最多跑一次"改革。四是县级政府应以引导为主，适当放权给乡镇，采用因素分配法将项目资金指标切块预拨给各乡镇，充分发挥其项目管理、组织协调和验收监督的作用。

乡村艺术团：让百姓成为
文艺舞台主角

陈中权[*]

摘　要：共同富裕既包括物质富裕，也包括精神富有，而精神富有才是成色更足的富裕。乡村艺术团建设将农村文艺骨干、文艺爱好者和广大村民进行系统化整合，让村民既当演员又当观众，变"独乐乐"为"众乐乐"，通过品牌化经营，形成了农民群众"自我创造、自我表现、自我服务、自我教育"的公共文化供给新模式。乡村艺术团激发了广大村民多层次多样化的精神文化内在需求，使村民成了乡村文化阵地的主人和乡村文化活动的主角，是满足物质上逐渐富裕起来的村民不断增长的精神文化生活需要的有效途径，是以人民为中心的发展思想搞活

* 陈中权，中共温州市委党校文化与社会学教研部副教授，研究方向为区域文化。

乡村文化的生动实践。在如何形成共建共治共享的乡村公共文化服务新格局方面，乡村艺术团的基本经验在于建构起政府、社会文艺组织和基层群众三者之间的良性互动关系。

关键词： 公共文化　乡村艺术团　共同富裕

"静静地仰望，轻轻地歌唱，脚踏着田野，手握着理想；铁轨的方向，希望在启航，面具遮不住我们的梦想……"

2018 年 6 月 3 日晚上，温州市瓯海区潘桥街道邮电路旁的街头，一台音响、两把吉他、三支话筒、几张凳子，十多个戴着面具的年轻人举办了一场派对式街头演出活动，他们演唱的歌曲《全村的希望》后来被拍成短视频传到网上，点击量达 10 多万次。除了别具一格的表演，这支队伍还喊出一句别具一格的口号："不演满 100 场，绝不摘掉面具。"此情景便是温州乡村艺术团的一个缩影。

这些具有草根性质的艺术团队，看起来极为普通和简单，似乎不能登大雅之堂，不少人甚至对其嗤之以鼻。然而，当数千支队伍和数万名团员统一以"乡村艺术团"为标识活跃在广大乡村的商场、广场、街头、田间的时候，这已不是一件"普通"和"简单"的事情了。

何为"乡村艺术团"？温州市文化广电旅游局界定为："由乡村群众因共同的文艺爱好与精神生活需求，在政府引导下，自愿成立的业余群众文化组织。"这种"乡村艺术团"并非传统意义上的乡村文艺组织，它将农村文艺骨干、文艺爱好者和广大村民进行规范化、系统化整合，组建具有地方特色的艺术团体，入驻文化礼堂等基层文化阵地，打通人员、设施、活动和服务各环节，全员参与公共文化产品的生产与供给。虽然"乡村艺术团"之名并非温州首创，我国许多地方的群众性文艺团体都以此命名，但由政府将散落在民间的文艺团体组织起来，纳入品牌化、连锁化的发展平台，并与农村公共文化场馆、设施进行资源对接，形成农民群众"自我创造、自我表现、自我服务、自我教育"的公共文化供给新模式，打通公共文化服务"最后一公里"，以解决基层公共文化服务供给不充分、不均衡等问题，则是温州在公共文化服务领域探索如何丰富广大乡村百姓精神文化生活的创新之举。截至2020年7月，温州全市建有乡村艺术团2678支，累计开展活动万余场，服务基层群众超过40万人次。本文以瓯海乡村艺术团建设为例，阐述乡村艺术团形成的时代背景、基本做法、主要成效和经验启示。

一　乡村艺术团："自上而下"和"自下而上"相结合的文化工程

乡村艺术团是具有一定专业能力、品质有所保证的群体业余文化团队。温州市乡村艺术团建设是一项"自上而下"的顶层设计和"自下而上"的自我发展相结合的全市域系统性的文化惠民工程，是由温州市文化主管部门牵头，市、县、乡镇、村四级联动推进的一项工作。

（一）缘起：破解文化内生力难题的探索

乡村艺术团是公共文化服务体系建设中的新生事物，率先在温州形成和发展，既有其偶然性又有其必然性。

1. 为解决农村公共文化服务"痛点"而探索

广大农村尤其是山区、海岛等地，公共文化服务明显存在供应不足的"痛点"，其主要原因是内生动力和外部供应均极为不足。温州市文化广电旅游局副局长柳升高是乡村艺术团建设的主推手，谈起最初创建乡村艺术团想法的由来，他说，为解决农村公共文化服务设施建设"重硬件、轻软件"的矛盾，特别是为解决山区、海岛等地公共文化活动供给不足的问题，温州市文化广电旅游局邀请一批乡镇领导和村干部进行交流，大家反映最多的就是文化送下乡问题，一年到头也送不到一场，根本不能满足群众需求；而且送来的节目经常重复，村里还要负责接待。因此，根本的解决方法还是由"送文化"变为"种文化"，由"办文化"变为"管文化"，于是考虑能否每个村建一个艺术团，自我提供服务。

2. 为创建国家公共文化服务体系示范区而"设计"

2017年底，温州市获得第四批"国家公共文化服务体系示范区"创建资格，文化部对国家公共文化服务体系示范区创建提出了设施网络建设、服务供给、组织支撑、创新项目等方面的硬性要求。作为市委、市政府的一项重要工作，国家公共文化服务体系示范区的创建工作自然得到高度重视。当时，"图书馆法人治理""城市书房""文化驿站"等城市公共文化的创新实践亮点频现，城乡公共文化服务之间的差距极大。补齐乡村公共文化服务的显著短板，让更多的农村居民享受到城市居民同等服务，进而缩小城乡公共文化服务之间的差距，政府文化主管部门将乡村艺术团作为示范区创建的一项重要创新项目来考虑。可以说，乡村艺术团建设主要是政府文化主管部门为创建国家公共文化服务体系示范区而精心"设计"的一个创新项目。

3. 乡村振兴示范带建设的"需要"

乡村振兴的总要求是产业兴旺、生态宜居、乡风文明、治理有效、生活富裕。共同富裕就是既要富"口袋"，也要富"脑袋"，"口袋"开始富裕起来的广大农村居民已越来越追求"脑袋"的富有了。2018 年 1 月，《中共中央 国务院关于实施乡村振兴战略的意见》发布指出，"乡村振兴，乡风文明是保障""必须坚持物质文明和精神文明一起抓，提升农民精神风貌，培育文明乡风、良好家风、淳朴民风，不断提高乡村社会文明程度"。乡风文明建设的重要基础，就是按照"有标准、有网络、有内容、有人才"要求，健全乡村公共文化服务体系。为了加快实施乡村振兴战略，2018 年 9 月，中共中央、国务院又印发了《乡村振兴战略规划（2018—2022 年）》，进一步明确"以乡村公共文化服务体系建设为载体，培育文明乡风、良好家风、淳朴民风，推动乡村文化振兴""建设邻里守望、诚信重礼、勤俭节约的文明乡村"。乡风文明被赋予了更丰富的内涵，乡村文化繁荣之于美好生活的意义更加凸显，必然要求更均衡、更高质量的公共文化服务。而乡村振兴也为公共文化服务的政策、资金与人才提供了多重机遇，文化传承与创新蓄势待发。从 2018 年开始，温州市投入大量资金建设"乡村振兴示范带"，要求 5 年建设 109 条。与此同时，2018 年，温州在村社规模优化调整前共有 5000 多个行政村，自发组织的民间文艺团队达 1 万余支，大部分面临缺乏固定活动场地和专业设备的问题。由此，温州市启动了"乡村文艺繁星计划"，推出公共文化服务创新品牌——乡村艺术团项目。

（二）发展历程：推进速度之快且成本之低超乎预期

与政府正在推动的不少项目似乎有很大不同，乡村艺术团建设的推进极其迅速，速度之快且成本之低大大超出预期。

1.试点筹备时期（2018年4~5月）

2018年5月4日，中共温州市委宣传部、温州市文化广电新闻出版局联合印发《关于组建乡村文艺团队丰富活跃基层文化生活的实施意见》，该意见明确了乡村艺术团组建工作四大机制和八大保障支持手段，要求"2018年，已纳入试点地区（瓯海区、乐清市、永嘉县、平阳县）完成40%以上的行政村（社区）乡村文艺团队组建工作，其他地区完成20%以上的行政村（社区）乡村文艺团队组建工作。2020年，试点地区基本完成所有村（社区）乡村文艺团队组建工作，其他地区完成50%以上的行政村（社区）乡村文艺团队组建工作"。乡村艺术团建设计划启动后，各县（市、区）积极响应。首先，组织开展调研摸底，统计各行政村（社区）人口数，摸清基层文艺爱好群体基本情况，包括群体规模、文艺特长及文化爱好人群的数量、文艺特长类型、能力水平等基本情况，以及乡镇（街道）综合文化站、村（社区）文化礼堂、文化中心等基层公共文化设施运行现状，并登记成

册。其次，积极部署乡村艺术团组建工作，成立本县
（市、区）乡村文艺团队建设领导小组，充分发挥各部门
职能作用和资源优势，统筹推进乡村文艺团队组建工作。
同时，各地还出台配套实施方案，召开动员大会，举办挂
牌启动仪式，营造乡村艺术团建设工作氛围。在深入调查
和认真筹备的基础上，2018 年 5 月 31 日，温州市首个
"乡村艺术团"在平阳县雅山村成立。同年 6 月 9 日，雅
山村元洲乡村艺术团登上央视大舞台，参加"感动中国
第八届群文杯全国舞蹈总决赛"，并且其《甜心辣舞》节
目荣获"银靴奖"。

2. 快速发展时期（2018年6~12月）

乡村艺术团试点工作开展极其顺利，截至 2018 年 9
月底，试点开展仅仅 4 个月时间，全市就已成立 1637 支
乡村艺术团，举办活动 1523 场。截至 2018 年 12 月底，
温州市共有乡村艺术团 1729 支，团员总数 53893 人，举
办活动 4440 场。其中，瓯海区共有乡村艺术团 94 支，团
员总数 3326 人，举办活动 320 场。

3. 规范稳定时期（2019年1月至今）

2019 年 11 月，温州市文化广电旅游局与温州市财政
局联合印发《温州市社会文艺团队扶持补助办法》，温州
市乡村艺术团队伍得到蓬勃发展，到 2019 年末，行政村
（社区）100% 拥有乡村文艺团队，乡村文艺团队 100% 入
驻乡村文化礼堂。2020 年 9 月，温州市文化广电旅游局

印发《温州市乡村艺术团管理办法》。乡村艺术团受新冠肺炎疫情影响，大量活动不得不停止，队伍发展也受到影响，但截至 2020 年 7 月，温州全市共有乡村艺术团 2678支，累计开展活动万余场。

（三）运行机制：品牌经营、连锁运营的发展模式

在温州市乡村艺术团发展中，瓯海区在运行机制建设方面具有代表性。

瓯海区土地面积 467 平方公里，辖 12 个街道、1 个镇，共有 151 个村 58 个城乡社区，户籍总人口 467557人。2018 年全年实现地区生产总值（GDP）584.91 亿元，城镇常住居民人均可支配收入 57945 元，农村常住居民人均可支配收入 33435 元，属于沿海发达城区。

瓯海乡村艺术团经过探索实践，形成了乡村艺术团—乡村艺术团总团—乡村艺术团大本营—乡村艺术团联合会的组织架构和政府通过购买服务为乡村艺术团提供活动空间、活动经费、艺术指导的运行机制，这是一种品牌经营、连锁运营的发展模式。这种"品牌经营、连锁运营"的模式在温州运用得相当纯熟，并已成功地将"城市书房"和"文化驿站"打造成国家级的公共文化服务知名品牌。

1.以单独组建或连片组团方式组建乡村艺术团

在全区范围内，根据镇街、村（社）大小和文艺特

长人群、文化爱好人群等实际情况，以"单独组建、连片组团"的方式实行全区行政村全覆盖，即有条件的行政村组建一个或多个艺术团，没有条件的行政村可以联合组建或连片组团。新成立的乡村艺术团在镇（街道）综合文化站登记备案，有条件的乡村艺术团鼓励在社会组织主管部门或市场监督管理部门注册登记。全区 13 个镇街共建立 13 个镇街级总团。

最早建立乡村艺术团的是潘桥街道潘桥乡村艺术团青年分团，时间是 2018 年 6 月，团名叫"全村的希望"，团长为潘桥人高翔。高翔小时候就喜欢音乐，2018 年初自己的乐队由于各种原因不得不解散，郁闷之际，他意外得知区里要成立乡村艺术团，立刻找到一些志同道合的朋友，拉起了一支队伍，于是出现了本文开头的场景。这种自然又接地气的表演很快在抖音和微信朋友圈开启了刷屏模式，潘桥乡村艺术团青年分团很快成为网红乡村艺术团。由队员朱一儒填词作曲的《全村的希望》还成了全区各个乡村艺术团传唱的金曲。高翔总是自豪地向别人推介自己的艺术团，他的母亲看着年轻人干劲十足，也回家动员丈夫，于是成立了潘桥乡村艺术团中老年分团。"过去在电视上看到的演出都是专业演员的表演，看到'乡村艺术团'这么简单新潮的表演方式，我们几个朋友也都动了心，也很想组团试试"，一位李先生就和几位朋友自发筹款，花费了上万元购置电视机、音响、点歌系统等排练、演出设备，成立了一支乡村艺术团。这些灵活的组团方式，为那些原本散落在民间、各自为战的文艺组织进行"正名"，赋予了它们明确的身份标识和文化认同。传统的民间文艺组织经过重新排列组合，彻底摆脱了"无名"的处境，真正走到了乡村大舞台的中心。乡村艺术团在户外演出时，时常有围观群众直接咨询入团事宜，主动要求入团。过去的"看客"转成"演员"，也带动了更多与其有地缘、亲缘关系的群众参与文化活动，形成了良性的互动。

2.建立"乡村艺术团大本营"

为了使各乡村艺术团有"根据地"和"娘家"，2018年9月，瓯海区在潘桥街道建立"乡村艺术团大本营"，委托第三方管理。"大本营"承担着多重功能：一是对所有乡村艺术团风采进行展示；二是对所有乡村艺术团活动进行展示；三是对乡村艺术团进行人才管理、人才输送、业务培训；四是开展乡村艺术团交流分享会；五是成为节目创作基地。"大本营"每月两期举办乡村艺术团交流分享会，成为全区乡村艺术团集中展示风采、培育精品节目、进行业务培训和人才管理及人才输出的总枢纽，为瓯海乡村艺术团初期的快速发展发挥了重要作用，来参观考察的各种人员络绎不绝。

3.成立乡村艺术团联合会

为密切乡村艺术团之间的联系和交流，引导和促进乡村艺术团规范运作、健康发展，2020 年 1 月，瓯海区成立"温州市瓯海区乡村艺术团联合会"，共有 35 家乡村艺术团联合会会员单位登记注册，以社会化管理的方式践行着自身的社会责任，统筹资源。2020 年 10 月，联合会成立拓展型党支部，每月定期举办乡村艺术团交流分享会，强化乡村艺术团团队建设和沟通，维持乡村艺术团凝聚力。乡村艺术团联合会成立后，在组织乡村艺术团活动、志愿参与疫情防控宣传工作、自发捐款捐物积极奉献爱心、发挥专长文艺助力疫情防控和强化服务意识助力复工复产等方面发挥着重要的作用。仅 2021 年，瓯海乡村艺术团参与温州动车站服务行动 26 场，志愿者服务达312 人次，服务时长达 1180 余小时。

4. 委托第三方机构对乡村艺术团开展艺术指导

为保障乡村艺术团组建后顺利运行，瓯海区投入 80余万元，由区文化和广电旅游体育局牵头建设，向社会公开招投标，委托第三方机构聘请 13 家综合类社会文化艺术培训机构，对所有乡村艺术团进行业务指导，统一管理、统一培训、统一配送，并提供日常排练设备供各乡村艺术团开展活动。所有乡村艺术团按照现有乡村网格进行划分，由乡村艺术团指导员根据区块划分，直接指导镇街级总团或指导管理村级艺术团，同时，乡村艺术团指导员负责与中标单位的对接，统筹安排联系中标单位对村级艺术团进行服务。中标单位须在乡村艺术团指导员指导下开展相应培训等工作,确保工作到位、服务到家。区指导员由瓯海区文化馆的业务干部担任,指导 13 个街道的乡村艺术团总团。2019 年度,共完成培训 1603 课时。专业的艺术培训催生了一批优秀的接地气的原创文艺作品,团员的自编自导自演水平不断提升。

5. 乡村艺术团入驻乡村文化礼堂

为使乡村艺术团有稳定的活动阵地,瓯海区推动乡村艺术团与乡村文化礼堂签订合作协议,由乡村艺术团入驻文化礼堂开展文艺活动,并制定"瓯海区乡村艺术团入驻文化礼堂工作手册"以明确乡村艺术团和文化礼堂的权责。乡村艺术团入驻文化礼堂解决了艺术团缺场地、人员不固定等问题,也让文化活动在文化礼堂常态化开展,提升了基层文化阵地的人气,两者相得益彰。瓯海区于 2018 年 9 月 30 日举行百支乡村艺术团入驻文化礼堂暨瓯海乡村艺术团大本营开放仪式。

6. 乡村艺术团开展文化走亲和主题巡演

传统文艺组织主要依靠成员互助或参加各类有偿演出,解决日常的运行和设备成本问题,大多没有稳定的保障经费。乡村艺术团试点,探索了多元化资金支持渠道,形成了政府与社会共济的投入模式。从 2018 年 11 月起,瓯海区投入 60 余万元,委托第三方机构在全区范围内实施乡村艺术团文化走亲及"一月一主题"活动,旨在进一步实现公共文化由向基层"送文化"到在基层"种文化"的转变，搭建一个能够让群众"学起来""演起来"的平台，以"命题作文"的形式激发出蕴藏在群众中的文化活力，以"一个镇街一支队伍"的原则每期选取 13 支乡村艺术团开展巡演。

7. 建立乡村艺术团星级评定机制

为指导乡村艺术团自主、健康、有序发展，瓯海区建立乡村艺术团星级评定评选机制，从团队建设、制度建设、驻地建设、活动开展、团队荣誉等多个方面对乡村艺术团进行考核评分，确定不同星级。星级评定工作定期举行，乡村艺术团星级可根据实际发展动态调整，并建有退出机制。根据星级不同，对乡村艺术团给予 800～15000 元不同等级的奖补以及其他发展机会。乡村艺术团的星级评定工作有利于形成优胜劣汰的竞争机制，推动乡村艺术团高质量发展。

二 主要成效：以人民为中心的发展思想搞活乡村文化的生动实践

乡村艺术团是满足物质上逐渐富裕起来的村民不断增长的精神文化生活需要的有效途径、是以人民为中心的发展思想搞活乡村文化的生动实践。

瓯海区乡村艺术团共有 119 支团队，登记在册人员 3899 人，成立以来共开展公益演出 690 余场，志愿服务时长累计达 195 万余小时，足迹遍布瓯海 13 个镇街，实现了瓯海区行政村基本全覆盖，总受益人数超过 20 万人。乡村艺术团的组建，让更多的群众参与文化、创造文化、享受文化，推动了公共文化服务向广覆盖、高效能转变。乡村艺术团在村民之间、村与村之间搭起了一座座地域文化沟通交流的桥梁、文明和谐友爱的桥梁，让村民、文化资源、文化项目三者互动，做到了使村民"共同参与、共同创造、共同分享"。在全市乡村艺术团星级评比中，瓯海区连续三年获得全市优秀乡村艺术团评比第一，多次得到上级领导肯定和表扬，同时，瓯海区乡村艺术团事迹多次登上《中国文化报》、《中国青年杂志》、"浙江新闻"、"温州新闻"等新闻媒体。

（一）从"看客"到"演员"：乡村文化阵地的"主人"和乡村文艺活动的"主角"

过去在乡村，农民看演出的机会比较少，登台演出的机会则更少，但乡村艺术团给不少文艺爱好者提供了表演的舞台，使他们从"看客"转变为"演员"。而且，没有了正规舞台的拘束，这些"演员"在自己搭建的舞台上以"我的舞台我做主"的姿态自编自导自演，放声歌唱，纵情舞蹈，其浓郁的乡土文化气息呈现出特有的强劲生命力。

乡村艺术团是村民自我文化表达和追求美好生活的载体，它使村民在舞台上发现了自我价值。周爱武——瓯海区泽雅纸山乡村艺术团团长，是一个有着磁性的嗓音、肺活量十足的大个子，曾在家里的餐馆帮过忙，也为别人打过工，却总觉得日子过得浑浑噩噩，找不到努力的方向。自从组建了乡村艺术团并在团中担任主唱后，经过一场场演出锻炼，他将爱好变成职业，婚礼主持、驻场歌手等工作机会纷至沓来。他说自己只是瓯海区乡村艺术团掀起的这股浪潮中无数个因得到施展机会而找到前进的目标、实现自我价值的实例之一。金晓燕，一名家庭主妇，在其所在的乡村艺术团里担任键盘手，同时她也是两个孩子的母亲，每次参加乐队排练她都要"拖家带口"，一边弹琴，一边照顾才几个月的婴儿。追求有意义的生活，过有尊严的生活，这是对生命质量的彰显。更深层次的意义上，在一个文艺越来越被专业人士尤其是"明星"所把持大环境下，乡村艺术团使人们重新认识文艺之于普通人和日常生活的意义。

乡村艺术团是老百姓建立的，团长也是老百姓，那该如何管理好自己的队伍？乡村艺术团给出的答案是自主组团、自我创造、自我服务。"让百姓成为舞台的主角"的口号响遍全区，这是把文化"种"在乡间的实策实招，破解了乡村公共文化服务效能不佳的难题。乡村艺术团植根乡村，创作人员、演员都来自群众，群众有什么样的文化需求，群众喜欢什么样的节目和表现形式，乡村艺术团最清楚，因而能很好地根据群众的需求创作、表演节目。

同时，人民是文艺创作的源头活水，乡村艺术团成员就生活在群众中间，也更容易创作出鲜活接地气的作品，如歌曲《全村的希望》、三句半《食品安全很重要》、快板《丧事简办》、歌曲《逆行》等具有地方代表性的原创作品。

（二）从"麻将室"到"排练厅"：家庭和谐的"稳定器"和邻里纠纷的"减压阀"

瓯海乡村艺术团的成员来自社会各界，有机关的职工、学校的老师、在校的学生、退休的干部、全职的家庭主妇，覆盖了各个年龄层及社会各领域，但以农村中老年妇女和退休老人为主，除个别为专职的文艺工作者外，绝大多数为业余的文艺爱好者，他们生活中有大量闲暇时间，经常通过搓麻将和看手机等来消磨时光。

乡村艺术团打破"政府包揽"基层文化活动的模式，随着一场场乡村艺术团活动的顺利举办，群众自办文化活动的意识越来越高，能力也越来越强。乡村艺术团的团员们在一次次排练和表演中，热情不断被激发，充分享受到文化活动带来的乐趣，于是一些人的业余生活直接从"麻将室"转移到"排练厅"。有了乡村艺术团后，大家在一块唱歌跳舞交流感情，邻里关系融洽了，婆媳关系和谐了，社会治安改善了。大量的事实表明，乡村艺术团成了家庭和谐的"稳定器"和邻里纠纷的"减压阀"。

乡村艺术团对乡村农民群体的思想观念、生活方式、精神风貌、乡风文明建设产生了积极的影响。2018 年 6 月，瓯海区梧田街道 65 岁的张少燕女士在大堡底村组织成立了街道第一支乡村艺术团，团员基本上都是她教木兰拳的学生。随着影响力的不断扩大，她又当上梧田街道乡村艺术总团团长，跟随她学习木兰拳的人也越来越多，仅每天都参与早晨锻炼的就有 50 多人，新冠肺炎疫情发生后，她还经常组织团员参加防疫工作和捐款。

同时，几乎每一支乡村艺术团都有团员们自愿购置演出设备，添置道具和服装，在忙碌工作之余积极参加无偿演出。如潘桥街道中老年团的团员们自费出资 3 万元购买音响等设备，只为提升艺术团的演出效果。乡村艺术团唱出了村民新风貌，增强了村民之间的凝聚力，促进了干群之间的交流和沟通。

（三）从"默默无闻"到"文艺达人"：乡村文化人才的"孵化器"和乡村文艺组织的"赋能站"

广大农村从来就不缺少能编会写、具备吹拉弹唱等才艺的文化能人、民间艺人，有时他们只是缺少展现的机会和舞台而已，从而默默无闻，名不见经传。而"乡村艺术团"，就能有效激发这部分人的文化创作和表演热情，再加上政府出台的惠利条件，就会吸引他们走进"乡村艺术团"为群众提供文化服务。同时，"乡村艺术团"的红火发展，也会吸引更多的文化文艺爱好者参与进来，在这里得到培养和锻炼，从而提高文化文艺才能。从这个意义上，"乡村艺术团"就是乡村文化人才的"赋能站"，这里走出了不少"乡村文艺达人"，在乡村文化振兴中发挥着重要的作用。高翔便是一个代表性人物，原本他只是个爱好文艺但名不见经传的人，乡村艺术团成立后，他从最初在大街小巷演出，到进入瓯海电影院、瑞安人民大会堂、温州大剧院等演出，再到参加上海市及长三角地区公共文化产品展演和四川阿坝州文化走亲，成了"文艺达人"。他所在乡村艺术团的各类演出活动被《中国文化报》《浙江日报》《温州日报》等官方媒体报道，他本人也获得了"瓯海区十大杰出青年"等诸多荣誉称号。

乡村艺术团让老百姓既当观众又当演员，变"独乐乐"为"众乐乐"。乡村艺术团文艺种类繁多，能够满足各类群体多样性需求，得到农村居民热捧，成为农村最喜闻乐见的艺术团体。乡村艺术团富有激情的巡演，推动了群众从"要我参加"向"我要参加"的转变，一些热爱艺术的群众找到了自己的"文化圈"。仅一年时间，瓯海就成立100多支乡村艺术团，成为瓯海重要社会组织的基础和有生力量。乡村艺术团的发展也繁荣了"瓯海文旅体资讯"点单平台，社会公益艺术培训课程点单火爆，吸引了更多的社会文化团体加入点单平台。仅2018年参加点单平台评估定级的社团就有34家，比2016年增加10

家；配送的公益文化培训有 3000 余课时，比 2016 年增长 5.2 倍。以前送文化下乡基本上靠政府组织，花费大量人力、物力和财力，还不一定能请到外来的演出团队，现在各个乡村艺术团都能表演节目，随时办一台晚会不成问题。另外，从单纯的"自娱自乐"，到锻造出具有本地特色的代表作，再到逐渐成长为精干的基层文艺骨干队伍，具备在省、市级舞台上一争高下的实力，乡村艺术团俨然成为乡村文化人才的"孵化器"和乡村文艺组织的"赋能站"。

（四）从"不闻时政"到"宣传时政"：大政方针的"传播者"和政策法规的"讲解员"

乡村艺术团的很多团员，原来并不是很关心党的路线方针政策和地方中心工作，但如今却成了大政方针的"传播者"和政策法规的"讲解员"。自从瓯海区实施乡村艺术团文化走亲及"一月一主题"活动，瓯海区文化和广电旅游体育局每月围绕区委、区政府的中心工作确定一个主题。乡村艺术团围绕主题开展巡演活动，以文艺的形式和接地气的方式将党委、政府中心工作进行有力的宣传。百支乡村艺术团成为农村流动性极强的"文艺轻骑兵"，争先进入各村各镇的百姓舞台、文化礼堂、文化中心、镇街综合文化站，在展示自我风采的同时，积极配合区政府中心工作开展"平安瓯海"、"清垃圾、除破烂"、"最多跑一次"、"安全生产"以及各类法律法规宣传等常态化的文艺宣传活动，并达到春风化雨般的传播效果，进一步密切了党群关系。如今，在瓯海区乡村艺术团的工作微信群里，只要一个微信倡议发起，就会有百支乡村艺术团竞相响应，积极参与到各项文化宣传和文明创建工作中来。

三　经验启示：政府、社会文艺组织和基层群众的良性互动

共同富裕既包括物质富裕，也包括精神富有，而精神富有才是成色更足的富裕。精神富有是共同富裕的最亮底色，也成为检验共同富裕程度、衡量人民幸福指数的重要标尺。当前我国社会的主要矛盾已经转化为人民日益增长的美好生活需要和不平衡不充分的发展之间的矛盾，而发展不平衡不充分问题在农村地区尤为突出。城乡差别不仅在于物质上的差距差别，也在于文化上的落差。乡村衰落，其标志不仅仅是物质形态，更在于精神文化形态。习近平总书记指出："实施乡村振兴战略不能光看农民口袋里票子有多少，更要看农民精神风貌怎么样。"乡村振兴的主体是广大农民，而农民是有思想文化观念的人。要振兴乡村，首先得振兴乡村文化。而乡村文化振兴的关键是激发乡村文化的内生力。

作为一项"自上而下"的顶层设计和"自下而上"

的自我发展相结合的文化工程，乡村艺术团成功的秘诀在于，在政府、社会文艺组织和基层群众三者之间找到了共通点和平衡点，主要是政府以低成本购买社会服务发挥社会文艺组织的积极作用，并通过社会文艺组织有效激发了广大村民对精神文化生活的内在需求和内生力，从而形成了共建共治共享的乡村公共文化服务新格局，而这关键在于政府要实现从"送文化"到"种文化"和从"办文化"到"管文化"的切实转变。

（一）政府努力让农民真正成为乡村文化的创造者、表现者、参与者、受益者，实现从"送文化"到"种文化"的转变

当前农村公共文化服务中普遍存在重"送"轻"种"的现象。虽然文化部门极力推进农村公共文化产品与服务的多样性，不断推出"以需定供""菜单式服务"等一系列举措，使农村公共文化服务供给的主要矛盾，由较低层级供需矛盾向中高层级供需矛盾转变，从"数量短缺型"供需矛盾向"优质不足型"的供需矛盾转变。但是，以"产品"为中心的公共文化服务供给链条依然占主导，一些举措仍然很难精准把握"刚需"。即便是政府计划清单上的所有项目都能送到农村，百姓真正"喜闻乐见"的文化内容还会有很大缺口，因为政府包揽毕竟不能穷尽群众的选择偏好。多数群众很少有机会站到文化舞台的中

心，基本上只是作为"看客"，被服务、被安排的主观感受强烈。实践表明，"城市文化下乡"并没有形成理想中通过城市文化输入实现"乡村本土文化"大繁荣、大发展的局面。因为，"城市文化下乡"是"自上而下"地以"送"或"反哺"的方式将文化内容"赐予"文化主体，在运作过程中遵从的多是行政逻辑。这种行政逻辑以上级命令为导向、重视上级领导的"满意度"，而缺乏对农民精神需求的足够关注和人文关怀的价值理性，难以表达农民的真实想法和评价，更难以吸引村民的参与，因而容易演变为文化部门的"自娱自乐"。

瓯海区在组建乡村艺术团过程中，以"总揽而不包揽"方式推进适应需求侧的供给侧改革，满足了人民群众对文化生活的选择权和自主权，群众通过组织文艺创作，并融入法律政策、文明道德、生产生活等内容编写一批群众喜闻乐见的文艺作品，以唱歌、快板、戏曲、小品等这些他们平时常用的表演形式，唱出来、演出来，使自己既是传播者又是接受者，从而打通了农村公共文化服务的"最后一公里"，让群众成为公共文化产品与服务供给的主力，激发公共文化发展的内生动力，形成了无穷的创造力和创新力。

瓯海乡村艺术团的实践表明，破解乡村公共文化服务效能不佳的瓶颈，最根本的是确立以人民为中心的指导思想，让农民群众真正成为乡村文化的创造者、表现者、参与者、受益者。只有充分尊重群众的创造精神，才能激发社会力量的参与热情。因为，群众不仅是公共文化服务的受众，还是重要的供给者和参与者，蕴藏着十分宝贵的资源与动力。这里关键是要为群众的创新创造提供机会与平台，使其在文化活动中找到归属感和自豪感，这样才能真正激活基层文化阵地的活力。

（二）政府积极培育和扶持社会文艺组织，实现从"办文化"到"管文化"的转变

乡村艺术团的迅猛发展和巨大成功，一方面是广大村民对精神文化生活的内在需求得到激发。乡村艺术团的组织发展速度何以远超组织者的"预期"？广大乡村文艺爱好者何以如此"默契"配合政府呢？这说明乡村艺术团真正触及农村公共文化服务的"痛点"，十分契合人民群众对文化生活的新期待、新要求，完全符合文化发展的趋势。正是广大农民对美好生活的需要不断增长，为乡村艺术团发展提供了强大的内生动力。另一方面得益于政府部门的"顶层设计"、积极引导和大力扶持。瓯海区文化部门为乡村艺术团可持续发展保驾护航的一系列有力措施包括：将乡村艺术团成员纳入基层文化人才培养计划；将发展成熟的乡村艺术团逐步纳入当地公共文化服务的政府采购范围；市、县两级文艺骨干结合文化馆总分馆体系、网格化服务管理等平台，通过"分片包干"制度，加强对

乡村艺术团的工作指导；实施乡村艺术团星级服务管理，完善激励机制和退出机制等。这些举措有助于形成推动乡村艺术团发展的长效机制。

在这诸多举措中，综合起来就是充分发挥社会力量参与公共文化服务的积极性。瓯海区文化部门不断推出向社会力量购买公共文化服务的系列项目，着力培育和扶持具有影响力的枢纽型社会组织（如乡村艺术大本营），为社会力量搭建了参与公共文化服务的平台，逐步解决了基层文化活力、人力不足的现实问题，提升了基层文化阵地的管理运行能力和公共文化服务效能，从而为人民群众提供了更加丰富的公共文化服务内容和更高质量的公共文化服务。值得说明的是，瓯海区在推进乡村艺术团建设中，每年所支付的财政资金仅 150 万元，这种低成本投入与高质量产出的良好的性价比保障了乡村艺术团的可持续发展，因此政府部门不会因财政负担问题轻易终止对它的支持。

参考文献

李国新：《以人民为中心搞活乡村文化的温州实践》，《中国文化报》2019 年 1 月 2 日。

陈海钦、程潇潇、章亦倩：《浙江温州："文艺繁星"助力乡村振兴》，《中国文化报》2019 年 1 月 1 日。

谢中榜：《温州乡村艺术团发展研究报告》，载王健、王春光、金浩主编《2019 年温州经济社会形势分析与预测》，社会科学文献出版社，2019，第 241~252 页。

温州市瓯海区文化和广电旅游体育局：《推动乡村艺术团运行社会化创新　让村民成为乡村文化振兴的主角——瓯海乡村艺术团创建纪实》，《文化月刊》2020 年第 9 期。

温州市文化广电旅游局：《迈向文化高质量发展之路——温州市公共文化服务创新案例汇编》，中国财富出版社有限公司，2020。

赵月枝、龚伟亮：《乡村主体性与农民文化自信：乡村春晚的启示》，《新闻与传播评论》2018 年第 2 期。

品致小区：共建共治共享
打造高品质生活

吴明明　周小春　许道杰[*]

摘　要：目前，我国社会主要矛盾已经转化为人民日益增长的美好生活需要和不平衡不充分的发展之间的矛盾。"美好生活需要"意味着更高的生活品质，意味着必须在高质量发展中增进民生福祉。众筹而生的平阳品致小区通过完善小区基础配套设施、构建业主与物业间良性互动关系、打造"红色业委会"、塑造和谐邻里关系、组织多样社团活动等做法，运用"共建共治共享"的治理智慧，即共建为共治共享提供力量源泉和现实基础；共治为共建共享提供有效载体和实现途径；共享为共建共治提供

* 吴明明，中共温州市委党校平阳分校讲师，研究方向为地方经济、财政理论与政策；周小春，中共温州市委党校平阳分校高级讲师，研究方向为地方文化、党史党建；许道杰，中共温州市委党校平阳分校高级讲师，研究方向为基层治理。

价值导向与激励动员，将小区打造成为远近闻名的高品质生活"样板小区"。虽然品致小区众筹共建的模式难以复制推广，但其共建共治共享的经验值得借鉴。

关键词： 共建共治共享　高品质生活　品致小区

前　言

打造高质量发展高品质生活先行区是浙江高质量发展建设共同富裕示范区的战略定位之一。何谓高品质生活？《浙江高质量发展建设共同富裕示范区实施方案（2021—2025 年）》提出，2021～2025 年浙江将全域推进城市未来社区建设和按照未来社区理念实施城市更新改造行动。未来社区理念通过聚焦人本化、生态化、数字化三大价值坐标，打造邻里场景、教育场景、健康场景、创业场景、建筑场景、交通场景、低碳场景、服务场景、治理场景九大场景高品质生活宜居社区，描绘出我们对高品质生活的美好想象。温州平阳的品致小区一直以来的建设理念和未来社区理念不谋而合。这里业主安居乐业，邻里关系和谐，业余生活丰富多彩，为共同富裕背景下打造高品质生活宜居社区提供了"品致样板"。

品致小区，位于平阳县县城昆阳镇城东新区，占地面积约 74 亩，总建筑面积 15.2 万平方米，小区周围交通便利，农贸市场、商场、市民公园、文化中心等配套设施齐全。无论是高达 98% 以上的小区入住率，还是小区高达 2.5 万元／m² 的房价（远高于周边小区精装修二手房 1.8 万元／m² 左右的价格），都证明了市场对品致小区的高度认可。

一 众筹建房开启品质新生活

（一）品致诞生：众筹模式建设品质住宅

2012 年，平阳乔治白、金萨克、子久文化、平柴泵业、显峰汽配和松浦电器等 6 家企业为了留住高端人才、实现企业高管及技术人员"住得舒心"的目标，决定推出人才住房政策。人才住房理想房源需要满足房龄新、房屋质量上佳、住宅户型好、小区绿化率高、周边配套较为齐全等条件。然而，在仔细考察了县城现有住宅的现实居住环境和配套后，6 家企业相当失望。再加上 6 家企业一共需要 200 余套房源，市面上实在难以找到这么多理想的房源，于是它们决定众筹建设一个有品质的小区，命名"品致小区"。考虑到后期物业服务等可持续因素，经过测算发现小区要多于 500 户，物业费收支才能达到平衡。由于企业人才住房只需 200 余套，它们便决定扩大众筹范围，将居住理念、设计风格等信息公开并向社会征集众筹人。6 家企业负责人成了"品致小区"项目的发起人，他们都是平阳很有声望的实体企业家，在当地有很大的影响力和号召力。他们承诺：不赚钱、品质好、自己也入住。因此，征集令一出，响应者纷至沓来，报名人数远超预期。于是只能设置条件对报名人员进行筛选审查：措施一是设置报名限定条件——需要获得 6 位项目发起人其中一位以上同意才可以拥有报名权利；措施二是限制报名人员的身份，教师、医生、律师等群体报名可以获得优先权。通过上述两项举措，6 位企业家最终选出了 632 户参与众筹建设品致小区，也保证了参与项目者绝大多数都是平阳各行各业的"精英"。

2013 年，品致小区建设项目以"昆阳商会"名义发起众筹，由众筹者代表选出监事会全程监管，而后成立了平阳品致置业有限公司，所有众筹者资金以股份方式入股。

2014 年 2 月，平阳品致置业有限公司以市场竞拍形式拍得一块商住房性质地块，并委托绿城代建，给予 3% 的利润。由于法律法规里并没有"个人合资建房"的概念，因此小区以商品房开发模式完成各项审批。项目启动后，发起者引导众筹者共同参与小区设计，在户型、建筑材料、装修设计上，充分征求业主意见。

然而，项目建设并不是一帆风顺的。2014 年 10 月，小区正式开工建设时，恰逢楼市"寒潮"，楼盘价格大幅下跌，品致小区不再具有价格优势，不少众筹人打了退堂鼓，150 余户要求退房。此时，6 位项目发起人为了保证项目有序开展，决定出手兜底，将 150 套房按照原价收回，化解了项目中途夭折的危机。

2016 年 1 月，"品致小区"项目主体结顶。2017 年 12 月，众筹人开始抽签选房，多数人拿到了自己满意的房子，开启了幸福新生活。

从报名到交房经历了三年多时间，众筹人前后出资 12 次，共计金额 11.8 亿元。对他们来说，漫长的等待是值得的，因为"众筹+代建"模式大幅降低了购房成本。以 143 平方米的房子为例，房款单价是建设成本加上精装修费用共计 11500 元/㎡，与同地段的其他小区毛坯房价格相近，不仅省下了几十万元的装修费用，而且房屋品质也明显高于周边小区。而且资金根据工程建设进度分 12 期筹集，极大地减轻了众筹人的资金压力。

（二）品致生活：品致小区打造高品质生活的主要做法与成效

1. 完善小区基础配套设施，提升小区品质

完善的小区基础配套设施是高品质生活的基础。品致小区交付后，业委会根据业主实际生活需要，对小区基础配套设施进行了提升改造。

第一，引入智慧化管理系统。品致小区是平阳最早的智慧安防小区之一，采用智慧化管理系统，小区停车系

统、门禁系统等均植入高科技识别技术，为业主生命财产安全提供更多保障。小区还专门研发了专属的手机应用"品致小区"，应用内设置了小区物业、小区社交、业主自治、安全监护、会所管理、智慧管家等多个模块，通过这个应用，小区业主可以了解小区最新信息、预约物业服务、报名参加活动等，十分便捷。

第二，公共空间改造。交付入住后，品致小区充分利用了小区公共空间，改造了会所和每栋楼一楼的架空层，合计面积超过 5000 平方米，设置了舞蹈室、健身房、摄影室、书画室、儿童娱乐馆、花艺室、茶吧、小区图书馆等公共场所，为业主提供了温馨舒适的交流空间和平台。

第三，建设业主食堂。考虑到小区业主多数为上班族，上班忙碌没有时间做饭，品致小区业委会牵头在小区会所内开办了业主食堂，业主只需支付 18 元就可以享用包含两荤两素两汤外加水果在内的健康营养套餐，经济实惠又方便卫生。

第四，打造小区居家养老服务中心。健康是幸福生活最重要的指标。为了方便小区业主在家门口进行日常健康监测和常见慢性病检查，2019 年，品致小区在会所二楼建设了居家养老服务中心，专门配备了血压仪、血糖检测仪、体脂检测仪、骨密度检测仪等多种医疗设备。多位从事医护行业的业主利用休息时间轮流为邻居们服务，让小区业主们在家门口就可以完成基础体检，并获得专业的诊疗建议。业主陈阿婆每天都定时去居家养老服务中心测量血压，提起居家养老服务中心她总是赞不绝口："真感谢业委会和小区热心的医生业主们，让我不出小区大门也可以享受专业的医疗服务！"

2. 引进高端物业，构建业主与物业间良性互动关系

物业是住宅的软实力，是生活品质的重要支撑之一。品致小区花"重金"聘请了"绿城物业"为业主们提供全方位的周到服务。4 元/m² 的物业费，其中 50% 由小区公共收入进行支付，业主实际只需支付 2 元/m²，让业主只需支付中等价位的物业费就可以享受高品质的物业服务。

近年来，社会上业主与物业之间产生的矛盾越来越多，冲突也越发激烈。而这一矛盾在品致小区完全不存在。绿城物业服务态度好，小区日常的卫生、安保、维修等工作管理得井井有条。一旦业主提出问题，物业总是第一时间想办法帮业主解决。小区业委会和业主都非常满意绿城物业的服务。因此，品致小区业主对物业工作人员非常尊重：逢年过节只要小区给业主派发礼品，每个物业工作人员也都能收到一份一模一样的礼品；小区举办庆祝活动，物业工作人员也会被邀请参加；在小区食堂里物业工作人员只需要支付 10 元钱就能享用业主们需支付 18 元的套餐……品致小区保安李大哥表示："我喜欢在品致小区工作，在这里我感受到了别的小区少有的对保安的尊重。

我跟出入的业主打招呼问好，他们都会礼貌地点头微笑回礼，我觉得自己跟他们是平等的。这样我工作起来总是特别有干劲。"物业工作人员和业主之间形成了良性的互动关系，进一步提高了小区居住品质。

3. 打造"红色业委会"，提升业委会组织力和公信力

2019 年，品致小区开始着手打造"红色业委会"，业委会 9 名成员中有 5 名是党员，推动小区党组织和业委会交叉任职、双向进入，有效解决了以往业委会议而不决的问题，极大提升了业委会的组织力和公信力。

业委会实行常态化坐/值班机制，着力破解业委会精力投入不足、服务监管滞后的难题，在两名专职委员坐班的基础上，其他兼职委员以每月轮值的方式受理业主反映的生活问题、对小区建设的意见建议等，每个问题都尽量做到"当场提、当场论、当场定"，确保"事事有回音、件件有落实"。品致小区业委会秘书长姜祖武表示："业委会坐/值班制度实行后效果很好，对加强邻里交流、和睦关系有很大帮助。"

4. 塑造和谐邻里关系，营造安居氛围

俗话说"千金置宅，万金买邻"。小区是业主们社会生活的重要空间，对于大多数人来说，优质的邻里关系直接影响居住品质。品致小区致力于打造"远亲不如近邻"的邻里关系，塑造"和合"特色邻里文化。现如今，业主们对品致小区充满人情味的人际关系赞不绝口。

不同于传统小区"先有房再有人"的模式，品致小区是"先聚人再造房"，以建设理想家园为纽带将一群志趣相投的人汇聚在一起。在筹建过程中，业主们群策群力，增进了解和信任，为入住后和谐的邻里关系奠定了良好基础；而小区住宅直接精装修交付，极大地降低了邻里矛盾发生的可能性。小区内设置的大面积的公共空间为业主们提供了社交空间和平台，促进了邻里交流。

逢年过节，小区都会组织开展各种邻里节庆活动，如过年捣年糕、端午包粽子、冬至发汤圆、中秋制作月饼等。自 2018 年以来，品致小区已先后举办数百场活动。广大业主通过丰富的活动载体，相互交流、彼此熟悉，构建了和谐、友善的邻里关系。

小区里崇尚献爱心之风，以争当义工为荣。如 2019 年暑期，30 多位热心业主自愿接送近百名小区大中学生参观昆阳镇平安建设体验馆和科技馆，还为所有学生准备了午餐以及礼品；小区多位业主在每年春夏时节主动为小区草坪拔草；从事医护职业的多位业主主动参与居家养老服务中心的志愿服务；等等。

5. 组织多样社团活动，丰富文化体育生活

人民群众对美好生活的向往已经从"有没有"转变为"好不好"，老百姓不仅期盼物质富裕，而且向往精神富有。丰富的体育文化生活是高品质生活的重要组成部分。依托小区摄影室、书画室、花艺室等众多公用场所，

品致小区业主自发成立了朗诵社、书法社、花艺社、国学社等 20 多个业主社团，每个社团都会定期组织活动。周末和工作日晚上，兴趣相投的业主们参加各类社团活动，极大丰富了精神生活，提高了生活质量。

"品致翰墨轩"书画社由品致小区里几位在当地小有名气的书画家牵头成立，定期开展书法、美术交流活动，为喜爱书法、美术的业主搭建了学习交流平台。品致小区也是温州首个"墨香小区"。

品致摄影俱乐部自成立以来，每周三晚上定期举办活动，并不定期邀请一些摄影大咖来做讲座，受到众多业主欢迎，多数社团成员的摄影技术都有了提升，吸引了更多业主加入社团。每年春节，社团还为小区业主们免费拍摄全家福。伴随着相机快门的"咔嚓咔嚓"声，一张张全家福照片诞生，记录了小区一个个小家庭团圆幸福的瞬间。小区业主张先生拿着新鲜出炉的全家福，笑得合不拢嘴："拍摄全家福的活动很有意义，以后再拿出来对比就可以看出家人们每一年的变化。非常感谢小区摄影俱乐部的好邻居们帮我们全家留下这些珍贵的瞬间。"

2019 年暑假，小区国学社组织了"少儿公益国学夏令营"活动，小区 30 多个孩子报名参加。通过国学夏令营，孩子们既学到了国学知识，又认识了更多同龄朋友，丰富了暑期生活。

"平阳品致学堂"是平阳第一个小区学堂，也是品致小区业主们"家门口的老年大学"。学堂以"乐学、致善"为校训，专门邀请"学堂顾问""专职教师"为学员开设党课、国学课，医疗保健等公益课程和摄影、书法、越剧、声乐等专业课程，实现业主"老有所学、老有所乐、老有所为"的美好愿景。品致小区业委会相关负责人介绍："品致小区业主多为中老年人，开设学堂是为了丰富他们的精神文化活动，提升他们的晚年生活品质，打造他们的幸福精神家园。课程设置会专门以老年业主的兴趣为导向。"

二 共建共治共享打造高品质的宜居社区

目前，我国社会主要矛盾已经转化为人民日益增长的美好生活需要和不平衡不充分的发展之间的矛盾。"美好生活需要"意味着更高的生活品质，意味着必须在高质量发展中增进民生福祉。从"将就过"到"讲究过"，迈向共同富裕的道路，浙江人民开启了对高品质生活的追求。对于如何打造高品质生活宜居社区，品致小区运用"共建共治共享"的治理智慧，已经擘画出高品质生活的优美画卷。

（一）"共建"为"共治共享"提供力量源泉和现实基础

"共建"，即共同参与社区建设，侧重强调治理主体的多元化、多中心化，是社区治理的基础。"共建"主体是推动社区治理的关键性因素，只有调动政府、企业、社会组织、社区居民等主体广泛参与才能化解社区治理中单一主体面对复杂事务时的能力局限，并在此过程中培育公共精神。因此，在社区治理过程中，共建为共治共享提供力量源泉和现实基础。

平阳品致小区一大突出特点是"众筹建房"——从土地竞拍、小区设计、住宅建设到房屋交付的全过程由众多业主一起完成。在此过程中，品致小区充分调动了未来业主们共同参与理想家园建设的积极性，发挥集体的智慧和力量，"共建"体现得淋漓尽致：如引导有建筑专长的业主参与小区设计，引导有法律专长的业主为规避风险出谋划策，引导有财务金融背景的业主监督资金使用情况……在群策群力的同时，业主们又相互认识、增进了解，还培育了"小区是我家，建设靠大家"的主人翁意识，为入住后的小区治理打下了良好的基础。

另外，现有房地产开发规划的项目多数以利益为导向，重建设轻运营，重硬件轻软件。而品致项目的发起团队则注重"业主利益至上"，在项目建设初期就组织专业团队和众筹人对未来美好生活需求进行过详细探讨，系统谋划小区的建筑方案、规划布局、架空层设计、持续运营方案等。如针对业主们未来的健身、学习、社交、休闲等需求，预留了大面积的公共空间，交付后再进行有针对性的改造，健身有健身房、舞蹈室，学习有图书馆，休闲娱乐有棋牌活动室、摄影室、书法室、美术室、花艺室、儿童娱乐馆等。项目规划建设之初的"步步为营"是现在品致业主"共享"高品质生活的重要前提之一。

（二）"共治"为"共建共享"提供有效载体和实现途径

"共治"，即共同参与治理，侧重强调治理过程的有效性与协作性，是社区治理的关键。"共治"可以理解为各主体在相对成熟有效的机制下通过民主协商、沟通以及合作的方式有效参与公共事务、解决矛盾纠纷。只有将多元主体有效组织，才能提高各主体参与的能动性，从而避免集体行动困境。因此，在社区治理过程中，共治为共建共享提供有效载体和实现途径。

品致小区通过建立"党建引领+小区自治"的"共治"机制，激发多方主体共同参与小区治理工作，建构了业主、业委会、物业、社区公益组织之间的良性互动关系，大大提升了业主的居住幸福感。

第一，持续深化"红色管家邻聚理"建设，不断增强小区党组织引领力。2019 年，品致小区成立了由小区党支部牵头，业委会、物业、小区志愿者等组成的"红色管家"队伍，通过访民情、听民声、解民忧，做到"民有所呼，我有所应"，全面优化小区管理和服务，走出了一条党建引领小区治理的新路径。自"红色管家邻聚理"党建品牌创建以来，平阳品致小区治理效能显著提升，业主满意度连续两年蝉联温州市 50 家绿城集团管理服务小区第一名。

第二，鼓励引导党员业主发挥自身所长，带头为小区居民办实事，增进邻里感情。品致小区设有 1 个实体党支部，共 18 名党员，另有 85 名在职党员也参与支部活动。品致小区已经建立党员"双报到双服务"制度，医生、教师、律师等有专业技能的在职党员业主可以通过线上平台报到、线下主动认领小区工作，带头积极参与小区志愿服务，助力小区建设治理。另外，在平阳县委组织部的指导下，品致小区还建立了由 40 多名老党员组成的"银色能量工作室"，参与小区管理，带动小区老人做好事，发挥正能量。

第三，制定规章制度，做好制度保障工作。为了保证小区社团活动能够在不影响其他业主的情况下长期持续开展，业委会制定了相应的规章制度，要求社团在成立之初就签订协议，对活动开展的时间、地点、内容、方式、程序等予以规范。如品致学堂，在成立之初就出台了《平阳品致学堂教学规定》《平阳品致学堂学员课堂学习守则》《平阳品致学堂活动室自行管理规定》《平阳品致学堂班主任工作职责》等制度。小区各个社团都严格遵守各项规章制度。

第四，探索实施志愿服务积分制，激发居民参与小区治理的内生动力，鼓励业主积极为小区做贡献积累公益积分，以服务换服务。公益积分可兑换免费的停车券、餐券和居家养老服务中心服务如艾灸等。

（三）"共享"为"共建共治"提供价值导向与激励动员

"共享"即共同享有社区治理成果，侧重强调治理结果的共享性与公平性，是社区治理的目标。加强和创新社区治理方式，归根到底是为了保障人民群众的合法权益，不断满足人民日益增长的美好生活需要，保证发展成果与治理成果由人民共享。同时共享也反过来激励着各主体持续参与到社区治理事务中，只有充分共享，主体才能提升对社区的认同感和对社区事务的参与度，从而形成良性的社区治理循环。因此，在社区治理过程中，共享为共建共治提供价值导向与激励动员。

人的需求是多层次的，除了物质生活的需求，还有精神生活的需求。在实现共同富裕过程中，人民美好生活需要日益多元，无论是追求更高的生活品质还是进一步增进民生福祉，都应该是人民精神生活和物质生活共同富裕。因此，"共享"包括物质层面和精神层面的双重共享。

物质层面，品致小区注重统筹资源开源创收，通过共享公共收入来反哺小区运营，提升小区品质。品致小区公共收入主要分三部分：一是资金理财收益，利用品致小区建设项目结余的 6000 多万元众筹资金，打造小区运营资金池，通过理财等途径实现资金升值，反哺小区运营；二是小区沿街商铺租金收入，通过整合提升沿街商铺品质，收取商铺租金增加小区收入，增强造血功能；三是未来小区公共商务楼租金收入，品致小区在昆阳镇城东区域购买了一块商业用地，将启动建设属于全体业主的 2600 平方米的商务楼，建成后用于出租，使小区有可持续的营业收益。这些公共收入用于支付部分物业费、完善提升小区设施设备、组织如年夜饭之类的业主活动等，提高小区业主生活品质。随着生活品质的提高，业主对小区的关注度和认可度也会相应提高，也会更加积极主动参与小区建设和治理。

精神层面，品致小区各式各样的社团组织是丰富业主精神生活的重要载体。从专门为老年业主开设的品致学堂到小朋友们喜欢的国学夏令营，从为热爱运动的业主开设的健身俱乐部到为喜爱艺术的业主开设的书画社，20 多个不同类型的社团完全满足了不同年龄层、不同偏好的业主的需求。通过丰富多彩的社团生活，业主们找到了三观相同、需求一致、相互接纳、相互支持的群体，丰富了自己的精神生活，构建起多元包容的小区文化氛围。另外，品致小区业委会结合小区居民的兴趣爱好、生活习惯与人文素养，通过举办各种不同形式的小区活动，如节庆活动、参观展览、文艺演出等，搭建小区文化活动平台和邻里交流平台，既能够提升小区居民综合素质与能力，又能增进小区居民之间的友谊与感情，增强居民的认同感和归属感，从而提升凝聚力，优化小区治理成效。

参考文献

刘燕妮：《"共建共治共享"社会治理的生成逻辑和制度优势》，《重庆社会科学》2022 年第 1 期。

张乐：《党建引领城市社区治理的模式和机制——基于绍兴市探索实践的分析》，《中国领导科学》2021 年第 6 期。

殷诚聪、邵晨婵：《温州品致小区"众筹建房"背后：颠覆式创新还是理想乌托邦》，《浙江日报》2020 年 4 月 24 日。

温振赛：《平阳"品致小区"："众筹建房"精彩案例》，《温州都市报》2019 年 10 月 23 日。

罗瑞斌、丁旭莹、吕瑶瑶：《"家门口"开课　平阳"品致学堂"让教学品质化》，《浙江老年报》2020 年 9 月 9 日。

生态大搬迁：织就下山移民共富梦

周海静　　胡瑶瑶　　朱立宇[*]

摘　要： 20 年来，从"一镇带三乡"到"无区域生态移民"再到"生态大搬迁"，泰顺不断升级迭代生态移民搬迁模式，探索出了一种搬迁安民、搬迁惠民、搬迁富民的"泰顺模式"。泰顺生态移民搬迁实践的成功来自移民群体的充分参与、当地干部一心为民敢于担当的执政情怀、以移民需求为导向的政策调整和资源整合安置差异化的便民利民举措。跨入新时代，面对共同富裕、跨越式高质量发展的新任务新要求，持续推进生态移民搬迁，是泰顺县忠实践行"八八战略"、奋力打造高质量发展建设共同富裕示范区的客观要求和基础工程。

---

[*]　周海静，中共温州市委党校泰顺分校高级讲师，研究方向为公共治理；胡瑶瑶，中共温州市委党校泰顺分校，研究方向为社会工作；朱立宇，中共温州市委党校泰顺分校，研究方向为区域经济与城乡发展。

关键词： 共同富裕　易地搬迁　生态移民　泰顺县

对于幅员辽阔、人口众多的中国，促进共同富裕最艰巨、最繁重的任务仍然在农村。中国共产党自成立以来就高度重视农村扶贫。2013 年习近平总书记在湘西走访调研时首次提出了"精准扶贫"概念。针对各地情况差异，中央设计推出精准扶贫"五个一批"工程，其中"易地搬迁脱贫一批"被赋予了非常重要的地位和功能，《全国"十三五"易地扶贫搬迁规划》中要求从根本上解决约1000 万建档立卡贫困人口的稳定脱贫和发展问题。1000万人规模的易地搬迁脱贫是相当罕见的，注定了这项工作的艰巨性和紧迫性。但是相比"五个一批"中的发展教育脱贫、社会保障兜底等，易地搬迁的脱贫效应立竿见影，更容易得到地方政府的重视和配合。

2018 年，位于浙南山区的泰顺县实施的易地扶贫搬迁工程——"生态大搬迁"案例获得了"浙江省公共管理创新案例十佳创新奖"。2019 年泰顺县"人口集聚与农民增收致富改革"被列入农业农村部全国唯一试点。2020 年泰顺作为唯一的县级代表在全国农村改革试验区工作会议上作交流发言。2021 年，作为"大搬迁"发源地的泰顺县司前畲族镇作为全省唯一的乡镇获评全国脱贫攻坚先进集体。从区位优势和经济基础来看，泰顺县集山区、边区和少数民族聚居区于一身，是浙江省内山区 26 县之一，直到 2020 年底县域才通高速公路，是全省最后一个通高速的县。泰顺既没有雄厚的财政实力，也没有在搬迁政策上比相邻的区县多享受国家、省、市的特殊倾斜，那么，泰顺的易地扶贫搬迁做法为何能够一枝独秀，在全省乃至全国成为实践典范？本文旨在通过对泰顺县易地扶贫搬迁实践过程的详细描述，深入剖析其政策实践中的内在逻辑，以期能为类似地区的扶贫搬迁起到一定的参考借鉴作用。

一 泰顺县近 20 年易地搬迁的三次模式变迁

泰顺县位于温州西南端，东邻苍南县，东北接文成县，西北接丽水市景宁县，南与福建省福鼎、柘荣、寿宁等县（市）毗邻。县域总面积 1761.5 平方公里，辖 12 个镇 7 个乡 312 个村居，境内高山林立，人均耕地少，素有"九山半水半分田"之称。由于交通闭塞、经济增长缓慢，泰顺县贫困群体数量位列温州下辖区县之首①。作为改革开放先行地，温州地区的经济社会市场化程度相对较高，但内部发展又极不平衡，于是平原县与山区县之间发

---

① 据统计，截至 2018 年 12 月，泰顺县仍有低收入农户 12260 户 22871 人，省级重点帮扶村 70 个。

展上的巨大落差便催生了农民自发外迁的动力。自 20 世纪 90 年代中期，泰顺就出现偏远山区农民自发外迁的现象。2002 年，泰顺县峰门乡率先探索整乡下山移民路径。2003 年 12 月，时任浙江省委书记的习近平同志在泰顺调研时指出，"下山脱贫是推进人口集聚，加快城镇化进程的有效途径，在实施过程中要切实解决好下山农民的出路问题，让他们下得来、稳得住、富得起"。20 年来，泰顺历届党委政府持续接力，以习近平总书记的指示精神为基础，结合县情、对标政策，不断探索易地搬迁的升级迭代，主要经历了三次模式变迁。

（一）从山上搬到山下：发源于峰门整乡搬迁的"一镇带三乡"模式

峰门乡是位于泰顺西北端的一个偏远乡镇，全乡总面积 36.42 平方公里，辖 4 个行政村和 39 个自然村，在册 903 户 3019 人。由于山高坡陡，耕地总面积 1249 亩，人均仅 0.4 亩。2002 年全乡农民人均收入 1973 元，仅达同期该县农民人均纯收入 2417 元的 81.6%。全乡劳动力 90%以上外出。与其他地方的外出打工方式不同，峰门乡外出人员大多携带一定的资本，且主要从事具有积累性的第三产业，因此，2002 年该乡已有 165 户约 500 人在外盖房，永久性迁出，另有 1500 人虽未在外建房，但也长年在外，实际居住在当地的人口仅 700 余人。由于村庄规模

小、人口居住分散，从 20 世纪 80 年代至 2002 年，政府
在扶贫攻坚上持续投入资金逾 1000 万元用于机耕路、校
舍、卫生院、电网、自来水、闭路电视线路等公共设施的
改造更新，但仍没能有效解决当地农民在行路、用水、用
电、就学、就医、看电视、通电话等方面的问题①。

那么，类似峰门乡这样的偏远贫困乡村怎样才能彻底
实现"拔穷根"呢？2002 年，峰门乡党委政府大胆探索
通过整乡移民搬迁的方式"挪穷窝"，以期彻底"拔穷
根"。移民搬迁对于贫困农民意味着面临多方面的风险，
首当其冲的就是巨大的经济风险。如何打消移民的思想顾
虑、有效激发农民自主搬迁意愿，突破口在于最大限度地
降低移民的经济风险。那么什么样的移民政策才最符合移
民家庭的利益考量呢？首先，搬迁决策必须出于移民家庭
的自主意志，其次，迁入点与原住地之间必须具有较大收
益差。于是峰门乡政府召集村干部和村民代表全程深度参
与对三个备选乡镇的考察。经过研究比较，他们认为临近
的百丈镇是珊溪水库修建后的一个新建镇，基础设施尚不
齐全，而且库区的产业发展空间狭小。而县城罗阳镇虽然
产业发展空间大，但地价高，搬迁成本太高。距离最近的
司前镇不但土地价格低、建设的青苗赔偿费便宜，而且该

① 朱康对、翁满红、毛少飞：《移民与山区农村小康社会建设——浙
江省泰顺县峰门乡整乡搬迁个案研究》，《温州论坛》2003 年第 3
期。

镇正处于城镇化建设推进期，亟须外来人口大量迁入。搬迁到司前镇，回原住地仅 20 公里路程，不但便于对原有山林农田的打理，而且两地习俗相近，移民更易融入新环境。最终，全乡 60 多位村民代表集体表决选择了整乡搬迁至司前镇。2002 年 3 月，峰门乡开展首批移民家庭的搬迁报名，共有 193 户参加。

首轮搬迁点的集中建设共征用了 280 亩土地，耗资 4920 万元，其中农户自筹 3820 万元，政府投入 1100 万元。移民家庭除了可享受省、市、县关于下山脱贫项目文件的优惠政策外，还可以享受乡政府为移民家庭争取到的危房改造补助、拆旧屋还田补助、户均 1 万元的建房贴息贷款等。此外乡政府针对移民新村的道路、水电、绿化、排污、通信、敬老院、幼儿园、子女入学等公共服务和基础设施建设积极向相关部门争取资金补助。首批搬迁工程的进展顺利，房子落成后，移民户陆续迁入，有力地推动了司前镇的工业化城镇化进程，同时也极大地激发了周边乡村农民的搬迁意愿。

为积极响应基层群众的民生诉求和持续推进城镇化建设，2003 年，司前镇获批启动了将峰门、黄桥、竹里 3 个乡整乡搬迁至司前镇的"一镇带三乡"工程。经过 19 年的梯度式搬迁实践，2021 年司前镇共建成移民搬迁点 9 个，共安置下山农户 3180 户 9540 人，司前镇建成区人口也从 2002 年的 6000 人提升至 2021 年的 1.5 万人，城镇化率从 39% 提高到 85%。快速推进的城镇化为产业发展提供了充足的就业人口。截至 2021 年，司前镇共建有特色农业基地 1.8 万余亩，拥有 3 家生态农业实验场，由专技人员引领的产业合作社能带动 4000 多农户发展；工业方面，竹木加工是司前镇的传统产业，目前全镇共有竹木加工企业 25 家，其中，省级龙头企业 2 家，县级龙头企业 3 家，能生产五大类 200 多个竹木品种，能为农民提供 2000 多个就业岗位。为实现移民群众的"在家就业"，司前镇建有来料加工点 18 家，直接从业人员达 800 多人，平均年产值 2000 多万元。

（二）从城外搬进城里：从抗震安居小区到"无区域生态移民"

峰门乡的整乡搬迁和司前镇的"一镇带三乡"拉开了泰顺县以政府为主导的易地搬迁工作的序幕。但是，这个阶段的移民搬迁对象仅限于峰门、黄桥和竹里 3 个乡镇的农民，搬迁点仅限于司前镇。可见，在易地搬迁的初始阶段，政府在移民安置方式上严格遵循"点对点"政策要求，与群众的自发搬迁形式相比，无法更好地满足群众对安置点的多元化需求。如何突破安置地的"点对点"限制，进一步推动易地搬迁的持续开展？2006 年的泰顺地震灾后重建项目和 2011 年的温州城乡统筹综合改革，为实现这一突破提供了两次契机。

泰顺和文成的交界地带是一个老震区，2002 年 7 月底首次发生震级 3 级左右的震群，2005~2006 年该地带又多次发生震群，震级最高达 4.1 级。泰顺域内震区以包垟乡、新山乡和联云乡为主。此次震群的震感明显、余震不断，而此时泰顺农村的房屋大多属于土木结构，抗震功能差，极易倒塌造成人员伤亡，组织灾民移民搬迁迫在眉睫①。根据省市相关移民安置办法，灾民有 3 种移民选择：一是在就近乡镇零星插花式安置，二是集中安置县城，三是领取补助经费自行安置。基于峰门的整乡搬迁和"一镇带三乡"的实践案例以及灾民安置小区的政策性优惠，集中安置县城的经济预期相应减轻了移民搬迁所产生的经济负担及心理压力。

2006 年，泰顺县在罗阳镇大深垟村建设抗震安居项目——绿苑小区。该项目共规划建设 12 幢 500 套，每套 100 平方米左右（含车库面积）。购房价格按所在楼层和方位的优劣分 5 个档次，每平方米价格从 900 元至 1200 元不等，交房总价为 8.9 万~13.8 万元，比周边商品房的均价优惠了近一半。从 2006 年 8 月抓阄、交房至 2008 年底大部分居民入住，一共安置了 1500 余人，其中包垟乡 800 人、新山乡 350 人、联云乡 250 人，以及珊溪水库移民 60 余人。

搬迁县城后，移民的就医就学等条件有了极大改善，

---

① 赵冬、韩用兵、叶建青：《2006 年 2 月浙江泰顺-文成地震震群震害特征》，《震灾防御技术》2006 年第 2 期。

就业机会也相对增多。原有乡居布局集中连片落户的方式以及县政府的高度重视、周边居民接纳度高等，都有利于移民快速融入新环境。此外，随着周边商品房价格的上涨，移民安置房的商业价值也水涨船高，这让那些当初因资金困难、不想额外举债搬迁而且担心搬到陌生环境会受当地人欺负而选择了就近安置或自行安置的灾民后悔不已。从此，集中移民安置到县城，就成了许多乡镇群众翘首盼望的事。

入户调研——绿苑小区搬迁对象徐某（2022年1月17日）

问：大爷，您搬迁到城里有什么不习惯的吗？当时没有一起搬迁进来的邻居，后来有没有后悔？

答：原来的邻居有好些后悔的。因为地震盖房子就这一次，后来他们再想就没了。我们赶上了。这里是大深垟，原先还选了一块地在郊阳（离县城3公里）。这个村村主任本事好，听说了这个事，就赶紧去找了，我们才搬这里来。这里比郊阳好。周边住的人对我们都（很）客气。学校、医院比较近，买菜也近。现在二手房听说可以卖100多万元，不过是最好的那种。算起来也有1万元一平方米了。

绿苑小区是特殊情况下的政策产物，本质上仍属于

"点对点"式的移民安置，但是它起到了集中搬迁县城的良性示范。那么，如何才能让非震灾安置农户也能搬迁到县城呢？

首先需要探索突破现有政策对搬迁安置"点对点"的限制。2011年，温州被列为国家城乡统筹综合改革试点，在全市范围统筹实施"土地置换"方式的农房集聚工程，符合相应条件的农民，都可以用旧宅的土地进行置换，搬迁到农房集聚点。"土地置换"的政策撬动了广大农村房屋迁建的利益杠杆。如果政府将农房集聚点落址于县城，就在政策上实现了对搬迁"点对点"限制的突破。

其次要精准掌握农民搬迁县城的真实意愿。2011年，泰顺县对县城周边6个偏远村庄进行农房集聚搬迁的模拟签约，现场签订意向书农户高达2000多户，表达了基层群众落户县城的热切期盼。

最后要探索移民搬迁平台政策包容度的最大化。2011年，泰顺县在县城规划建设"无区域生态移民"小区。"无区域生态移民"一词中，"无区域"打破了对移民的地域及搬迁点上的"点对点"限制，"生态"则基于泰顺境内的国家级自然保护区——乌岩岭和文泰边界的饮用水源——珊溪水库①。2014年，乌岩岭国家自然保护区被列为浙南重点生态功能区，功能区内实施严格的环境监测及

---

① 珊溪水库是集防洪、灌溉、饮水等功能于一体的综合性水利工程，建于1997年，于2000年拦坝蓄水。

管控，泰顺境内功能区面积高达 1022.36 平方公里，占泰
顺县域总面积的 57.83%，其间仍生活着几万名农民。而
被誉为温州 700 万人"大水缸"的珊溪水库，库区的
56%淹没区、66%集雨区都在泰顺境内。面对生产生活受
严格管控，再加上有震区群众搬迁的成功案例，库区百姓
普遍要求搬迁，有些村庄甚至向政府提交"关于要求整
村搬迁移民的报告"，要求整村搬迁。"无区域生态移民"
这一政策概念，极大地拓宽了原有搬迁政策的涵盖范畴，
只要是功能区、库区、震灾区内的农民以及其他区域有可
置换宅基地的乡镇农民，都可依据"无区域生态移民"
政策搬迁到县城的"无区域生态移民"小区。

"无区域生态移民"项目落址于县城北面，项目总规
划面积 1.5 平方公里，最多可集聚人口 1.5 万人。项目周
边环绕着已建成使用的县体育中心、泰顺中学、泰顺县职
业高中等。作为县城的重要组成部分，除已形成的配套设
施外，政府还投入 2.4 亿元完善其他基础设施。

黄湖村是"无区域生态移民"的首个搬迁入住农房
集聚改造项目，集聚安置价格仅为当地商品房均价的一半
左右。黄湖村村民们分批次进行了搬迁。

黄湖村坐落于县城周边的高山位置，由于和县城离得
近，除了农业没有其他产业，所以很多村民很早就在县城
租房打工。走访中，黄湖村集聚点的户主夏某某指着对面
不到两公里的高山方向说："那边就是我们村原来的地

方，虽然肉眼看得到，但从村里到县城来回有七八公里的简易公路，坐车至少要半个小时。我的老房子是两层木结构的房子，有180多年的历史，有半边是塌的，住不了人。我很早就来罗阳租房打工。两口子一个月收入就只有两千多，除去租金和生活开支就所剩无几了，根本就没有动过在城关买房子的念头。现在住在这里，有时候躺在床上，都不相信这是真的。如果没有好政策，这样的安居梦，我都不敢去做！"①

（三）城里城外"一盘棋"：3个分别承载"1.5万人"搬迁的"生态大搬迁"

"无区域生态移民"将移民搬迁的路径从"引下山"导向"引进城"，打开了偏远村庄农民进城的大门，也极大地推动了泰顺县的城镇化进程。同时，泰顺县也逐步形成了"中心村—中心镇—县城"的梯度移民安置路径，移民方式包含震灾移民、功能区库区移民、农房集聚移民等，移民平台建成"一镇带三乡"移民区、"抗震安居"小区和"无区域生态移民"小区等。选择不同的移民方式，可通过不同的移民平台享受相应的补贴，但是，不同移民方式及平台的业务受理机构不同，需要分别提交申请。而移民家庭往往同时符合多项移民政策，假设一个既

---

① 《泰顺推进农房集聚改造　无区域生态移民圆城关梦》，温州网，2012年3月13日。

处于功能区和库区水源保护范围又受震灾和台风影响的农户有移民需求，那么他需要分别联系功能区、库区以及地震灾后等相关管理机构，牵涉扶贫办、水利局、农业局、林业局、民政局等部门以及所在属地乡镇政府，申请政策性补贴的手续烦琐并且要对各项政策了然于胸，这让很多搬迁户望而生畏、举棋不定。

整乡搬迁及"一镇带三乡"的成熟经验、震灾安置和农房集聚的政策倾斜以及重点功能区、库区水源保护的政治考量，让有意愿有条件的农户能搬尽搬成为一项一举多得的利民举措。特别是自 2014 年 9 月起，文成、泰顺交界处又发生有感地震并伴随频繁的震群活动，此次震群的震级最大达 4.2 级（ML4.6 级）。2015 年，经浙江省政府批复，两县境内处于震级 M4.2 级、烈度 5~6 度区内的群众都被列为抗震安居对象，统一组织搬迁至中心村或城镇，其中，6 度区内的极灾区 27 个村（文成 14 个、泰顺 13 个），5 度区内的灾区 196 个村（文成 106 个、泰顺 90 个）①。此外，泰顺还饱受台风侵扰，每年夏秋台风频繁过境经常引发山体滑坡、泥石流、危房倒塌等灾害事故。截至 2017 年初，泰顺县地质灾害易发区占全县总面积的 96% 以上，共有地质灾害隐患点 340 处，直接威胁着 3092

① 《温州市人民政府关于开展文泰抗震安居工程建设的指导意见》，中顾法律网，2015 年 2 月 16 日，http://www.9ask.cn/fagui/201502/243079_1.html。

户 11556 人的生命财产安全。

基于上述背景和要求，进行移民搬迁的资源整合是持续推进生态移民搬迁的根本路径。资源整合是对搬迁政策、搬迁平台和搬迁补贴的整合。同时还要精准对焦移民的搬迁意愿和经济能力，基于"强意愿、强能力""强意愿、弱能力""弱意愿、强能力""弱意愿、弱能力"4种类型在移民需求上的差异性，收集汇总主要利益诉求作为政策调整的基准，通过在安置方式、安置地点、建房方式及安置补贴等方面提供更多的选项，实现安置上的差异化。

2017 年泰顺县"生态大搬迁"政策正式出台，成立的泰顺县生态搬迁建设工程指挥部整合了"小城镇环境综合整治""三改一拆""无违建县创建""两路两化""三边三化""大拆大整""地震灾后重建""台风地质灾害灾后重建"等职能和政策，将原有各类移民补贴悉数归口到"生态大搬迁"政策补贴，一站式计算出不同安置形式下享受的补贴（补贴标准见表 1）。此外，将下山移民、整乡搬迁、农房集聚、灾后重建等移民搬迁小区整合成"生态大搬迁"的 3 个移民平台，分别是县城无区域生态移民小区、15 个抗震安居安置点、18 个乡镇避灾安置小区，每个平台规划安置 1.5 万移民，计划 3 年时间完成 4.5 万人规模的移民搬迁。

表 1 不同安置形式的补贴标准

迁建方式	人均补助（万元/人）	户补（万元/户）		危旧房拆除补助（元/m²）				危旧房拆除奖励（万元/户）	贷款贴息（%）	宅基地复垦（万元/亩）
		离开极次区补助	迁建县城或在县城及县外购买商品房	土木或木	砖木	砖混	附属用房			
异地迁建	1.74	1	2	150	200	250	50	2	50%（整村60%）	28
自行购房	1.74	1	2	150	200	250	50	2	50%	28
原拆原建	1.34	—	—	150	200	250	50	2	—	—

资料来源：根据泰顺县生态搬迁办出台的政策文件整理。

根据"生态大搬迁"补贴政策及标准，我们选取若干类型家庭，对其可获得的政策补贴和搬迁难度进行粗略估算。

对于经济能力中等的农户家庭，以原房为 200m² 砖混结构的四口之家为例。如果这户人家选择在县城的无区域生态移民小区购置一套 120m² 的套房，根据移民搬迁 3960 元/m² 的价格约需 47.5 万元。通过"生态大搬迁"政策，该户可获取补贴 18.36 万元，其中人均补助 6.96 万元、户补助 2 万元、危旧房拆除补助 5 万元、宅基地复垦补助 2.4 万元以及拆除奖励 2 万元。剩余房款可申请公积金贷款，享受 50% 的银行贷款贴息，每月按揭在 1500 元左右。如果选择搬迁到就近乡镇的抗震安居安置点或避灾安置小区，房价区间是 1800~2200 元/m²，相同面积房屋的建房成本比迁至县城减少近一半，而获取的补贴不变。如果选择旧房原拆原建，则可获取 12.36 万元的补贴。对于这种类型的农户而言，易地搬迁的负担并不重，目标易达成。

对于经济能力较弱的低收入农户家庭，选取原房为极灾区 200m² 土木结构的四口之家为例。如果选择在县城落户，根据"生态大搬迁"政策购置 90m² 的套房约需 35.6 万元，共可获得搬迁补贴 16.76 万元。此外，结合 2017 年 9 月温州市的扶贫新政①中对建档立卡低收入农户额外增

---

① 温州市扶贫开发工作领导小组：《关于进一步明确异地搬迁差异化补助等精准扶贫政策的通知》，温州扶贫网站，2017 年 9 月 7 日，http://news.66wz.com/system/2017/09/07/105024875.shtml。

加的 3 万元/户异地搬迁补助，那么该户共可获得 19.76 万元，与搬迁县城建房成本间的差距较大。如果选择就近安置，在所在乡镇抗震安居安置点或避灾安置小区购置 120m² 的房屋，建房成本约 21.6 万元，获取的补贴不变。享受了上述政策补助后移民户经确认仍存在困难而无力自行解决的，根据 2017 年温州市扶贫新政，可申请社会捐助，金额在 2 万~10 万元。因此，对于拥有一定规模原房且家庭人口在 3~4 人的低收入农户，选择就近安置虽然仍将产生一定负担，但是通过社会的帮扶，也是可以达成搬迁目标的。

入户调研——无区域生态移民小区阳光家园夏风苑搬迁对象齐某（2022 年 1 月 20 日）

问：您在搬来之前的住房情况如何？现在的家庭收入及负担重吗？

答：搬来之前，我在罗阳已经生活了十多年了，因老家就在罗阳边上的南院乡，来罗阳坐车十来分钟。十几年一直都租房子住，买不起罗阳的房子。我不想重建老家的房子，也不想买其他地方的。后来有了这个政策（无区域生态移民），我就买了这套。我选的 7 楼，楼层和位置都较好，比政策里那个 3920 元高一点，那个是最低价。我这套一平方米要 4250 元，135 平方米，面积也大，一共是 57.5 万元左右。贷了 25 万元，每月还按揭 1515 元，还到 60 岁，总共要还 17 年左右。

问：我给您算了一下，贷款本息17年一共要还31万元，扣除25万元本金，利息6万元左右。算起来利率比普通的公积金贷款要低很多呀。这个还贷额度对家庭开支有影响吗？

答：贷款利息好像是减半的。我在本地工作，做一份编外工作，再接点杂活，一年挣个10万元左右。妻子从事来料加工，一年挣2万元。搬这里后，环境好了，生了二胎，她要照看孩子，只有在孩子上学时去做做，挣不了多少。还有个女儿在读大学。不过每个月1500元贷款，我们还是承受得起的。但是生活开支下来，想存下钱来也是不多的。

问：办理手续方便吗？有没有遇到一些困难？

答：去哪里直接就可以算好补贴多少，我老家有房子、地基，还有人口补贴。算下来首付的钱，自己原来也有点积蓄，凑点进去就解决了。

问：这个小区里一般都能达到您这样的状况吗？

答：这个不好说，根据知道的情况，我只能算中等的。有比我差的，比我好的也多。

二 "生态大搬迁"：一个体现对人民 "回应性"的政策行动理性

"生态大搬迁"作为20年来泰顺安民、惠民、富民的"金名片"，起到了牵一发而动全身的引领作用，发挥着一子落而满盘活的引擎效应，对破解泰顺县跨越式高质量发展进程中的"卡脖子"难题有着不可替代的作用。自 2017 年 1 月正式实施以来，"生态大搬迁"工程 2017 年共完成了 6526 户 20257 人的搬迁①，2018 年搬迁 4951 户 16460 人②，2019 年搬迁 3580 户 12550 人③。三年间共完成 15057 户 49267 人的搬迁，比原定三年安置 4.5 万人计划数超额完成。在三年任务期的基础上，2020 年"生态大搬迁"持续推进，完成搬迁 4836 户 17727 人④，2021 年搬迁 2065 户 8032 人⑤。从 2002 年峰门整乡搬迁、2003 年"一镇带三乡"直至 2019 年"生态大搬迁"工程的收尾，17 年全县累计搬迁安置农户 33473 户 100006 人，让超过全县总人口 1/4 的群众实现了安居梦。面对新时代、新任务，对泰顺 20 年生态移民搬迁进行深入分析和经验总结是更好地践行"八八战略"、打造共同富裕示范区 26

① 泰顺县地方志编纂委员会编《泰顺年鉴（2018）》，线装书局，2018，第 9 页。
② 泰顺县地方志编纂委员会编《泰顺年鉴（2019）》，线装书局，2019，第 10 页。
③ 泰顺县地方志编纂委员会编《泰顺年鉴（2020）》，线装书局，2020，第 11 页。
④ 《2020 年泰顺县人民政府工作报告》（泰政办〔2020〕36 号），泰顺县人民政府网站，2020 年 8 月 4 日，http://www.ts.gov.cn/art/2020/8/4/art_ 1300574_ 53925973. html。
⑤ 《2021 年泰顺县人民政府工作报告》（泰政办〔2021〕7 号），泰顺县人民政府网站，2021 年 3 月 19 日，http://www.ts.gov.cn/art/2021/3/19/art_ 1300574_ 59020743. html。

县样板的根本前提和首要任务。

第一，群众充分参与是政府主导型移民搬迁工程顺利开展的先决条件。峰门整乡搬迁案例中，最初乡政府只设想将偏远自然村的农户搬迁到乡政府所在地村居，这个"下山下到半山腰"的做法遭到许多村民的反对，之后经全乡村干部、村民代表的商讨以及乡人大会议的通过，乡政府才做出了整乡搬迁的决策。在搬迁点的选址上，乡政府组织村干部和村民代表全程参与了对罗阳镇、百丈镇和司前镇等三个镇的考察。最终经全体村民代表的表决确定司前镇为整乡移民搬迁点①。从政策的出台到实施，峰门整乡搬迁的案例较为充分地体现出关切底层意志的特点。目前学术界对政策执行的研究主要有自上而下和自下而上两种模式。前者认为政策执行是一个由决策者做出决策后再付诸实施的过程。而后者则认为政策是在行动中形成的，并进一步提出，政策行动中的理性只有在"接近底层"的地方才可能存在，也只有在这一层级中才能够真正实现对"人民"的"回应性"②。峰门整乡搬迁政策出台背后的群众充分参与，是对自下而上研究模式提出的"谁在影响什么、以怎样的方式在影响以及为什么影响"

① 朱康对、翁满红、毛少飞：《移民与山区农村小康社会建设——浙江省泰顺县峰门乡整乡搬迁个案研究》，《温州论坛》2003 年第 3 期。

② 〔英〕米切尔·黑尧：《现代国家的政策过程》，赵成根译，中国青年出版社，2004，第 129 页。

等问题的现实回答，是一种只有在"接近底层"的地方才可能存在的政策行动理性。

第二，一心为民、敢于担当的执政情怀是破解移民搬迁起步难的精神动力。在各级政府投入大量资金但扶贫效果甚微的情况下，峰门乡党委政府做出决策实行整乡搬迁，虽然渴望能彻底改变落后状况，但对于当时的经济社会环境而言，仍然是一个大胆的创新举动，决策者将背负巨大的政治风险。同时对于农户而言，搬迁意味着房屋重置，将面临不确定的经济风险。两种风险的交织重叠，如果没有坚定的执政勇气和朴素的为民情怀，峰门的整乡搬迁工程势必早已偃旗息鼓。在首批移民搬迁报名中，为了给群众搬迁做行动表率，乡政府所在村的村支书邓敏良第一个报名参加。但是仍有很多农户持观望态度，首批 100 多间搬迁地基只有几十户报名，甚至个别农户报了名又想退出。不参与移民搬迁的农户，部分家庭是因为筹资困难，但更多的仍是安土重迁传统思想的阻碍。乡政府和村两委组织党员干部挨家挨户地上门做思想工作，一些乡干部甚至用自己在县城的房产作抵押贷款，帮助解决有搬迁意愿农户的资金困难。通过耐心细致的工作，村民的顾虑逐渐消除，最终有 193 户报名参加首轮移民。可见，在"接近底层"的地方所产生的政策行动理性，还需要以坚毅的政治勇气来推动。

第三，政策调整以移民需求为导向是移民搬迁持续深入的根本要求。既然政策行动理性只可能产生于"接近底层"的地方，那么如何判断政策行动是否"接近底层"？既然只有"接近底层"的政策行动理性才可能实现对"人民"的"回应性"，那么对"人民"的"回应性"就成为衡量政策行动是否"接近底层"的重要依据。在泰顺生态移民搬迁的政策执行案例中，对人民的"回应性"主要体现为对移民群体主观意志的尊重和客观需求的满足。泰顺县 2007 年的震灾安置案例，绿苑小区的建设以及房产的大幅升值，全面激发了乡镇农民集中安置县城的强烈需求。在回应群众呼声及满足移民需求上，泰顺县借助温州城乡统筹改革的"土地置换"政策手段，巧妙绕开对搬迁"点对点"的政策限制，同时开展"无区域生态移民"的民意调查，一方面体现出对基层农民主观意志的很好回应，尽量创造条件满足其客观需求，另一方面也推动了泰顺的移民搬迁和城镇化建设，实现一举双赢的实施效应。

第四，整合资源差异化安置的便民利民举措是实现移民搬迁能搬尽搬的机制保障。"生态大搬迁"政策的设计原理是在实现农户生计资本最大获取的前提下，以移民需求为导向形成差异化安置来促进移民搬迁工程的推进。资源的整合包含管理机构及其职能、搬迁政策及其补贴、搬迁平台及其安置地等。而以移民需求为导向的差异化安置主要包括四方面内容。一是安置方式上提供自行购房、集中安置、就近安置、共有产权房①、廉租房②等搬迁形式。针对孤寡老人等特困人员，以政府兜底的形式，预留小面积房源免费供其居住。二是安置地点有县城、中心镇、中心村或原址等。三是建房方式分为自行购房、集资建房、原址原建等类型。四是安置补贴包含人均补助、户补、危旧房拆除补助、危旧房拆除奖励、贷款贴息、宅基地复垦等六大项及若干小项，选择不同的搬迁方式获取的安置补贴均不同。"生态大搬迁"通过资源整合实现了手续的简化及补贴利益的最大化，同时通过差异化的安置提升了群众搬迁的自由度，进而提高了移民的满意度和幸福感，最终不断靠近和实现移民对象能搬尽搬的政策目标。

结　语

经过 40 多年的改革开放，我国取得了举世瞩目的成就，但长期存在的区域、城乡和行业差别仍然较为突出。

---

① 共有产权房是地方政府让渡部分土地出让收益再低价配售给符合条件的保障对象家庭所建的房屋。保障对象家庭与政府按出资比例共同拥有房屋产权，并根据经济能力向政府"赎回"产权，设置共有产权房政策的目的在于保障低收入家庭的住房能力，实现其有多少能力就买多少产权。

② 廉租房是指政府以租金补贴或实物配租的方式，向符合城镇居民最低生活保障标准且住房困难的家庭提供的社会保障性质的住房。廉租房政策旨在解决城镇低收入家庭的住房问题。

实现共同富裕就是要将这三大差别背后的收入差距缩小到合理范围内。从本质上看，共同富裕不是同步富裕，更不是平均主义，但是改革开放之初为了一部分地区一部分人先富起来而实行的城乡二元体制必须被打破。诚然，共同富裕靠全体老百姓的共同劳动、共同奋斗，同时也有赖于机会均等机制。老话说，树挪死，人挪活。人具有天然的趋利避害能力，经过反复衡量而最终选择的易地搬迁，是高山、深山和地质灾害区群众强烈求存求变的自然反应。老话还说，十年河东，十年河西。以发展的眼光看，搬迁到服务设施齐备、交通便利地区的群众，将焕发出无限的创业激情和动力，其发展势头不可小觑。从共同富裕的视角看，易地搬迁的本质是改变了传统的输血式上山扶贫路径，把山区县与平原县之间的"龟兔赛跑"变成"兔兔赛跑"，让搬迁下山的群众获得了相对均等的发展机会，并结合自身勤劳智慧走上共富道路。泰顺在20多年易地搬迁实践中经过三个模式的变迁而形成的"生态大搬迁"，在政策执行中注重充分回应群众需求，通过资源的整合和差异化的安置设计，有效地提升了搬迁群体对政策的参与度和满意度，为类似地区的易地搬迁树立了一个典型。但是我们还应看到，"生态大搬迁"是以政府为主导推进的搬迁工程，其中市场和社会的帮扶作用发挥有限。在国家治理体系、治理能力现代化深入推进的宏观背景下，社会治理领域要向多元主体协同方向发展。因此，易

地扶贫搬迁领域的企业、社会力量的参与有着广阔的发展
空间，应在政策设计中更多地转向吸纳市场主体和社会力
量充分参与，以协同治理的模式推动易地扶贫搬迁的再一
次创新。

蓝湾建设：生态赋能促海岛渔村共富

郑智成　常良宇　赵娅倩　王荣槐[*]

摘　要： 共同富裕是基层实践的重大主题。洞头海岛渔村拥有丰富的自然资源禀赋，曾因历史局限一度出现生态资源退化现象，后来借助蓝湾整治的历史契机，生态修复承载起了共同富裕的重要使命，带动了海岛渔村的共富事业。洞头蓝湾整治后的生态赋能盘活了渔村共富的通盘棋，在东岙村的发展过程中表现得尤为典型。其成功背后是缘于在价值导向、基础打造、精准施策、要素互动等方面形成了一整套行动逻辑，其中"价值"要在遵循人本理念下实现共建共享的机制构建，"基础"要通过紧抓政

* 郑智成，中共温州市委党校党史党建教研部主任、副教授，研究方向为基层党建和基层治理；常良宇，中共温州市委党校党史党建教研部讲师，研究方向为马克思主义理论和共同富裕；赵娅倩，中共温州市委党校党史党建教研部助理讲师，研究方向为党的建设；王荣槐，中共温州市委党校党史党建教研部助理讲师，研究方向为马克思主义哲学。

策契机整合资源去突破低端平衡，"施策"要能够聚焦精准、有效去丰富共富路径，"要素"要通过拓展共富内涵并实现相互促成。

关键词： 共同富裕　蓝湾整治　生态赋能　渔村

共同富裕是中国式现代化的重要特征，是中国特色社会主义制度优越性的集中体现。浙江省温州市洞头区在探索海岛渔村共同富裕的进程中，探索出了一条生态赋能、旅游富民的海岛共富之路。洞头区是全国 14 个海岛区（县）之一，由 302 个岛屿组成，区域总面积 2862km²，其中海域面积 2708.7km²，占温州海域的 1/4。2003 年，时任浙江省委书记的习近平同志视察洞头时指出，"要特别重视生态环境保护，坚持走可持续发展之路""真正把洞头建设成为名副其实的海上花园"。洞头坚持走以生态为基底的"海上花园"建设之路，特别是近 5 年来聚焦蓝色海湾整治，走出一条人海共生、陆海统筹的可持续发展新路径，为推进洞头渔村共同富裕精铸了海岛样板。

一　海岛共富路：蓝湾建设让"黄沙变黄金"

蓝色海湾整治为洞头生态修复和海岛环境提升创造了

良好的外部条件。蓝色海湾整治行动是我国海洋领域生态文明建设的重大举措之一，由国务院、财政部和自然资源部联合组织开展，旨在加快推进海湾综合整治和生态岛礁建设，以推动海洋生态环境质量有效改善。继 2016 年洞头成为全国首批试点城市之后，2019 年洞头又一次入围，成为全国唯一连续两次获得国家蓝色海湾整治项目奖励支持的区（县）。

（一）蓝湾建设缘起：破解发展困境

洞头素来有"百岛之县"的称谓，其海洋资源禀赋较为丰富。渔业资源上，洞头渔场面积超过 4800km^2，是浙江省第二大渔场，海洋生物种类繁多，渔业生态环境质量较好。岸线资源上，洞头自然岸线长 302.8km，海岸线 10m 以上等深线岸线总长约 50km，其中东岙、东沙、半屏西侧、大瞿岛西海岸、大门岛马岙潭、月亮湾、霓屿大背岙等区域分布有沙滩资源。滩涂资源上，洞头处于瓯江、飞云江、鳌江三江下游汇集处，受上游泥沙冲击和东海潮流的共同作用，形成了丰富的滩涂资源，主要集中在洞头本岛、状元岙、霓屿岛和大门岛等 4 个岛屿。海岛资源上，洞头是温州市唯一的群岛型县（市、区），有居民海岛 14 个，无居民海岛 288 个，海岛面积 125.3km^2。旅游资源上，洞头是全国唯一以县域命名的国家 4A 级景区，自然环境优美，富有"海外桃源别有天"之意境。

人文资源上，洞头具有千年文化，"海霞"文化、民俗文化、宗教文化等集中体现了洞头特色。

但长期以来孤悬海外的海岛地理，使洞头海洋资源的禀赋没能积蓄成发展的优势，"海岛"在一定时期与"山区"共同成为贫困的代名词。2006 年 4 月 29 日，温州（洞头）半岛工程通车成为重要转机，使海洋资源的价值不断显现，开启了洞头的巨变。据洞头旅游部门统计，温州"半岛工程"通车后的第一个月共接待游客 36.17 万人次，社会旅游综合收入 1.44 亿元，超过 2005 年一年的总和。旅游业的高速发展使洞头海洋、海岛资源得到充分挖掘。但部分无序的开发活动使得近岸海岛面临环境质量下降、资源衰退等问题，随着用岛需求日益增多，海岛保护压力持续增大，海岛生态问题日益暴露。

以东屏街道东岙村为例，该村位于洞头本岛东南部，全村陆域面积 0.35km^2，辖 2 个自然村。东岙村和洞头其他海岛渔村一样，在历史长河变迁中，在湾口处形成了一个天然沙滩。据村里的老人回忆，在其小的时候，夏天可以拿个草席直接在沙滩上睡觉，在海水扑沙的声浪中入睡。那时的沙滩在地理风貌上保持着大自然造化的原始样貌，在生态环境上也鲜有污染源的侵袭。

到了 20 世纪 70 年代，伴随着经济发展和海岛渔民对住房条件改善的诉求，海沙成为日益重要的建筑材料。东岙村是村民相对集中的渔村，在持续的农房建设中需要大量使用海滩上的沙子。加上"农业学大寨"大力推行农业设施建设，沙子被大量挖掘集中到山上去搞建设。东岙村的沙子不仅用于满足本村房屋、码头、渔业农业设施等建设需要，还进入全区域统筹范畴，供给县里其他地方使用。经过多年的"开垦"利用，到 20 世纪 80 年代，东岙村的海滩已见不到上规模的沙子，原来的沙滩退化成石头裸露的乱石滩。

乱石滩对渔业生产有着不利的影响，凌乱的海滩使渔船难以靠岸，或是在渔船坐滩时对船底造成损害，延误渔民生产作业。同时由于沙滩本身具有消浪功能，沙滩退化后的石滩让风浪能够轻而易举地侵入渔村，沿岸的民房深受台风、大潮的影响。另外，随着渔业生产规模的扩大，一些渔业生产的废料、养殖业的废弃工具，以及潮汐带来的各种生活垃圾开始在浪潮中涌动，在岸边的乱石滩上堆积，人类生产生活对大自然的负面影响不断显现。

到了 21 世纪，随着洞头五岛连桥工程开通，洞头本岛和周边岛屿实现了交通互通，霓屿、元觉、三盘等乡镇人口能够更为频繁地向本岛流动。加上东岙村周边仙叠岩、大沙岙、半屏山等景点的带动，东岙村初步显现了旅游前景。到 2006 年，随着温州（洞头）半岛工程的开通，洞头成为周边地区海岛旅游的首选地，来洞头旅游的人数出现了井喷式增长。

人流量的激增带动了东岙村餐饮、住宿等旅游相关业态的野蛮增长，生态环境负面影响日益严峻。大海成为排污纳垢的天然垃圾场，餐饮垃圾无序丢弃，生活污水随意排放，进一步加大了海湾污染，这些都与旅游的价值和初衷相去甚远。游客们反馈了更多的不良体验，诸如海湾没有沙滩只有石滩是海岛旅游最大的缺憾，渔村过于狭小使停车不便，就餐高峰期无餐可就，渔村面貌有待提升，餐饮店随意宰客等。

东岙村发展进程中生态环境等破坏是海岛洞头早期发展的一个缩影，我们把视角放到整个洞头，从全域范围来看问题更加突出。

一是海岛岸线生态资源受损。除了受台风、风暴潮等自然灾害频发的影响，日益加剧的人为干扰（如挖砂、采砂等）及其他各种不规范开发利用，使得洞头北岸段、状元岙南岸段、霓屿岛北岸段等海岛的岸线均受到不同程度的破坏，各海湾自然岸线开发不尽合理，岸线景观被人为活动隔断，生态村落整体面貌破旧、凌乱，海岸景观综合生态服务功能受到严重影响。

二是滨海湿地功能退化。湿地景观资源不断退化已严重影响了洞头海洋生态文明建设，湿地围垦、水利工程建设、泥沙淤积、规划利用不合理等一系列问题导致湿地生态系统在一定程度上退化，严重影响了生态安全和生态功能、生态景观价值和亲水娱乐功能的发挥。如霓屿岛西北侧沿岸滨海湿地由于长期淤积，以及人类活动干扰加剧，形成水质恶化、生物多样性低下的现状，整个区域生态系统严重退化，湿地功能大大受限。

三是岛体及植被遭受破坏。海岛开山采石、道路修建等工程活动严重影响了海岛山体的地形地貌及海岛植被生态，岩礁裸露、水土流失、植被退化、植物及鸟类多样性降低等生态风险日趋严重，影响了海岛的生态安全，减弱景观功能。洞头岛、霓屿岛的植被均受到不同程度的破坏，需进行山体修复和绿植化建设。

四是滨海沙滩自然景观受损。洞头沙质岸线资源丰富，但受台风、风暴潮等灾害频发和非法挖砂、采砂和其他各种不规范开发利用的干扰活动影响，沿海沙质岸线受到的损害日益加剧。景观沙滩受到严重威胁，部分沙滩如洞头环岛西片等沙滩沙量减少、沙层变薄、宽度变窄，落潮时沙滩上砾石大面积裸露。部分沙滩如三盘大桥附近沙滩受邻近港内淤积的影响，沙滩泥质化现象明显。

五是传统网箱养殖区域淤积污染严重。洞头三盘湾渔港是人类活动相对集中的海域，随着跨海大桥及围涂促淤工程的建设，港区附近海域海水交换能力逐渐减弱，港池淤积严重，堵塞了湾内的潮汐通道，进而影响了局部海域污染物扩散及稀释能力，湾内海水自净能力降低。三盘湾渔港传统网箱养殖区，几十年来未进行过清淤疏浚和底质改良，养殖鱼类排泄物和残饵沉降污染严重，已影响了海洋生态的健康安全。

（二）蓝湾建设赋能：实现美丽蝶变

面对发展中的生态困境，洞头在不断寻求变革的重大契机。国家蓝色海湾整治行动的历史机遇，让"有准备"的洞头紧紧抓住了。借助国家政策的东风和资金力量，洞头生态建设实现了两次跃升。第一次蓝湾建设，即 2016 年开始的首批蓝湾整治行动，主要开展海洋环境综合治理、沙滩整治修复和生态廊道建设三大工程，总投资 4.76 亿元。其中，海洋环境综合治理工程总投资 5700 万元，主要是开展海洋环境跟踪监测、污染整治和洞头中心渔港、东沙渔港清淤疏浚 160 万 m^3；沙滩整治修复工程总投资 9000 万元，主要是整治修复东岙、中心渔港海岸沙滩 10 万 m^2；海洋生态廊道建设工程总投资 32900 万元，主要是建设海洋生态廊道 17.8km，实施沿岸特色景观提升，建设湿地公园，改善人居环境。三大工程，推动沿海、近海景观生态化改造提升，扮靓了海岛景色风光，促进实现"水清、岸绿、滩净、湾美、物丰、人和"的海洋生态文明建设目标。

第二次蓝湾建设即第二批蓝湾整治行动，从 2019 年 7 月开始，预计至 2022 年 9 月底结束，计划总投资 4.5 亿元，主要通过实施海岸带生态修复、滨海湿地生态修复和海岛海域生态修复，增加自然岸线保有、提高人工岸线生态化程度，保护滨海湿地、修复典型生境，保育海域海岛生态系统、改善海洋生态环境，改善海岛人居环境和生产环境、提高防灾减灾能力，最终实现"破堤通海，生态海堤，十里湿地，退养还海"的生态修复效果。

东岙村就是蓝湾建设的受益者，2016 年开始的洞头蓝湾整治行动给东岙村的蝶变带来了历史性的契机。东岙村的沙滩修复以及基础设施的改造得以纳入洞头首批蓝湾整治行动计划中，东岙村诞生了洞头首个沙滩整治修复工程，投入近 900 万元，共修复沙滩面积 1.84 万 m^2，岸线建设总长 135m。

沙滩修复在东岙村并不是一帆风顺的，它是村民认识提高、共识形成的过程。沙滩修复的影响是多方面的，整体上利远大于弊，但深处利益中的村民会有各自不同的鲜明立场。沙滩修复受到最直接负面影响的群体，就是村里从事渔业和养殖业生产的渔民。沙滩修复后，海岸高度会整体提升，海岸线将后退近百米，渔船停泊远离岸边，渔业生产工具不能随意堆放海滩，且极大地拉长了上岸下船的距离，也增加了渔船上海产品上岸的难度。新问题的出现触动了渔民们重大利益，甚至促使个别渔民采取极端行动，如在施工过程中阻挠工程推进等。渔民们也提出"留一个缺口"使渔船方便在原先岸边靠岸的诉求。但蓝湾整治不仅是生态修复，更是具有综合效益的整体性工程，如兼具防台风、防海浪的功能，留个缺口将极大地增加台风天海浪侵袭的概率。

　　渔民们的诉求需要在蓝湾建设中一并统筹考虑。经过多方调研和协商，最终在村西面沙滩的一侧，将原有防浪码头进行拉长和矮化处理，使码头向海岸外围延伸，并降低高度，渔船就能相对方便地靠岸。这一方案既没有打乱原有沙滩修复整体设计，又确保了渔民能比较便利地从事渔业养殖业的生产活动，最终得到各方认可。沙滩修复后，海浪远离岸边数十米远，从根本上改变了渔村历史上因台风受灾、受淹的命运，保障了渔民们生命财产安全，使更多村民认识到沙滩修复具有的多元效应。另外，沙滩修复后带来的经济发展让村民们真切地体验到就地致富，由此对生态修复和渔村发展有了更多的共识和发展的期待。

　　东岙村蓝湾建设围绕沙滩修复这一关键节点，聚焦渔村旅游业发展这一核心要素，同时辐射到村容村貌的外围改变。如为了提升渔村整体旅游环境，投入500万元对石屋外立面进行改造，修缮了64栋160间房屋，渔村形象大为改观，呈现了古朴的特色。投入近1200万元的"三线"入地工程，将供电、通信、有线电视等线路进行整体改造，使以往架在空中、挂在屋檐的凌乱线路全部埋入地下，提升了渔村的视觉效果。还有道路硬化、污水纳管等工程的实施，使东岙村的变化从看得见的生态空间，到看不见的环境污染都得到了根本性的改变。

　　东岙村生态环境的改观得益于洞头蓝湾整治区域政策

的推进，同时也是洞头蓝湾整治整体成效在点上的呈现。回顾洞头区域的改变，蓝湾建设为洞头注入极强的变革力量。港池疏浚、沙滩修复、湿地公园建设、海洋地质公园建设、红树林建设、海藻场建设、鸟类保护、海洋生态廊道建设、海洋生态村庄建设、废油污水处理、海洋环境在线监测系统建设、蓝色海湾评价指数体系建设、蓝色海湾展示馆及蓝色海湾指数展示平台建设等一大批项目得以建成并发挥积极效应。

在蓝色海湾整治中，洞头通过复原"沙滩岸线"，共修复 10 个被过度挖掘、侵蚀退化的沙砾滩，面积达 15 万 m^2，累计修复生态岸线 23.73km，恢复了岸线亲水功能。通过实施"花园洞头"建设行动，洞头建成 4 条美丽经济交通走廊、50 个花园村庄以及一批花园细胞工程，极大地改善了海岛人居环境。通过实施渔港疏浚工程提高港区平均水深，洞头进一步改善港区避风条件，为渔业经济的稳步发展打牢基础。通过岸线资源整治修复、沿线村居改造升级，洞头打造了一批海洋生态村庄，推进渔家民宿集聚发展。通过实施海洋生态廊道项目，洞头将分散的景点、渔村、离岛串珠成链，"人海合一、生态漫游"的海岛旅游格局逐步形成。通过实施"破堤通海"，洞头让相隔于灵霓大堤的"两片海"重新连通，有效地提升了海水交换、纳潮能力，恢复了海洋生物繁衍栖息地。通过打造"十里湿地"，在霓屿种植千亩红树林、百亩榉柳林，洞头形成了全国唯一的"南红北柳"生态交错区，构筑了潮间带。通过建设"生态海堤"，洞头将 15 km 硬化海堤改造成为"堤前"湿地带、"堤身"结构带、"堤后"缓冲带，形成了滨海绿色生态走廊。通过开展"退养还海"，洞头全面清退污染严重、效益低下的传统网箱 6000 口，推动传统渔业向都市休闲渔业转型。

（三）蓝湾建设成效：推"洞"共同富裕

实施五年多的蓝色海湾整治工作，使洞头人民在保护绿水青山中拥有"金山银山"，带来了共富路上实实在在的变化。2018 年 1 月 24 日，洞头蓝色海湾整治项目作为我国海洋生态整治修复主要典型样本，被央视《焦点访谈》正面报道。2018 年 5 月 18 日，浙江卫视宣传报道了洞头在"海上花园"、蓝色海湾建设等方面的成效和贯彻全省"八八战略"的生动实践。2018 年 12 月 15 日，生态环境部命名授牌洞头区为第二批"绿水青山就是金山银山"实践创新基地。2018 年 9 月 28 日，温州·洞头蓝色海湾国际论坛暨蓝湾建设现场会在洞头举行，向全国推广温州洞头蓝色海湾范本和经验成果。2019 年 1 月 6 日，央视《新闻联播》以 1 分 45 秒的时长聚焦《浙江：优化生态环境打造"海上花园"》，讲述了洞头蓝色海湾整治、"海上花园"建设的成效。

蓝湾整治带动东岙村的共同富裕是目之所及的。2021

年，国家级充分就业村评审组来到东岙村，当他们看到村民家家户户都在从事与旅游相关的民宿、餐饮等行业时表示，不用再看台账了，眼前所见就是充分就业最好的说明。沙滩修复改善了东岙村的生态环境，使东岙村成为国家 3A 级景区，为东岙村共同富裕打下最为坚实的基础。东岙全村户籍人口 1830 人，村内有 70% 的村民从传统捕捞养殖业转行，从事旅游相关产业。其中近千人的常住人口中，有 500 多人从事住宿、餐饮等与旅游关联的产业。

东岙村借着旅游和人流量的东风，盘活农房，发展民宿和餐饮业，设立渔家小筑渔农业开发观光专业合作社，建成旅游接待中心，成立渔家乐餐饮和民宿行业协会。东岙现有渔家乐餐饮店 14 家，可同时接待 6000 人就餐，民宿 102 家，占洞头全区民宿数量的 1/4。渔家乐餐饮、渔村民宿的发展加上独特的山海景观，使东岙村已基本形成资源齐全、内容丰富的旅游基地，每年接待游客 100 万人次，年均综合收入 1.3 亿元，其中旅游业收入 5000 万元。村集体收入从原来的 3 万元发展到现在的 70 万元，而户均收入更是提高了近 10 万元。

在旅游富民的同时，东岙村加大文旅产业融合发展力度，丰富了渔村的旅游业态。在文化场馆上，东岙村打造了七夕古巷，通过修旧如旧的形式进行修护、保护。通过农房流转，东岙村引入非遗手工类、特色小吃类、旅游文创类的小店进驻经营，恢复古渔巷昔日的繁华景象，打造成为洞头的"曾厝垵"。东岙村建立了东岙民俗馆，用于展示洞头渔业生产的船只模型和网具、渔村的生活用品，以及一批古式木床。同时东岙村对村里的"长寿宅""聚财屋""渔家院""秀才居"进行保护和开发，提升了渔村的历史文化品位。

在文化活动上，东岙村着力打造七夕民俗风情节，聘请专业团队进行整体策划和品牌营销，注入"年轻"的元素。东岙村还有普渡节、沙滩秀场、音乐会、铁人三项赛、千人瑜伽等诸多文体赛事，吸引了大量的游客。

在物质富裕的同时，村庄的精神面貌焕然一新。村干部表示，以前村子里打麻将、村民间吵架及陋习陈规等比较常见。随着渔村发展，经济条件改善，村民们一方面是忙得没时间从事陋习活动，另一方面在共同工作中形成了和谐氛围。另外，与外界接触增多，视野思路得到开阔，整体思想认识也大为提升。现在村里志愿者队伍增多了，村民们卫生意识增强了，不仅家里更加干净整洁，也主动为村里营造良好的卫生环境。这几年"好厝边"品牌在村子里也得到更多村民认可，成为渔村和谐社会建设的重要润滑剂。

有街道领导给东岙村的变化总结了从"三多三少"到"四个变"的转化，即原来是"没牙的多有牙的少，破房子多新房子少，脏乱差点多可游玩点少"，现在则是实现了"黄沙变金沙，石屋变银屋，渔民变老板，弱村变强村"。

东岙村的共同富裕折射出在蓝湾建设后，洞头共同富裕事业在整体大踏步地往前推进。从洞头劳动力人口就业结构看，第三产业就业人口比重（约62%）远高于第一产业就业人口比重（约19.5%）和第二产业就业人口比重（约18.5%），三次产业就业结构中，第一产业、第三产业就业人数合计高达81.5%左右。旅游作为富民战略，是非常契合洞头三次产业就业结构特点的。从经济发展数据上看，洞头地区生产总值也从2015年的73.15亿元提高到2020年的114.42亿元，其中海洋经济增加值达80亿元，占GDP的70%。2015~2020年一般公共预算收入从5.42亿元增加到10.02亿元，城乡居民人均可支配收入分别从34674元、18365元提高到52279元、32295元。从旅游经济数据来看，2016年开始实施蓝湾整治当年，洞头接待海内外游客541.14万人次，实现旅游综合收入24.54亿元。到2019年首批蓝湾整治项目完成当年，洞头全年接待游客890.37万人次，实现旅游社会总收入40.11亿元。

绿水青山也是金山银山，蓝湾整治让海岛渔村奔向了共同富裕，回应了新时代海岛人民对美好生活的向往。今天的洞头，一个民宿就是一个旅游目的地，已经形成了13个民宿村集群，民宿村户均年收入超过15万元，旺季一房难求。今天的洞头，一个沙滩带火一方经济，帆船帆板、邮轮游艇、休闲海钓等海上运动业态不断涌现，洞头成功举办了国际铁人三项赛、全国海钓和帆船邀请赛等品牌赛事，全国海上国民休闲运动中心落户洞头。今天的洞头，每年有千名大学生回乡创业，常住人口比 10 年前增长了 22%，老百姓工资性收入、财产净收入、经营净收入大幅增长，城乡收入比缩小至 1.62∶1，均衡度排在浙江前列。

二 求索共富之路：价值—基础— 施策—要素的有效整合

共同富裕是社会主义的本质要求，包含人民群众对物质生活、精神生活等多元需求的满足。美好生态环境是共同富裕的应有之义，也是实现共富目标的有力保障。生态环境所包含的自然资源和生态系统，是人类生存和发展的基础，按照效用价值理论，生态环境的价值不仅在于其有用性，也在于其稀缺性。特别是随着我国经济社会的发展，社会需求不断增长，良好的生态环境相对日益稀缺，稀缺性从理论上印证了"绿水青山就是金山银山"，也是洞头蓝色海湾保护建设的理论基础。而洞头海湾从"放"到"治"走过的曲折过程，则是受生态环境外部不经济规律与产权清晰后的高效治理先后影响的过程。早期外部不经济效应使洞头海洋资源的使用和破坏得不到有效补偿，进而导致资源配置不当、保护动力不足，社会总福利得不到显现。生态环境负外部性的重要原因在于产权不明，一方面是海洋、海岛、沙滩、岛礁、空气、海水等产权客体边界模糊，另一方面是生态系统的产权主体往往是全体公民或集体公民，治理责任上难以落实。洞头在蓝湾整治中，通过中央财政转移支付，明确了区委区政府的主体责任，又通过项目落地入村，清晰了治理边界，使蓝色海湾整治取得了良好的成效，进而带动了旅游相关产业的发展，吹响了共同富裕的号角。

（一）共同富裕要坚持以人为本，构筑共建共享机制

共同富裕是新的历史征程中解决社会公平正义的需要，要让发展的成果更多地惠及全体人民，形成"人人参与""人人享有"的发展局面。在发展方式上要让更多人参与劳动创造，营造好共建这一前提，同时让更多人享有发展成果，实现好共享这一结果。洞头在蓝湾整治中，基于海洋治理成效和海岛旅游业的发展，积极谋划带动更多人创业就业、实现更多人致富，不断探索业态拓宽和劳动力提升的各种方法。如东岙村在蓝湾整治后的旅游业发展中，鼓励村民办民宿、做餐饮成为小老板，不具备条件的村民可以参与到民宿、餐饮的服务工作中来，服务工作也有固定岗和灵活岗之分，几乎可以满足村内任何正常劳

动力的就业需求。同时村里还组织了住宿、餐饮行业的岗位培训，提升劳动力的就业能力和服务水平。从全区范围看，其就业业态更加丰富，洞头大力拓宽与旅游相关的就业门路，支持海岛旅游、农家乐、民宿、网约车、网络直播等就业方式，并扩大零工岗位和公益性岗位供给，帮助低龄老年人、家庭主妇、残疾人等就业困难人员实现劳有所得。

（二）共同富裕要紧抓政策机遇，夯实长远发展根基

共同富裕不是一蹴而就、一劳永逸的事业，而是从打基础开始的循序渐进的过程。万事开头难，基础的改变往往是根本性的变化，需要外部资源和力量的介入才能打破原有的平衡，拉开基础变革的序幕。这需要善于抓好政策机遇，引导更多资源聚焦共富目的地，使基层在共富道路上能够事半功倍。东岙村的发展是缺少先天条件的，沙滩修复、基础设施改进都是需要大手笔投入的事业，对村集体经济来讲无异于上青天。但东岙村紧紧抓住洞头蓝湾整治的历史契机，并成为洞头沙滩修复的样板工程，从而吸引了几千万元财政资金的注入，不仅使沙滩得到修复，还使综合旅游条件得到根本改善。生态修复、"三线"入地、立面改造、截污纳管、道路硬化从根本上改变了东岙村发展的基础条件。基础的改善让村两委有了施展手脚的

空间，民宿党建联盟、沙滩音乐节、七夕民俗活动才能在此基础上谋划推进。洞头区域发展原先也是深受生态环境的限制。洞头区委区政府善抓机遇，不仅争取到首批国家蓝色海湾整治试点，获得了4亿多元的建设资金支持，而且真正把资金用到蓝湾整治的刀刃上，生态改良成效显著。由此洞头又争取到第二笔蓝湾整治资金，第二笔4亿多元资金的注入，使洞头的生态环境在改进中得到极大的提升，为共同富裕奠定了极为优异的生态基础。

（三）共同富裕要聚焦精准施策，力求发展效用最大化

共同富裕是村村相连、人人相关的精细工程，需要在具体经纬上因人因地施策。如东岙村的发展瓶颈在早期阶段是生态无法吸引游客，尤其突出的是沙滩退化导致生态魅力的丧失。在沙滩修复后东岙村呈现的另一个短板就是村内腹地的限制，游客停车难的矛盾极为突出，成为新阶段的最大瓶颈。抓住共富路上的主要矛盾和矛盾的主要方面，全力集合资源去突破，往往能实现点上突破，造就较佳的发展效益。从洞头全域共同富裕事业来看，洞头针对岛屿分布广泛、生态禀赋内在差异性较大的特点，开展精准施策，不搞大水漫灌、走马观花、大而化之，而是做到对症下药、精准滴灌、靶向治疗，探索海岛实践共同富裕的多重方式。如围绕海洋培育体

育经济、石厝迭代民宿经济、渔港升级星光经济等，形成一批具有洞头特色的突破性产业；如鼓励科技资本下乡、乡贤回乡创业并带动乡亲就业，探索村企共建、以企带村等模式，实现村民家门口就业；如培育新型职业农民，农合联带动农户合作发展，发展"合作社+农户""公司+合作社+农户"模式，实现农业产业规模化发展；如在深化农村集体产权制度改革的基础上，盘活土地、金融资源，因地制宜发展特色产业，带动村集体经济和村民收入实现"双增收"。

（四）共同富裕要统筹全面发展，实现共富要素良性互动

共同富裕的内涵是与时俱进的，物质生活是重要基础，但同时早已超出物质丰富这一单纯的范畴，形成了包括经济、政治、文化、社会和生态在内的全结构福祉。东岙村的共同富裕遵循"绿水青山就是金山银山"的理念，海湾整治带来旅游相关产业的繁荣，实现了经济上惠及民生。在此基础上，基层党组织适时推进基层治理，建立志愿者队伍，打造"好厝边"品牌，充分调动了村民参与社区治理的主体意识。同时注重渔村精神文化建构，挖掘渔村传统优秀文化，通过七夕成人节教育年轻一代，通过文化弘扬提升村民素养。东岙村在渔村发展、党建引领、文化厚实、群众自治、生态维护方面共同丰富了乡村共富

的内涵，实现了多个维度的互动互成。洞头蓝湾整治带来的共富效应是多元的，首先是经济收入的增加。如洞头原先的一些紫菜养殖户年收入8万元左右，在蓝湾整治后转产转业，通过家庭方式从事来料加工，加上家人在瓯江口产业集聚区上班，夫妻俩年收入能达到12万元左右。其次生态环境本身提供的绿色公共环境产品，更是普惠的民生福祉。如洞头霓屿街道下社村在蓝色海湾整治的大背景下，下功夫提升村庄整体景观品质，以"一花一路一景"为框架，建成了移步换景、村在花中的"花园下社"。一些村庄在精神文化建设上提升村民的幸福指数，在重阳节、中秋节等节日，为村里的老人开展关爱活动，增强村民在精神上、心理上对本村的归属感。通过"民众有所呼，我就有所应"的工作机制，洞头为民众办好"一元爱心食堂"、联建房建设等民生实事。洞头在物质生活充实的同时，始终以"群众满不满意、高不高兴、答不答应"为出发点和落脚点，进一步使共富的体验延伸至基层治理的各个领域。

结　语

实现共同富裕，方向是一致的，甚至延伸出的内涵也是共通的，但在实践路径上的突破要结合地域特色和历史演变进行差异谋划。生态美好是洞头渔村实现共富转型的关键，旅游富民是洞头渔村追求共富的主载体，蓝湾建设是洞头渔村能够共富最有利的外部条件，生态美好、旅游富民和蓝湾建设完美地契合共生了海岛渔村共富的场景。这其中蓝湾建设是第一推动力，触发了共富链条上的开关，被很好地引导到海岛共富的路上，推进了渔村生态修复。生态美好是基础，是海岛渔村借以共富的根基，是洞头先期资源投入的靶心，是"绿水青山"向"金山银山"转化的底气所在。旅游富民是最直接的产业政策，是渔村能够实现共富的"最后一公里"，是共富的民生体验器。洞头海岛渔村的共富路径追寻的是"蓝湾整治政策资金导向—生态美好共富基础构建—旅游富民共富成效变现"的发展步骤。未来海岛渔村共富要更加注重补齐新阶段的新短板，注重从规划的前瞻性上把握远期发展态势，不让短视行动给未来的共富埋雷。另外要注重渔村共富的均衡问题，做好"提低扩中"的结构优化，注重增加精神富裕、基层自治等更具现代化的元素在共富中的分量，提升渔村共富的成色。

先富带后富：头雁领航的北塘故事

卢丹志[*]

摘　要： 基于村集体的社会价值创造诉求，北塘村的社会创业者苏德生为帮助村民摆脱贫困，主动提供资金支持，鼓励部分村民参与经营；在实现部分经济利益和社会价值后，北塘村影响并融合了相对落后的邺岙村，实现资源共享，丰富其社会价值属性。在这一探索过程中，北塘村以党建引领为根本保障，打好"引血""造血"组合拳，做大村集体经济蛋糕；完善分配机制、监管机制，多措并举管好分好集体经济"蛋糕"。北塘村演绎的"头雁领航、产村融合"模式，以先富带后富为主要途径，实现了城乡人民共同富裕。

关键词： 共同富裕　产业　民生　北塘村

* 卢丹志，中共温州市委党校乐清分校高级讲师，研究方向为社会文化学，多年从事乐清特色乡镇的乡村振兴案例研究和教学。

前　言

　　邓小平提出的先富带后富思想，在改革开放的实践中影响和带动了整个国民经济的大发展。部分外出打工人员受到"先富"地区市场经济观念的强烈冲击，学到了先进的技术和管理经验，步入富裕的行列。一部分先富群体通过创新环境，携带资金、技术、项目回乡带动一方致富。北塘村的发展模式就是先富带后富的完美诠释，对于新时代解决我国城乡发展不平衡不充分问题具有重要的理论意义和实践意义。

　　北塘村，隶属乐清市清江镇，地理位置极佳，位于雁荡山麓、乐清湾畔、国道线旁；原有村民3075人，面积达2.3平方公里，是一个大村。但21世纪初，北塘连一条像样的主干路也没有，且到处坑坑洼洼，有278个路头坑；村里污水直排，河道又黑又臭，漂满杂物。没有二、三产业的支撑，村集体收入微乎其微，村民仍靠家门口的"补丁田"吃饭。作为典型"脏、乱、差"的北塘村，要摘掉"贫困"这顶帽子，就必须摆脱"等、靠、要"的依赖思想，选择以"典型引路"的能人带头模式，发挥先富带后富对经济发展积极的牵动效应。

　　2008年，在外事业有成的苏德生接受家乡人的力邀回村担任村主任（2011 年至今为村书记、村主任"一肩挑"），累计斥资 1.8 亿元，带领村民大力探索"头雁领航、产村融合"发展模式，合力推进项目谋划落地，先带动原北塘村的腾飞，又合并发展了邺岙村。北塘村从整治村庄环境、种植特色作物，到建设 1300 亩"花果飘香"田园综合体、推行"五金一险"惠民政策，形成"种植+展销+教育+观光旅游+餐饮"的新型产业链模式，既搞活了乡村经济，又在一定程度上保障了农民的根本权益，打造了党建引领强村、实现先富带后富的"北塘样板"。

一 北塘村先富带后富的发展历程

北塘村容村貌"从脏到美"，村民"从穷到富"，产业"从无到有"，并不是单一靠政府扶持的，而大多是依赖苏德生的慈善资本注入，以"整治人居环境、推进土地流转、发展现代农业"三部曲发展本村、带动邺岙村，实现强村富民。

（一）第一阶段："头雁领航"，先富村市场行为嵌入

1. 主要做法

（1）坚持不懈抓村庄环境整治

2008 年，考虑到村集体资金薄弱的问题，苏德生斥

资 4000 万元，以一己之力承担了村内基础设施的所有建设，发动全员开展全域治水和环境综合整治。一是平整竹林，整合宅基地，打通断头路，实现村庄内道路纵横通畅；拓宽村庄主干道，8 米多宽的村庄主干道连接国道线，交通便利，致富信息交流逐渐增多。二是整治旱厕，修建生态公厕，并赞助每户村民 700 元改建室内卫生间；挖掘排污池，安装分类排污管道，便于村民居住生活，避免河道被污染。三是实施河道清淤、生态修复，不但给予地下水补给，还赋予村庄灵动之气。四是完善基础设施，修建桥梁，安装路灯；实施绿化提升工程，种植花草树木，构建景色优美游憩场所。

（2）千方百计促市场理念形成

就业是富民之本，创业是富民之源。苏德生提出，美丽乡村建设要有产业支撑，北塘没有资源，就要创造资源；没有产业，就要培育新业态，且做好做精品牌建设。但这被当时很多村民和村干部认为"太超前"。考虑到一贯从事传统小农经济的村民没有市场经营理念，苏德生一拍桌子，"我出钱，带他们出去考察！"村里 50 多人赴四川成都、江苏华西、山东寿光、宁波滕头等地考察。村民们被大超市里的大蒜标价"5 元"惊得傻了眼。"有品牌有渠道，5 毛的大蒜就能卖 5 块"，巨大的反差刺激着北塘人。边考察边被灌输，村干部和村民在思索和讨论中，想法有了沉淀，品牌理念渐渐形成，也有了大干一场的想法。

（3）一心一意谋绿色产业发展

2009年5月，北塘果蔬专业合作社成立。在镇政府、村两委的努力下，北塘流转了本村和附近邺岙村、清南村村民共1000余亩土地，入股北塘果蔬专业合作社。苏德生聘请浙江省农科院专家全程指导，制定草莓安全生产管理制度与技术规程，统一苗种、种植技术、收购销售，并承诺"赚了归大家，赔了算自己"。他出资2000多万元建现代化大棚，规范农资贮藏室、农残检测室、产品分级整理场地，打造北塘果蔬专业合作社综合服务中心，提供农资供应、农技咨询、生产性服务、农产品销售、农民素质培训、农村电子商务、农业废弃包装物回收等服务，引导农民科学种田，加大农业内部产品结构调整力度，促进绿色农业、环保农业发展。2010年3~5月，"丰香"草莓种植成功，市面售价50元/斤；2011年12月，"丰香"草莓通过了国家无公害农产品认证（证书编号WGH-11-15736，延续认证）；2013年6月，北塘实施国家级星火计划项目（红颊草莓栽培技术）。北塘草莓品种更精、质量更佳，其品种"越心""红颊"多次在中国草莓文化节的精品草莓擂台赛上夺得金奖，北塘村因此成了温州市家喻户晓的"草莓村"。

（4）多种渠道筹划综合农业发展

2013年底，苏德生委托浙江大学设计"北塘村现代都市农业园区概念规划"。在苏州旺山、张家港永联村等地考察的基础上，北塘村推广种植火龙果、猕猴桃、葡萄、枇杷等。2015 年，集观光、采摘、农家乐于一体的现代农业示范园区成立，2018 年北塘村现代农业观光园区的花卉种植基地竣工，步行栈道两侧，薰衣草、马鞭草、虞美人、满天星等花卉栽植于蓬松沃土之上，为北塘的未来播下新一批梦想之种。在村党委书记苏德生的带领下，北塘村用了 10 年时间，从一个普通农村转变成条件优越的示范村，逐渐形成了"市场+合作社+基地农户"的产业格局。

2. 成效

在苏德生的带领下，原北塘村的村容村貌发生了巨大的变化，6 个自然村共新建或拓宽道路 30 多条，共计 10000 多米，新建 7 个生态公厕、10 个排污池，河道驳坎 5000 多米，新建 6 座桥梁，全村道路安装了路灯，实施了大面积的绿化工程，新农村建设走在了乐清前列。

砍竹、修路、清淤、种树……在改善生活环境的同时，村民们也获取了一定的劳动报酬。北塘种植大户数量多、收入丰厚，至 2019 年，草莓等水果种植带动 300 多户农民参与，村民每亩净收入达到 1 万~2 万元，与合作社成立前相比，农民年收入均增长 2~4 倍。洪某，老实，没文化，仅靠儿子打工补贴家用，2009 年他一条心跟着学习种草莓，10 年来，他翻建了新房屋，手头还有几十万元存款，笑称"种地种出金疙瘩"。

经过十年的发展，2019年，北塘村集体经济收入从原来不到10万元变成现在的550万元，农村居民人均可支配收入从2008年的1.1万元增加到5.2万元（见表1），在一定程度上改变了城乡经济发展不平衡问题。

表1　北塘村居民人均可支配收入情况

单位：元

年份	北塘村	乐清市	
	农村居民人均可支配收入	农村居民人均可支配收入	城镇居民人均可支配收入
2008	11000	11489	25257
2019	52000	35478	64442

资料来源：《乐清年鉴》及调研资料整理。

（二）第二阶段："产村融合"，强弱村集体共识价值形成

郯岙村紧挨北塘村，因村两委两名党员干部以权谋私，村治无序，导致村内基础设施建设落后、农业生产效能低下、总体发展滞后。在乐清市村（社）优化调整中，2019年4月清江镇北塘村和清江镇郯岙村合并成为新的北塘村。新北塘村党委书记苏德生从组织融合、产业融合、文化融合等入手，有效整合优势资源、拓展发展空间、凝聚发展合力，狠抓环境整治和村庄建设，勾画规模更大、资源配置更优、力量更强的未来村庄发展蓝图。

1. 主要做法

（1）优设置，促进新村组织融合

原北塘村有3个党支部，邺峇村党支部有党员22名，各党支部家族化严重，且年龄、能力分组不均衡。因此，北塘村党委在组织设置上打破地域界限，将所有党员根据直系亲属关系、男女比例、年龄结构、职业差异、文化程度、外出党员数量等特点进行交叉组合，设置4个党支部，选好支部带头人（见图1）。这种组织融合，让邺峇片区的党员迅速融入新村党委，且优化各支部的组织设置，既解决了党员发展的家族化问题，又促进了农村党员队伍的结构合理化，实现了农村基层组织的决策民主化，快速推进了新村建设和发展。

图1 北塘村党委设置

（2）抓整治，促进新村环境融合

根据"新村蝶变"计划，新村两委从邺峇片区村居生态环境改造入手，计划投入3000万元，三年内拓宽道路 2.7 万平方米，绿化率达 98%，彻底改善了村容村貌。新北塘村全面开展党员带头大行动，以党员带全员，截至 2021 年上半年，新村已组织人员 38 次完成拆违 1430 余处 3 万余平方米，清理垃圾 360 车；打通断头路 42 条，新建桥梁 13 座，道路拓宽计划已完成 95%；安装了污水管道和通信设施等，绿化面积达 758 亩，绿化率已超过 93%，大大提升了整体村庄品质。苏德生加大对农村基础设施建设的投入力度，通过修建公路、改水改厕、河道疏浚、网络连接、环境整治等工程，解决农民迫切需要解决的问题，改善农民的生产生活方式，提升幸福感。

（3）融"三资"，促进新村产业提升

2019 年新村融合后，通过流转 210 亩新村土地，新北塘村逐一完成了"三资"融合。在此基础上，多元开发花卉基地、农耕文化、科普研学、休闲游乐项目，打造 1300 亩"花果飘香"田园综合体，实现农村土地规模化、集约化经营。借 2020 年全面建成小康社会之年的东风，北塘村获乐清市政府支持，立项发展多种"输血"项目，开发商住综合体、农耕文化博览园、儿童游乐中心，形成"种植+展销+教育+观光旅游+餐饮"的新型产业链模式，成为"全国农村改革试验区现场会考察点"，进一步推动乡村旅游经济发展。

（4）搞活动，促进新村人心凝聚

为了促进新村村民快速融合，北塘村党委各支部从自身做起，开展"一个新村暖心活动"，如新村党员集体学习活动、邻里和谐民俗活动、原村干部交叉走访、"红色星期天"等一系列为民惠民活动。为了改善农民文化生活，新北塘村整合各级优势资源，村两委利用各种节庆、民族传统节日，积极传承民间表演艺术和民俗活动，如汉服秀、太极拳表演、闹元宵活动，以古老的习俗传承爱国爱民的深厚底蕴。为深化农民对共富的理解、认知和认同，文化志愿者创作一批贴近农民生活、群众喜闻乐见的文化作品，用"乐清民谣""乐清戏曲"等形式演绎新时代优秀故事，增强乡村文化吸引力和引导力。

2. 成效

邺岙村融入北塘村后，仅一年多的时间，村民同等享受公共基础设施、种植承包权、"五金一险"等，生活"如坐火箭，嗖嗖往上蹿！"邺岙片区老村民黄某感慨，"我们以前看到隔壁村的新生活，那叫一个眼红！想不到临老了，我还能靠打临时工赚点小钱，领到村里发的养老金和医疗保险金！"

两个村融合后，在先富村的引领下，秉承"1+1>2"的发展理念，以土地流转为抓手，一系列大刀阔斧的改革使北塘村庄繁荣、村民变富。修驳坎、造大道、建公园、设亭廊……提升人居环境品质，为北塘腾飞奠定了硬件基础；从单纯的农业种植到多元发展的"三产"融合，实现了"补丁田"到"聚宝盆"的转变，也逐渐完成了从

"输血式"发展向"造血式"发展的跨越。北塘村先后荣获"全国农村改革试验区""国家级绿色村庄""浙江省美丽乡村特色精品村""浙江森林村庄""温州市先进基层党组织""温州市十大最美村庄"等诸多荣誉，是全面建成小康社会的生动写照。

二　北塘村先富带后富的内在机理

（一）"引血造血"，做大村集体经济"蛋糕"

让造血更持续健康，归根到底是要摆脱过去原始生产生活的束缚，提升产业的价值，实现由"输血式"向"造血式"转变。北塘村通过先富带后富，引入慈善资本，用"引血""造血"这套组合拳，打造乡村振兴战略的产业链，源源不断地为振兴乡村提供内生活力。

1.引血有力，慈善资本进村

在北塘村的项目推进过程中，苏德生至今已累计捐助1.8亿元，用于农，用于村，用于民。一是捐资提升村居环境。从2008年的新农村建设到2016年的垃圾分类、2018年的全域性环境整治，再到2019年的村庄蝶变计划，苏德生斥资7000万元左右，实现了村容村貌的华丽蜕变。二是无偿开拓"造血"渠道。2009年苏德生出资2000多万元为北塘发展"输血"，引导村民外出考察、建现代化大棚、建设果蔬专业合作社综合服务中心、打造培训平台等；2019 年先后投入 4000 多万元，整合新村生态资源优势，吸引乡贤回归发展高效农业园区，并打造乡村旅游新模式。苏德生说，一旦停止"输血"，合作社运行、绿化维护、河道保洁等许多工作都将难以为继，唯有具备造血功能，才能真正实现可持续发展、强村富民。三是资助反哺民本民生。苏德生认为自己富了要记得感恩，他每年捐助 400 万元注入合作社，用于村里的民生实事支出，如养老金、医疗保险金等；2021 年借给北塘村 2 亿元建设商住综合体，让村民住上集聚房，能更多更好地共享改革发展成果。

2. 造血持续，村社产业壮大

乡村振兴，既要输血，更要造血，这样才能促进农村的可持续发展。一是要改善环境，夯实造血基础。依托项目资源改善农村道路、交通、水利、体育保健等基础设施，将规划设计、政策支持、市场监管、法治保障等职能落实到位，不断改善乡村发展环境，为进一步激发乡村内在动能打下坚实基础。北塘村的花卉基地、果蔬基地吸引了大量游客，温州、温岭、台州等地自驾游、团队游的客人络绎不绝。尤其是春季、秋季的周末，北塘乡村旅游火爆，每天游玩人数达 1 万多人，经济收益辐射周边各村。二是要因村施策，找准造血路径。根据村情村况采取不同的发展策略，推进"一村一品"产业发展。如土地禀赋较佳的北塘村，可以选择特色农业产业化经营模式，发展一二三产业融合的农旅融合产业；在土地禀赋差的落后山区，利用森林和林地资源，要无中生有，拓展生态旅游新业态，如龙西的康养基地；在经济发达乡镇周边的村，可以引导以工业特色为发展主线，积极承担产业链分工，如柳市苏吕小微园。三是要打造品牌产业，增强造血功能。引入农业产业化龙头企业或注入慈善资本，通过经营权流转集中较大面积的土地，实现土地要素和资本要素的高度整合，突出品牌效应。北塘以草莓、火龙果、葡萄为代表的农产品逐步跻身旅游市场，极大地增加了农民收入，调动了农民积极性。商住综合体、农耕文化博览园的开发，进一步带动了北塘的产业化发展，届时村民的收入将持续增长。这样既避免出现小打小闹、单一复制等不尊重经济发展规律的现象，又能发挥区域优势、传统优势，提升市场综合竞争力。

3.村社一体，实现共建共享共赢

北塘村两委领办专业合作社，实现土地流转率高达95%，以"三共"机制推进"村社一体"发展模式，助推村级各项事业发展。一是村社组织共建。按照"一村一社，村社一体"的思路，推行村两委和专业合作社"一套班子人马"。党支部全体党员和合作社技术骨干与所有农户结成"1+N"帮扶对子，分享种植经验，解决技术难题。同时，北塘村搭建农村电商发展平台，健全农村电商服务网络，完善农村电商（网店）登记管理体系，大力发展农村电子商务，实现村级集体经济发展与农民创新创业双增收。二是资源整合共享。秉承"1+1>2"的发展理念，按照资源相似、产业相近、地域相连等特点，前后流转 1300 亩土地，整合土地、资金、劳力、技术、产销等资源，按照"土地你来种、果蔬我来收"的联动发展规则，形成育苗、种植、销售"一条龙"经营模式，并辐射带动清江、南塘等周边村庄共 500 多农户受益，以产业融合走出乡村振兴新路径。三是民生人心共赢。通过合作社与村党组织互促共赢，助推村级各项事业发展。随着"五金一险"的推行、农房集聚区的建设，合作社与村党组织在一定程度上保障了村民的切实利益。

（二）公平公正，分好村集体经济"蛋糕"

北塘村在实现村级集体经济总量增长的同时，多措并举管好分好集体经济"蛋糕"，保障群众利益。

1. 建立分配机制，释放最大民生温度

村庄要发展，作为主体之一的农民就要发挥自主性、积极性，根本是要让他们成为既得利益者。2009 年土地流转后，为保障失地农民的切身利益，村两委研究决定推行"五金"保障措施，即租金、股金、薪金、养老金、保底金。租金，果蔬专业合作社每年支付农户土地租金，按一亩 400 斤稻谷（每百斤 170 元），每年递增 50 元；股

金，村股份经济合作社以土地入股的形式占果蔬专业合作社30%股份；薪金，农户在农业园区参与劳动取得薪金；养老金，60岁以上老人每月每人发放300元养老金；保底金，果蔬专业合作社每年为村集体提供日常运行保底金不低于100万元（投入基础设施建设资金之外）。2015年，北塘村再次推行为全体村民投保新型农村医疗保险的举措，村民每人每年投保430元，并跟随国家政策相应提升。租金、股金、养老金、医疗保险为流转土地后的村民提供了实质性保障，此外村民依靠付出劳动而获取收入。除合作社固定员工外，种植户按"自己经营、自己服务"制度以承包栽种水果、蔬菜的方式，获得相对可观的营业分成；一部分未参与经营的村民通过零工种植花卉、采摘水果等方式，获取相应的劳动报酬，大幅提升了村民可支配性收入。"五金一险"不仅稳住了村民的"饭碗"，还使村民有了盈利分红，增强了村民的幸福感、获得感和安全感。

2. 谋划多方举措，提升村民民生品质

条件变好了，生活富足了，村民对生活的需求由原先单纯的"生存需求"发展为现在更高层次的"品质追求"，对生活的态度也由"将就"升级为"讲究"。一是强化农村"三资"管理，在清产核资、摸清集体"家底"的基础上，建立市、镇、村三级联网的农村"三资"管理信息系统，实现了农村"三资"管理的组织网络化、资产明晰化、监督信息化和运行阳光化，让村民吃下定心丸。二是"大处"着眼，提升村民居住品质。2021年启动商住综合体项目，在现代化农贸市场的基础上建设13万平方米的农房集聚区，让村民从农村逐渐向城市靠拢。宽阔的道路、林立的楼房、综合体、社区服务中心等一应俱全，村民不出村就能享受越来越多的便利。三是从"小处"着手，完善村民生活环境，每年村集体及合作社都会预留部分资金，进行村内公共设施的维护与新建，提高村民共享乡村发展成果的水平。只有谋好与群众生活息息相关的一桩桩"小事"，才能成就提升城乡品质、增进民生福祉这样的"大事"。

3. 完善监管机制，提高民生服务能力

为了避免资本的强制性输入导致少数精英成为乡村治理的主导者，必须规范乡政村治，做到公开公正。北塘村制定村规民约，创新"四三一"工作法，确保村级组织行稳致远。一是"三问一听"汇民情。将全村划分为20个网格，由村干部带领党员、村民代表入户听声，问群众生产生活情况，问亟须帮助解决困难情况，问村社发展建议，听群众对村级组织运行的意见，动态掌握群众身边要事、急事、难事。二是"三议一报"解难题。完善"红色议事厅"机制，协商处置民生小事；落实"五议两公开"程序，规范村级重大事项民主决策；创新"村民议和堂"机制，协调解决村内矛盾纠纷。具体事项处置过程和结果报乡镇备案管理。三是"三单一榜"亮业绩。制定完善村级"履职干事清单""小微权力清单""履职负面清单",打造干部实绩"晾晒榜",定期公开干部履职情况,倒逼干部干事创业。四是"三督一考"强管理。构建市镇两级垂直监督、村级平行监督、党员群众监督等"全方位"监督约束体系,让村干部在监督下工作、在阳光下干事。实行联村领导、驻村干部、"一肩挑"干部实绩捆绑考评,形成齐心破难、合力攻坚的干事氛围。

(三)党建引领,激发内在活力

北塘村发展的核心在于把党组织作为村庄建设的"主心骨",以苏德生为首的村党委团结实干、锐意创新、为民办事,充分发挥了农村基层党组织的引领作用。

1. 乡贤回归,发挥"领头羊"作用

"头雁领航、产村融合"是北塘村的发展模式,这只"头雁"便是"倒贴书记"苏德生。为了北塘的发展,他利用自身的才能和资源通过作出贡献和施加影响在维护村庄秩序、调配公共资源、管理公共事务等日常生活和管理方面发挥着重要作用。

苏德生不仅有情怀,还有很强的领导力和组织力。他不蛮干乱干,而是以科学技术为支撑,进行合理规划,然后在摸索中一步步推行。土地流转、特色产业的发展、垃圾分类等,在苏德生的促成下都走在乐清的前列。他认为党员干部有强执行力就是有强战斗力，且这是村庄发展的根本。新村融合换届后，苏德生带着党员干部第一时间开展走访活动，挨家挨户走一遍，对郫岙片342户群众走访全覆盖，梳理吸取有效意见建议31条，果断作出共建决策，并要求全体党员干部"一起活动"，带头拆、带头修、带头建，在活动热潮中村民也从"坐着看"转为"跟着干"。村民傅某说，"尽管拆迁和土地流转中难免有异议，但看着北塘一步步靠近梦想，没人不服这个有思路、有能力也讲情义的苏书记"。

2. 完善组织架构，着力加强队伍建设

（1）切实加强农村基层党组织自身建设，创新完善农村基层党组织设置，充分发挥基层党组织、党员在经济社会发展中的战斗堡垒作用和先锋模范作用。北塘村破除村域分割、系统管辖等壁垒，由村基层党委领航，在村委会、经合社、村监会、社监会的正常运行过程中，充分发挥红色议事团、群团联盟、园区建设人才队伍、股东代表、村民代表等的作用；教育引导村级各种组织及团队自觉服从党的领导，支持它们依法依规行使职权，沿着正确的方向健康发展，真正做到"一核心一团队""一布局一规划""一本账一条心"。

（2）建立人才队伍建设机制，破解农村基层党组织人才匮乏、老龄化问题较为突出这一问题。在产业发展、乡村治理等工作一线能识才辨才，让更多"田秀才""土专家""新农人"人尽其才。加大政策倾斜力度,进一步完善退伍军人、大学生到农村就业优惠政策,优化乡土人才队伍的年龄结构和知识结构,推动"专业人才到专业岗位""专业人才干专业事业",让愿意留在乡村、建设家乡的人留得安心,让愿意上山下乡、回报乡村的人更有信心,从而激励更多人才在农村广阔天地大施所能、大展才华、大显身手。

(3)健全党组织领导的村民自治机制,增强村民自治组织能力。完善村民(代表)会议制度,拓展村民参与村级公共事务平台,如加强村规民约建设、健全乡村矛盾纠纷调处化解机制,充分发挥村民委员会、群防群治力量在公共事务和公益事业办理、民间纠纷调解、治安维护协助、社情民意通达等方面的作用,做到"小事不出村,大事不出乡"。

3. 优化服务机制,体现为民宗旨

要发挥广大农村地区党员干部的表率作用和引领作用,就要给予他们一个良好廉洁的环境。只有把权力摆放在"阳光"下,党员干部才能切实把"服务员"这一职责担起来、做到位。

(1)设置责任清单,健全考核评价机制。不管是关系到村庄发展的重大事项,还是一些微小的民生实事,北塘村根据村庄发展的具体内容、目标措施、完成时限制定好清单,做到任务落实到人、责任追究到人。坚持"党

员干部无特权"，在村庄建设推进过程中，村里建设项目
多，北塘党委要求党员干部及亲属坚决不得插手村里的工
程项目，做到清白做人、公正做事。同时，以市、镇
（乡）、村三级党组织联动机制为中心，以述职评议考核
为抓手，分别从对上、对下两个层面进行有效测评，做到
实时对基层农村干部的执行力和干事创业能力进行评价
管理。

（2）畅通党群沟通渠道，建立农民信息联通机制。
把农民的信息、意见、建议及时反映上去，使农民的意愿
与组织决策无缝对接，政府形成决策，农村基层党组织提
供服务，实现了下情上达、上情下达、信息互通。这样，
农民就成为乡村治理的主体，围绕"乡土"做文章、下
气力，既是参与者又是监督者，走出一条富起来、乐起来
的发展新路子。

（3）创新载体，搭建培训平台。兴办农业学校、农
村图书室、农村休闲室等文化新载体，迅速提升思想境
界，以求在价值认同上使自身的价值核心与社会发展和政
策推行达到一致。提升农民的科学务农技术水平、科学管
理才能等，丰富农民的科学营销手段，引导农民应对突变
情况和困难境遇时有真招实招，主导农村生产体系向专业
化分工发展，融入乡村发展进程。

红色领航：绘就少数民族乡村共富新图景

陈　常　刘春华　吴明明　姚林娇[*]

摘　要： 少数民族乡村基层党建较为薄弱，经济发展缺少特色产业，民族特有文化认同感弱化，基本公共服务支撑不足等，是各地在推进少数民族乡村振兴过程中所面临的一些"老大难"问题。近年来，平阳县积极创建民族乡村振兴示范带，充分发挥党委政府领导核心作用，通过提升全域环境、发展特色产业、打造民族风情、创新社会治理，奋力打造民族乡村共同富裕的"重要窗口"。并形成了一些好的经验和做法，如发挥党建引领的核心作

---

* 陈常，中共温州市委党校平阳分校高级讲师，研究方向为区域经济、乡村振兴；刘春华，中共温州市委党校平阳分校讲师，研究方向为乡村振兴；吴明明，中共温州市委党校平阳分校讲师，研究方向为地方经济、财政理论与政策；姚林娇，中共温州市委党校平阳分校会计师，研究方向为财务管理。

用，因地制宜选对产业，突出民族特色文化，共建共富帮
扶机制等。

关键词： 红色领航　民族乡村　共同富裕　示范带

前　言

　　共同富裕是社会主义的本质要求，也是人民群众的共
同期盼。2021 年，习近平总书记在中央民族工作会议上
强调"支持各民族发展经济、改善民生，实现共同发展、
共同富裕"；浙江省政府发布的《浙江高质量发展建设共
同富裕示范区实施方案（2021—2025 年）》中也提出
"全面推进少数民族地区乡村振兴"①。近年来，各地在推
进少数民族乡村振兴的过程中虽然取得了一定成效，但仍
然面临一些"老大难"问题，如民族乡村基层党建较为
薄弱，经济发展缺少特色产业，民族特有文化认同感弱
化，基本公共服务支撑不足等。当前来看，民族乡村的发
展滞后既不利于经济社会的和谐稳定，也不利于共同富裕
目标的实现。

────────

①　中共浙江省委、浙江省人民政府：《浙江高质量发展建设共同富裕
　　示范区实施方案（2021—2025 年）》，《浙江日报》2021 年 7 月
　　19 日。

习近平总书记指出："加强和完善党的全面领导，是做好新时代党的民族工作的根本政治保证。"① 这一重要论述对于新时代民族工作的发展指明了方向，也为党建引领民族乡村共同富裕提出了明确要求。平阳县是浙江省、温州市少数民族工作重点县之一，全县有 1 个少数民族乡和 12 个少数民族村，少数民族常住人口有 2 万多人。近年来，平阳县积极创建民族乡村振兴示范带，充分发挥党委政府领导核心作用，团结凝聚各方力量，扎实推进民族乡村振兴，奋力打造民族乡村共同富裕的平阳样板。2020年，全县 12 个少数民族村平均经营性收入超过 30 万元，农村居民人均可支配收入 26394 元，同比增长 12.1%，增速连续 5 年超过县平均水平②。2021 年，平阳县人民政府更是成功获评省级民族团结进步创建重点培育单位，成为全省唯一"整县创建"的县（市、区）。

青街畲族乡于 1984 年成立，位于平阳县西南部山区，是平阳县唯一的少数民族乡，享有"竹海畲乡、水墨青街"美誉。境内由山、水、竹、古树、名木构成自然景观风貌；由古街、古屋、古廊桥、古汀步构成乡村聚落风貌；由畲族民俗风情构成人文景观风貌。全乡总面积21.63 平方公里，下辖 9 个行政村，总人口 10018 人，少

① 《习近平出席中央民族工作会议并发表重要讲话》，中国政府网，2021 年 8 月 28 日。
② 《精准聚焦 团结奋斗——平阳县打造民族乡村共同富裕新标杆》，温州市民族宗教事务局网，2021 年 11 月 1 日。

数民族人口约占总人口的 24%。全乡有毛竹林 1.2 万多亩、毛竹 100 多万株，一直以来毛竹都是当地农民主要的经济来源。但近年来，该乡党委政府紧扣"畲乡""古村落""生态"三大资源优势，开展畲乡竹海乡村振兴示范带建设，发展特色产业，推进共同富裕，2020 年青街畲族乡农村人均可支配收入位列全省民族乡镇第二。随着民族乡村振兴示范带建设的不断推进，"民族风情"的九岱村、"特色美宿"的王神洞村、"蔬果飘香"的睦源村等一个又一个青街畲族乡下辖民族村完成美丽蜕变，绘就了一幅产业兴、生态美、百姓富的新图景。

一 共富探路：打造少数民族乡村振兴 "重要窗口"

在民族乡村共同富裕的实践探索中，青街畲族乡党委通过加强和完善党对民族乡村振兴的全面领导，提升全域环境，发展特色产业，打造民族风情，创新社会治理，立足实际、因地制宜制定该乡党建引领民族乡村共同富裕的具体路线，进行了民族乡村振兴示范带建设的有益探索。

（一）提升全域环境：最美畲乡初显雏形

2017 年是平阳县小城镇环境综合整治的开局之年。自 2017 年以来，青街畲族乡党委政府以开展全域环境整治提升攻坚行动为抓手，修订了全域环境考核办法，建立"三个一"清单，激励全乡党员干部主动担当作为。南朱山民族村位于青街畲族乡东南部山区，总面积2.7平方公里，全村共有175户695人，党员22人。此前，村里路边荒地堆满垃圾、杂物，简易棚乱搭的场景随处可见，自连续两个季度被乡里列入"最脏村"后，该村党支部痛定思痛，开始响应乡里全域环境提升的号召，召开村两委会议，集中商讨并解决工作难题。依托主题党日、志愿者活动日开展环境大整治，开展宣传活动提高村民的思想觉悟，发动村民开展环境整治大提升行动来美化家园。鼓励村民自觉拆除乱搭乱建、清理房前屋后尘积，改变村民陋习。对凌乱的农家小菜园进行改造，以竹篱笆为材料建成各种特色的"一米田园"；房前屋后变得干净整洁，路边的垃圾清理掉了，铺上了草坪、种了上树，变成一道道亮丽的风景线。

南朱山民族村的变化只是青街畲族乡全域环境提升的一个缩影，此外青街溪的变化也有目共睹：溪有净水，水质常年稳定在Ⅱ类；岸有绿意，两岸有原生态的自然溪滩，更有景观亲水式复式结构的堤防。漫步在春日的阳光里，虽在乡间，如入画中，这样的魅力图景是青街溪水岸同治的一个成果。青街溪是鳌江水系主要支流之一，发源于白云山东麓，源头在杨家山，流经青街畲族乡南朱山村、青街村、太申村、睦源村、垟心村，流入南雁镇境内的周岙垟仔尾与顺溪汇合，流长 10.03 公里，流域面积 31.39 平方公里。在这里，历届青街畲族乡党委政府"双管齐下"，实施水利工程建设和水环境综合治理，修建太申村防洪堤，修建睦源、垟心村防洪堤，建设太申、青街、睦源堰坝；启动水环境综合整治，全面开展水面垃圾清理、生态修复、污水治理等环境综合整治，规范管理 26 公里河道溪流。

自 2017 年全域环境整治提升攻坚行动开展以来，该乡全面实现农村生活污水治理全覆盖，有序推动美丽田园、美丽乡村建设，拆除各类违法建筑 6.45 万平方米，打造随路沿溪、绿意盎然的美丽景观带，创成文明示范路段 11 条、文明示范培育路段 11 条。高效推动绿水青山向金山银山转化，倾力打造生态名片，连续获得国家级卫生乡、省级美丽宜居示范乡、省级美丽乡村示范乡等荣誉称号，其中乡下辖的王神洞民族村创成国家级生态文化基地，九岱民族村、王神洞民族村创成国家级森林乡村，青街溪创成省级美丽河湖。

（二）发展特色产业：引导村民增收致富

近年来，在实现全域环境有效提升后，从 2019 年开始，青街畲族乡党委政府依托绿色山水生态资源，做活水文章，坚持走"生态优先、文化惠民、绿色富民"发展之路，推动畲乡文化和水文化交融，为村民带来经济收入。利用秀美山水的独特资源，建设夜间景观灯光工程，将沿溪错落有致的亭台楼榭和廊桥、汀步、古宅都装扮一新，同时制订"青街畲族乡夜间临时摊贩管理办法"等城镇管理制度，大力发展"月光经济"。夜间景观灯光工程总投资600余万元，分两期建设，其中一期项目投入297万元并已完成。

为进一步强化夜间景观灯光工程效果，延长游客消费时间，该乡党委政府还在青街溪附近定期推出"牛踏路"、抬花轿、拦路对歌、送宝塔茶、揭红盖头等一系列民俗活动，让畲族传统婚俗表演成为"月光经济"的组成部分。自沿溪景观亮化工程投用后，旅游旺季日均游客量达2000人，周末达5000人以上，尤其"五一"假期每天可吸引游客近万人次，有力地带动了相关产业发展。目前，乡"月光经济"相关营业额日均超过15万元，同比增长150多倍；餐饮业由原来的3家发展到现在的11家，民宿由2家增加到6家，沿街店面租金也随之水涨船高。如今，一到夜晚，青街溪边彩灯闪烁、波光粼粼，游客云集，游客们一边品尝清明果、酒糟笋等特色美食，一边欣赏着美丽夜景。青街车站附近的方潘酒家负责人说，他现在每天都要接待至少9桌游客，而在以前每天只有3桌。

还有一些游客选择下午在农家乐、民宿吃饭，晚上游玩青街溪、欣赏畲乡夜间景观灯光工程，间接带动了乡里农户的春笋销量。仅每年 4 月初这几天，村民每天晚上能卖出 750 多公斤竹笋。笋干之类的当地特色农产品销售量和价格也有大幅增长，村民们通过在打卡点摆夜市，出售清明果、鲜笋、酒糟笋等特产，增加了收入。该乡相关负责人说："随着游客不断增多，夜间景观灯光工程附近成了网红打卡点，还带动了东坑溪漂流的发展，为农村闲散劳动力创造就业机会。"乡里将网红打卡点、东坑溪漂流、美丽田园竹海畲乡样板区块串点成线，谋划了一条两日游线路，打造全域旅游新格局，进一步提升当地农家乐、民宿人气，带动乡农特产品的销量，助力畲乡民众增收致富。

（三）打造民族风情：畲乡品牌不断打响

从 2019 年起，青街畲族乡党委政府以省级畲族文化名片"竹海畲乡、水墨青街"为定位，坚持项目为王，助推民族乡村振兴示范带建设。根据"青街畲乡竹海乡村振兴示范带创建方案"，民族乡村振兴示范带起点垟心村、终点青街村，全长约 16 公里，串联青街村、王神洞村、九岱村、睦源村、垟心村 5 个村，总投入 2.02 亿元。谋划青街省级旅游风情小镇、省级非遗漆器传承标准化生产基地项目、睦源龙脚潭生态园、九岱民族风情园、王神洞畲族特色村寨、十五亩美丽乡村样板村、青街畲乡特色"竹乡民宿"等 7 个亮点项目。

目前，省级非遗漆器传承标准化生产基地提升一期完成厂房外立面改造；九岱民族风情园的桃花谷及观光步道、九岱民族村环山塘游步道及沿线绿化带完成建设；王神洞民族村"凤翔竹径"游步道、旅游公厕、畲族精品民宿一期及配套设施完成建设；青街畲乡特色"竹乡民宿"项目一期民宿、停车场基础设施完成建设……随着产业的不断发展壮大，游客不仅可以在"三月三"来青街畲族乡体验民俗风情，也可以随时来体验畲族歌舞、住畲乡民宿、吃畲家美食。该乡相关负责人介绍说，他们围绕"畲风、畲味、畲情"，打造集吃、住、行、娱、乐、购于一体的特色青街畲乡旅游商业综合体，从锦绣"畲"华有的看、创意"畲"想有的玩、百味"畲"香有的吃三方面入手，深度挖掘民族特色文化，把古法冶陶工艺与现代产业模型相融合，设立漆器陶艺制作中心，以冶陶体验、乡村休闲、畲族风情等多角度、全方位地彰显畲乡特色文化魅力。

坚持畲族韵味，还原诗画畲乡"生活场"。沿着山塘游步道徐徐前行，从九岱民族村村口一直蜿蜒至山顶的民族文化广场，群山掩映下的畲乡村落尽收眼底。"我们围绕着山塘，都种上了桃花，在这里打造花海景观，等每年开花时，这里会变得更美。"九岱民族村党委书记钟炳斌介绍。除了以桃花谷为代表的花卉观赏区外，九岱民族风情园还将九岱民族村文化和特色区域观光作为规划始源，通过规模性景观整治、绿道休闲景观融入，再加上滨水景观环线和山间游步观光环线，形成了旅游核心竞争力与旅游特色品牌形象。届时，由民宿区、滨水区、桃花林区、栀子花区、杨梅区等组成的九岱民族风情园，将吸引更多游客的目光。"九岱民族风情园的核心是畲族文化，以生活化呈现以及互动项目的体验，让游客有看头、有玩头、有说头。"该乡相关负责人介绍。

坚持农旅畲结合，推动产业振兴。该乡党委政府让民族乡村振兴示范带上的每个村都能因地制宜，打造特色韵味；都能通过特色产业培育，让游客驻足；都能通过产业发展，让村民增产增收。为了推动产业振兴，青街畲乡竹海乡村振兴示范带建设主要以畲族文化"铸魂"，以特色产业"塑形"，推动示范带内村级集体经济发展和农户就业增收。该乡党委政府引导睦源村通过种植覆盆子、白枇杷等经济作物，完成农产品展示中心建设；助力十五亩村通过建设"三位一体"改革示范点，实现经济创收，并通过"一事一议"项目建成十五亩村新桥至内龙井瀑布滨水游步道，发展旅游产业；推动青街村通过新建具有竹乡特色的仿古民宿，进一步提升旅游品质，促进当地农民增收致富。

（四）创新社会治理：群众生活更加幸福

自 2020 年以来，青街畲族乡党委政府传承和发扬

"枫桥经验"精神，加强对乡贤组织的建立与管理，注重发挥社会力量参与基层治理工作，建立"社会力量代理人"机制，在平安建设和矛盾化解中起到积极作用。该方式主要是通过政府购买、聘请相应社会力量人员参与到基层社会治理和矛盾化解工作当中，实行调解"五步闭环法"和"一单式"制度，基层出现的问题全程由第三方社会力量凭"流程单"受托办理诉求事项，为群众提供综合性诉求公益服务，包括政策法律的咨询与解析、心理疏导、沟通救济等。该乡党委政府还建立了"以畲调畲，互联互动"的少数民族议事调事机制，助力各类矛盾纠纷的调和，发挥乡贤文化在基层社会治理中的作用。该乡自 2020 年成立"畲情调解室"以来，调解室成员献计献策，调解 5 起历史遗留问题，为畲乡的平安建设起到积极作用。

"我们把提高、保障和改善少数民族民生水平作为出发点和落脚点，处处回应大家对美好生活的新向往，提升民生福祉就要在病有所医、学有所教、住有所居等方面帮扶。"县民宗局相关负责人说。2020 年依托数字化改革，县民宗局对接县民政局将少数民族救助纳入平台监管，率全国之先打造"码上救"平台，并进一步拓展社会救助"码上督"。县财政每年安排少数民族医疗困难补助经费 20 万元，用于困难少数民族患病户医疗费的补助；每年安排少数民族教育专项资金 30 万元，用于民族地区学校

改善办学条件、少数民族传统文化体育建设以及少数民族
贫困学生生活补助。

近年来，县民宗局还联合相关部门在民族乡村设立
"博爱超市"和新居民"石榴籽"服务站，搭建社会力量
参与民族乡村共同富裕的平台，通过切实可行的激励措
施，对低保户、低保边缘户、特困户进行帮扶，有效提升
了少数民族群众的获得感和幸福感①。一位低保边缘户
说："感谢博爱超市的帮助，现在我每个月都能到超市换
一些生活物品，改善生活。"据了解，困难群众、低保户
村民等在每月领取 50 分积分券的基础上，还可通过参加
社区、村居组织的志愿服务来赚取相应的积分，再凭积分
到超市换取相应价值的物品。以此举促使困难群众自立自
强，真正从精神上立起来、生活上富起来，进一步增强民
族凝聚力。

二 共富密码：红色领航助推少数民族
乡村振兴

对平阳县和青街畲族乡党委政府通过党建引领民族乡
村共同富裕的典型做法进行归纳总结，我们从中可以得出
一些带有规律性的经验启示。

---

① 《平阳："输血"与"造血"并举，让颜值变价值》，浙江省民族
宗教事务委员会网，2021 年 8 月 18 日。

（一）党建引领：发挥作用是核心

推进少数民族乡村振兴必须坚持党建引领，重点抓好基层党组织和党员队伍。首先，要增强基层党组织和党员的使命感、责任感、紧迫感，把实施民族乡村振兴、村民增收作为当前的一件大事来抓，充分调动群众的主观能动性，克服"等、靠、要"思想，切实推动民族乡村共同富裕。如青街畲族乡坚持把党的力量挺在乡村振兴最前沿，在全镇形成了基层党组织和党员苦抓真抓、苦帮真帮、苦干真干的浓厚氛围，有力地推动了该乡"月光经济"发展。因为该乡夜间景观灯光工程建设涉及居民屋檐、外立面等，一开始老百姓还不是很理解，他们认为会对居住有影响，甚至会对房屋质量有影响。在乡党委政府经过多次的研讨以及相关设计部门的严格设计后，夜间景观灯光工程不仅不会影响房屋质量及居住，还能加快民族乡村振兴示范带建设。于是该乡发动党员进村入户，通过支部微信群、流动小喇叭等载体，多渠道、多形式宣传政策，把一户户的疑问解答了。村两委和党员不断努力，渐渐做通了群众的思想工作，如今项目完成了、环境美了、人气旺了，村民的生意也好起来了。其次，民族乡村所在乡镇党委作为责任主体，全力推动民族乡村振兴发展，在政策上给予支持、项目上给予倾斜，指导督促民族乡村干群努力建设美丽乡村。

如青街畲族乡党委不断强化基层党组织建设，将"红色力量"打造成民族乡村振兴的不竭动力。该乡每季度开展基层党建例会，不定期对村级组织规范化建设进行督查、通报，对所有的村进行党建排名、落后的村进行约谈，对村班子严格执行落实村里刚性制度，规范村干部值班以及各村财务党务公开制度。同时，乡党委还将基层党建工作与村里的项目相对接，村建设资金支持力度与党建相挂钩，对党建先进的村项目资金给予倾斜。各村开展"比学赶超"大比拼活动，并将考绩结果作为村两委干部年度绩效考核的重要参考依据，与村干部绩效报酬挂钩。

（二）因地制宜：选对产业是前提

各个少数民族乡村、村民贫困的原因各不相同，想要切实实现民族乡村振兴，提高少数民族村民收入水平，必须要因地制宜、对症下药，选对产业助力民族乡村共同富裕。尤其是要发挥民族乡村优质生态环境和特色文旅资源优势，加快发展生态文化旅游产业，把文旅产业发展成民族乡村的主导产业。近年来，平阳县委县政府在民族乡村振兴示范带的建设上，坚持"一村一品""一村一业"，引导新乡贤发挥作用，助推民族乡村共同富裕。如新联民族村在新乡贤钟维标的带动下，充分发挥平阳黄汤品牌效应，大力发展平阳黄汤茶产业，成功创建"中国黄汤茶博园"3A 级景区，成为名副其实的"中国黄汤第一村"，山村面貌和村民生活都发生了巨变。他创新建立"公司+基地+农户"模式，由子久公司与新联民族村 400 多户茶农签约联营，以高于市场价 30% 的价格收购茶叶；茶农则按照子久公司的要求实行茶园统一绿色、有机技术管理，既增加了茶农收入，又保证了茶叶质量①。如今村里旅游设施不断完善，新联民族村也成了远近闻名的旅游村，吸引了全国各地的游客来游玩，甚至还吸引了外国人，并逐步形成了帐篷民宿、茶艺培训等"茶+文旅"融合发展的新业态。因此，各地党委政府要引导各民族乡村根据自身自然资源、生产条件和产业基础情况，遵循市场规律，发挥新乡贤作用，增强"造血"功能，凭借特色产业走出一条快速致富路。

（三）民族文化：突出特色是关键

各少数民族都有着各自丰富且独特的民族文化，包括以美食文化为代表的民俗习惯，以服饰文化为代表的传统工艺，以歌舞为代表的表演艺术以及各类传统节日。如青街乡党委政府在民族乡村振兴示范带建设中，规划各民族村积极融入畲族元素，全乡各民族村各项工程项目都添加有民族元素符号，打造畲族特色宣传栏，推行重大节庆活

---

① 《乡贤故事丨钟维标：用一片叶子富了一方百姓》，温都网，2019 年 9 月 13 日。

动穿畲服制度，增强全乡上下对畲族文化元素认同感。挖掘传统民俗文化，谋划和推进"三月三"畲族风情旅游文化节等具有民族风味的特色文化活动，完成畲乡"十大碗""十大景"评比，编排婚嫁表演、山哈歌舞、献茶礼等传统民俗活动，畲族风情演出吸引了大量游客观看体验。抓好畲服、彩带、畲歌等非遗项目保护，举办畲族彩带编织培训，培养优秀非遗传承人 11 位。开展民族节庆活动，成功承办温州市首届少数民族运动会，获评温州市民族文化体育示范培育基地，入选 2020 年市重点培育品牌体育赛事名录库。宣传推广民族文化，积极参加浙江省首届民族乡村振兴百村大会堂和首届中国浙江畲族文化创意产品设计展等活动，提高青街畲族乡知名度。发挥国家级少数民族特色村寨、省级民族团结进步示范点的辐射带动作用，助推"畲乡漆器"入选第三批浙江省"优秀非遗商品名单"，少数民族文化品牌得到持续巩固①。此外，平阳县委县政府还高度重视引进高端文创资源与民族乡村合作，如浙江传媒学院为新联民族村进行农特产品的整体文创设计亮相文博会，推进文创与智造相结合，开创文化温州引领新局面。因此，各地党委政府要包容和激发各少数民族文化特色，将各个民族的特色文化融入乡村政治、经济、社会等多个领域中，"润物细无声"地为民族乡村共同富裕发挥作用。

---

① 平阳县民族宗教事务局、温州市经济建设规划院：《平阳县民族团结进步事业发展"十四五"规划》，2021。

（四）帮扶机制：共建共富是责任

少数民族乡村振兴工作事关民生大计，地方党委政府要把结对帮扶工作作为硬任务、硬要求，采取强有力的措施抓好抓实，解决民族乡村迫切需要解决的现实问题。如平阳县委县政府建立统筹协调机制，坚持县委书记、县长亲自抓，将创建民族乡村振兴示范带列为年度重点工作，县委常委定期召开会议研究民族工作，将民族乡村振兴示范带建设作为打造"重要窗口"的重要内容；建立结对帮扶机制，县政府常务会议研究制定促进民族乡村振兴的具体举措，出台《进一步加快民族乡村发展的意见》，文件要求县政府有关部门与 12 个少数民族村结对挂钩，每年帮扶 20 万元或办一至两件实事①。建立工作督导机制，县委县政府将民族乡村振兴示范带建设的落实情况，作为年度考核重要内容，督促乡镇党委、政府层层落实工作责任制；县人大、政协采取多种形式开展法律监督和民主监督，形成上下一盘棋的工作格局。同时注重"输血"与"造血"相结合，政府帮扶和市场主体有机结合。县民宗局积极聚集各民族资源，加大对少数民族特色产业、新发展模式项目的扶持力度，激发了内生动力，如指导顺溪镇余山民族村、青街畲族乡九岱民族村依托"企业+基地+

---

① 平阳县人民政府办公室：《关于进一步支持民族乡村加快发展的意见》，2021。

农户"模式开辟茶园 200 亩，增加两村集体经营性经济收入超过 15 万元和带动富余劳动力 50 余人就业。此外，各地党委政府还要实现由"输血型"帮扶向"造血型"帮扶转变，帮助各民族乡村在乡村振兴中立足实际、因地制宜，不断增强"造血"功能，努力探索一条符合当地实际的民族乡村共同富裕之路。

数字化社会大救助：
以社会资本增长推动共同富裕

尚再清　郑晓丹*

摘　要：共同富裕这一奋斗目标对社会救助工作提出了更高的要求。乐清市通过政策汇聚和数据归集整合资源，建立了能够精准、主动为困难群众提供救助服务的数字化平台，吸纳和联结了社会各方力量，形成了主体多元、内容丰富的大救助体系。其取得成功的内在机理有三：一是数字化平台的搭建，使大救助网络获得了社会资本高效增长的基础设施；二是吸纳和培养社会组织，拓宽了大救助网络社会资本增长的关键渠道；三是通过市委的领导和统合，提升了大救助网络中的普遍信任，进一步促

---

* 尚再清，中共温州市委党校乐清分校讲师，研究方向为地方政府创新及社区治理；郑晓丹，中共温州市委党校乐清分校讲师，研究方向为社会保障。

进了社会资本的增长。一个社会资本丰沛的社会，有助于更快更好地实现共同富裕目标，政府可以也应该通过多种方式增加社会资本从而推进共同富裕。

关键词： 社会救助　数字化　社会资本　共同富裕

前　言

社会救助作为托底线、救急难、保民生的基础性制度安排，意义重大，特别是在我们接续推进全面小康到共同富裕的历史新阶段，势必要求社会救助工作的内容越来越丰富、标准越来越高。作为中国经济百强县的乐清，常住人口 145 万人中仍有困难群众约 1.45 万人，占 1%。用100% 的努力精准有效解决民生福祉问题，是确保共同富裕道路上"一个也不能少，一个也不能掉队"的迫切要求。为此，乐清市委市政府深入探索对传统社会救助工作的创新与超越路径，以"数字化"和"社会化"为救助工作赋能，将数字化社会大救助体系建设作为践行共同富裕、深化数字化改革的一项全局性、系统性、标志性工作谋划，全面推进了"1168"工程建设——构建 1 个市、镇、村三级联动的大救助组织体系；建成 1 个数字化社会大救助平台；整合部门单位、乡镇（街道）、村（社区）

组织、慈善力量、社工力量、志愿服务力量 6 方力量参与数字化社会大救助工作；实施"基本保障""安居暖巢""阳光助医""就业启航""学子成长""携手助残""生活惠利""点亮心愿"救助帮扶 8 大行动，为困难群众提供了高质量的救助和帮扶服务。在不懈努力下，乐清数字化社会大救助成绩斐然，2021 年荣登民政部确定的 15 个"年度全国社会救助领域创新实践优秀案例"榜首，创新经验得到多位省部级领导肯定性批示，新华社、人民网、《浙江日报》等多家主流媒体对该案例进行了报道。

一 从济困到共富：乐清数字化社会大救助的发展路径

在数字化社会大救助体系建立之前，乐清社会救助的发展主要存在三方面问题。一是救助主体和政策缺乏统筹协调。救助主体多头，且救助信息没有形成互联共享，使得救助政策政出多门、标准各异，导致困难群众不知道如何申报救助或者救助政策找不全的现象普遍存在。二是救助项目协同办理的条件欠缺。政府部门之间数据"孤岛效应"制约严重，智能化决策水平不高，主动发现动态监测机制尚不健全，无法形成协同救助的合力，导致困难群众线下救助申请需要多部门多次跑、政策兑现时间过长。三是社会力量有效参与不够。社会力量难介入，社会组织难统筹，社会化救助的供需两端难以衔接，"物质+服务"的高质量帮扶无法落地。总而言之，传统救助模式已无法满足困难群众对美好生活的向往，救助体系的整体性改革创新势在必行。乐清市数字化社会大救助的创新实践，通过三个阶段的发展，较好地解决了上述问题。

（一）资源整合阶段：归集与汇聚

来民政局工作后，最初的发现就是常常会有困难老人家过来，不知道怎么领取补助。我帮忙办好了，再多问几句就会发现他其实还有别的部门的补助可以领。（访谈资料：211223M-N）

2018年底，为了摸清社会救助工作的底数、改善困难群众寻求救助需要多部门奔波的局面，乐清市民政局开始筹备建设一个包含两方面数据的数据库：一是全市困难群众的整体情况；二是全市各相关部门的救助政策。

这项计划得到乐清市委、市政府的大力支持，对照浙江省委《关于推进新时代社会救助体系建设的实施意见》和民政厅《浙江省大救助体系建设实施方案》的相关要求，乐清市委、市政府进一步提出打造"乐清市智慧救助平台"的目标。市政府统筹31个职能部门建立了社会救助联席会议制度，加强对社会救助工作的领导协调。其中直接承担社会救助相关职责的 16 个部门，将各自救助政策梳理汇聚，形成了救助政策库；16 个部门的已救助困难群众信息也被归集到一起，形成了已救助困难群众信息库；救助政策的力度也有了较大提升，临时救助起付线、困难家庭大学生的生活补助标准等调整后均达到省一流水准。在此基础上，市民政局又于 2019 年 7 月到 2020 年 4 月开展了多次大范围的困难家庭调查，建立了 8836 个困难家庭一户一档的详尽数据。特别需要指出的是，详尽入户调查（调查时段达 420 多个）所掌握的信息数据是乐清数字化社会大救助体系后续得以运作的基础。

> 最初入户调查的详尽是后来整个数字化平台运转起来的基础。主要是因为我们有比较高素质的调查员队伍，培训得也到位。后来，我们接待的很多外来考察人员，都说我们这个经验是最难以复制的地方。（访谈资料：220107S-J）

（二）智慧救助阶段：精准与主动

通过上一阶段对困难群众和救助政策两方面的数据梳理，社会救助的数字化平台已基本建成。但是在整合政策的过程中发现，被动等待救助申报会带来政策落实缺漏的问题。

(一) 家庭基本资料								
户主姓名			性别		身份证			在册人数
贫困类别（单选）	□ 特困		□ 60 周岁以下对象					□ 因病致贫 □ 因残致贫 □ 因学致贫 □ 缺乏劳动力 □ 自然灾害 □ 火灾 □ 交通事故 □ 突发意外 □ 失业 □ 失地 □ 其他
			□ 60 周岁以上对象					
	□ 低保		□ 收入型低保	□ 纯收入型低保		主要致贫原因（可多选）		
				□ 因残致贫型低保				
			□ 支出型低保	□ 因病支出型低保				
				□ 因学支出型低保（不包括九年义务教育）				
			□ 残疾人单独施保					
			□ 重病型单独施保					
	□ 低边		□ 纯收入型低边	□ 因残致贫型低边				
			□ 因病支出型低边	□ 因学支出型低边				
家庭成员情况汇总		家庭总人数_____人；　在册人数_____人；　未纳入_____人；						
在册家庭成员收支情况汇总		家庭年收入为_____元；平均_____元/人·月。家庭年刚性支出为_____元，"收入－支出"后_____元/人·月。						
在册家庭成员劳力汇总		1 劳力占比情况		2 劳力受教育情况		3 劳力失业情况		4 劳力技能情况
		□ 占 50%及以上 □ 占 50%以下 □ 无劳动力		□ 平均 9 年以上 □ 平均 9 年以下		□ 失业 1 人及以上 □ 零就业 □ 零失业		□ 有技能 □ 无技能
户籍地址								
现居住地址								
联系号码		户主：　　　其他亲属：　　　村支书：						
第 1 处房产	□ 有房产证 □ 无房产证	房产所有人：　　　　　　与户主关系　　　　是否危房：　是□　　否□ □ 单间式：___间___层，总面积___平方米，人均使用面积___平方米； □ 公寓式：___室___厅，总面积___平方米，人均使用面积___平方米； 超出乐清市人均住房使用面积 36.9 平米　是□　否□						
		住房性质	□ 自有住房	□购买住房 □自建住房				
			□ 保障性住房					
			□ 出租房	本人家庭目前是否为可享受拆迁补偿的拆迁户：是□　否□ 本人家庭或法定赡养抚养义务人（父母、子女）是否有住房（不包括外嫁女住房）是□　否□ 是否签订出租房租赁合同：是□　否□　　每月租金_____元				
			□ 借住房	本人家庭目前是否为可享受拆迁补偿的拆迁户：是□　否□ 本人家庭或法定赡养抚养义务人（父母、子女）是否有住房（不包括外嫁女住房）是□　否□				
			□ 其他	□养老机构 □医疗机构				
		住房结构	□ 简易棚屋 □土木结构 □砖木结构 □砖混结构 □钢筋混凝土 □其他					
		装修情况	□ 未装修 □简装修 □精装修 □豪华装修					
第 2 处房产	□ 有房产证 □ 无房产证	房产所有人：　　　　　　与户主关系　　　　是否危房：　是□　　否□ □ 单间式：___间___层，总面积___平方米，人均使用面积___平方米； □ 公寓式：___室___厅，总面积___平方米，人均使用面积___平方米； 是□　否□：超出乐清市人均住房使用面积 36.9 平方米						
		住房性质	□ 自有住房	□购买房 □自建住房				
			□ 保障性住房					
			□ 出租房	本人家庭目前是否为可享受拆迁补偿的拆迁户：是 □　否 □ 本人家庭或法定赡养抚养义务人（父母、子女）是否有住房（不包括外嫁女住房）是 □　否 □ 是否签订出租房租赁合同：是 □　否 □　　每月租金_____元				
			□ 借住房	本人家庭目前是否为可享受拆迁补偿的拆迁户：是 □　否 □ 本人家庭或法定赡养抚养义务人（父母、子女）是否有住房（不包括外嫁女住房）是 □　否 □				
			□ 其他	□养老机构 □医疗机构				
		住房结构	□ 简易棚坏 □土木结构 □砖木结构 □砖混结构 □钢筋混凝土 □其他					

图 1　乐清市社会救助家境调查表部分内容

梳理几个部门政策和补助发放情况的时候，我们发现其实很多救助政策都是有的，但是有些政策在制定之后却几年没有发出去一笔资金。（访谈资料：211223M-N）

2020 年 5 月，市社会大救助服务中心正式投入使用后，乐清加紧推进社会救助的智慧化转变，为数字化平台增加了两个功能模块。一是开发政策精准适配模块，实现困难群众掌上申请、救助平台精准研判、救助事项快速精准审批。利用该模块，数字化平台能在接到救助申请10秒内自动为救助对象匹配民政、教育、人社、医保、卫健、住建等23个（比上一阶段又增加了7个）部门的各项救助政策，符合条件的立即推送至相关部门办理落实，实现了从"群众申请什么才办理什么"到"群众可以办理什么就办理什么"的转变。二是研发主动预警模块，通过实时数据交叉比对主动发现救助对象。与医保系统的数据进行实时对接，当出现年度医疗自付费用超过5万元或18~60周岁家庭主要劳动力亡故情况时，模块会主动发出救助预警，社会大救助服务中心立即安排工作人员上门核实情况，如果确需救助则立即启动相关程序，由此，实现了对因病致贫或因病返贫情况的动态监测和主动救助。

（三）社会大救助阶段：吸纳与联结

即使整合了全市各部门的救助政策，但在面对困难群众的实际需求时，政府能提供的救助在广度和深度上仍然有诸多限制。吸纳社会力量进入大救助体系，将各救助主体有机联结可以实现资源、能力的互补，从而更好地为困难群众服务。

困难群众有需求，但是没有能力自己去找可以提供帮助的人。愿意提供帮助的社会组织普遍是有时间有技能，但没有钱；社会上的爱心人士，是有钱，但是不一定有时间有技能。所以政府要将它们联结起来。（访谈资料：211223M-Nqy）

因此，乐清积极拓宽社会力量参与社会救助的渠道，在此前零散购买社会服务的基础上，以 2020 年 7 月首批镇街社工站的投用为标志，逐步推进市、镇、村三级"助联体"①的打造，进一步稳固了社会力量常态化参与救助工作的机制。其中市级层面，社会大救助服务中心加强与乐清市社会组织促进会的合作，大大延展了救助服务内容到"基本保障、安居暖巢、阳光助医、就业启航、学子成长、携手助残、生活惠利、点亮心愿"等八大类。镇级层面，全市 25 个镇街都建立了社会大救助服务分中心，分中心下设社工站并交由社会组织运营；各分中心结合社会组织自身所长和所在地实际推出帮扶特色项目，如龙西乡社工站通过对接经济发达乡镇企业资源，推出"共富车间"项目，通过来料加工解决了 60 余名低收入群体就业问题，每人每月增收 2500~6000 元。村级层面，

① 乐清市民政局对"助联体"的定义是：坚持党建统领、政社联动，以供给侧改革、数字化改革的理念，整合 23 个政府部门 73 项救助政策供给、722 个"8890"民生服务加盟商市场供给和 154 家企业、社会组织服务资源供给，"市—镇—村"三级联动、多跨协同、精准高效、共富共享的智慧救助服务联合体。

建立 514 个救助联络站，充分吸纳村级乡贤和志愿者，开展"邻里有爱、邻里关怀、邻里共助"服务。如大荆镇下山头村，构建"村党支部主导、乡贤慈善力量参与、志愿服务组织协作"帮困机制，村党员一对一结对帮扶，乡贤出资 500 万元设立"村慈善救助基金"，引入爱心话聊志愿者协会，累计帮助该村 97 名低保、低边对象脱贫致富。

经过上述三个阶段的发展，乐清数字化社会大救助体系较好地解决了以往社会救助工作中存在的政策散乱、效率低下、主体和内容单一等问题——社会救助办理由"多头办"变为"掌上办"，增办补办救助漏项、缺项累计达 3.48 万件；审核时间从至少 30 天缩短至 1 天；救助申请接收率、入户调查办结率均达到 100%；帮扶服务惠及困难群众 4.45 万人次，撬动社会资金 2600 万元，实现了对传统救助工作模式的全面迭代，对共同富裕的"提低"作用日益凸显。

我们还可以通过一个案例更具体形象地了解这种变化。乐清市城东街道的男青年 Y，2016 年因在网络上与网友起冲突，遭受网友辱骂后受到强烈刺激，出现精神分裂症状，被鉴定为精神残疾三级。2018 年 11 月，Y 在街道帮助下作为单独施保对象被纳入低保（其家人未享受救助），但因 Y 需要日常看护，其父母很难找到可以兼顾的工作，家庭生活压力日益增大，其母亲表示，"总感觉有一片乌云罩在头上，压力特别大"。在这一阶段，Y 虽然获得了救助，但救助主体和救助服务内容相对单一。2020 年乐清市社会大救助服务中心成立后，通过数字化社会大救助平台的智能研判，分析出 Y 未享受市残联的贫困精神疾病患者免费服药、市交水集团的残疾人公交 IC 卡免费乘车、供水集团的用水减免、乐清供电的用电减免等 4 个部门的 4 项政策，立即对其进行了推送办理。由此，Y 每个月可领取 782 元的低保金，还有市残联的重度残疾人护理补贴 125 元和困难残疾人生活补贴 265.8 元，再加上市医保局的医疗救助、贫困精神疾病患者免费服药以及其他减免政策，一年可以享受到的救助资金大约有 14829.6 元，其一家人生活压力有所减轻。这一阶段，在数据归集和政策汇聚的基础上，乐清社会大救助服务中心已经可以联合各部门及公有制企业主动、全面地为困难群众提供救助服务。2021 年，"1168"工程深入实施，城东街道社会大救助服务分中心针对域内低保对象开展了更频繁和深入的入户走访。分中心社工在走访中发现，Y 的父母非常希望通过工作改善家庭状况，但苦于社会联系渠道狭窄且需兼顾 Y 的日常看护，一直未能找到合适的工作。了解情况后，分中心社工迅速联系了始祖鸟环境工程有限公司，帮助 Y 的父母成功入职，并安排两人在其本村范围内工作。这样，他们不仅有了稳定的收入，还有了足够的时间照顾 Y。入职后，两人的月收入达到了 6200

元，比原来兼职打零工高出 4000 多元，既缓解了 Y 一家的实际困难，也对 Y 的治疗及病情稳定起了积极作用。Y 的母亲对分中心工作人员感激地说："感谢政府给了我们工作，让我们有了克服生活困难的底气！"① 这一阶段，社会多元主体的介入，让救助服务内容进一步丰富，社会大救助也进一步由兜底济困向推进共富迈进。

二 社会资本增长：乐清数字化社会大救助的内在机理

通过对乐清数字化社会大救助各阶段做法和典型案例的回顾，我们可以发现它在具体操作层面的经验并不复杂，其中最重要的两个方面已经包含在名称中，即数字化和社会化。此外，领导的重视和高效的组织工作也是它获得成功的重要原因，但这几乎也是所有成功创新案例的共同点。那么，乐清数字化社会大救助取得成功的更深层次机理是什么？

在本文看来，本案例中的数字化核心应用是建立了大救助的数字化平台，并借助这一平台智能、高效、全面地串起了困难群众和各救助主体，构建了一个大救助网络，使困难群众获得了及时无缺漏的救助服务；社会化，最主

① 根据《乐清市数字化社会大救助"1168"工程案例选编》第 24~26 页整理。

要的成效在于引入社会力量，让大救助网络的主体更趋多元，让困难群众获得的救助服务更趋丰富，进而实现济困向共富的转变；党的领导，一方面为上述过程提供了组织保障，另一方面则是促成了大救助网络中普遍信任的增强，从而让其功能得以更高效地发挥。因此，本文引入"社会资本"① 的理论视角，以期更加深入地理解乐清数字化社会大救助的内在机理，并找到其中对于推进共同富裕而言更具普适性的经验。

尽管社会资本到目前为止还没有一个明确的统一概念，但"社会关系及其网络""网络的结构与规模""网络中的信任"等一直是社会资本相关讨论的核心议题。自 20 世纪 80 年代以来，社会资本正逐渐成为一个跨越多个学科的学术热点，其对于社会经济政治发展的解释性价值越发凸显。作为一种资本，社会资本如同物质资本（土地、生产工具等）、人力资本（技能、知识）等其他资本一样，可以为持有者带来经济收益②。从宏观来看，一个社会的各项资本要素丰富且结构合理，通常会带来更快速的经济增长，所以重视社会资本的投资和积累是我们

---

① 本文所指的社会资本（social capital）是一个组合概念，从"资本"（capital）一词延展而来。在公共基础设施建设的 PPP 模式中，也常见到另一种社会资本概念，其含义通常为区别于公共财政的私有资金（private finance），与本文所指无关。
② 燕继荣：《资本理论的演进与社会资本研究的意义》，《学海》2006 年第 4 期。

迈向共同富裕的应有之义。在经济学的研究当中，社会资本被看作是促成合作和交易、保证交易制度良好运转、提高其他资本运营效率的关键因素。在社会学的研究当中，社会资本作为无形资源的社会关系，既被看成是个人能力的储备，也被视为一个组织或社会凝聚力的基本来源。在政治学的研究当中，社会资本作为社会信任的来源和"公民社会"的黏合剂，被视为产生社会自治的基本条件，进而不仅被看作是影响制度和政府绩效的关键因素，也被看作是构建良好的社会治理模式的核心基础①。结合既有研究者的定义②，本文中社会资本采用的定义是：一种基于社会关系的资源，通常表现为社会关系网络中的信任与合作，人们可以从对它的投入中得到收益回报。在社会资本的视角下，乐清数字化社会大救助的内在机理包含以下三个方面。

（一）数字化平台：社会资本高效增长的基础设施

数字化平台的建设，是本案例获得成效非常关键的一环，而数字化平台最重要的作用，是作为一种基础设施为

---

① 〔美〕詹姆斯·S. 科尔曼：《社会理论的基础》，邓方译，社会科学文献出版社，2008，第277~281页。

② 〔美〕罗伯特·D. 帕特南：《使民主运转起来：现代意大利的公民传统》，王列、赖海榕译，江西人民出版社，2001，第195~196页。〔美〕林南：《社会资本：关于社会结构与行动的理论》，张磊译，社会科学文献出版社，2020，第19~26页。燕继荣：《社会资本与国家治理》，北京大学出版社，2015。

大救助事业中的各参与主体建立了信任关系网络，其中社会资本的进一步增长几乎是零边际成本的。

第一，数字化社会大救助体系首先是一个社会关系网络。早在数字化平台建设的筹备阶段，乐清市民政局为了更全面地掌握困难群众的情况，开展了大规模的入户调查。这种调查帮助民政局和救助对象（以及潜在的救助对象）之间建立了广泛的联系。随后，民政局下属的乐清市社会大救助服务中心成立，成为社会救助信息流转的数字化枢纽平台。因为这一平台比较高效，更多的政府部门、社会力量加入进来，民政局不再是这个关系网络的唯一中心节点，受助对象的范围也进一步扩大。最后，一些困难群众通过培训、志愿服务等活动①也建立了联系，相互之间获得了更好的心理支持，部分困难群众甚至从单纯的受助者成为继续传递社会善意的志愿者。由此，在数字化平台的基础上，众多主体相互关联并最终形成了社会关系的"大救助网络"，这是社会大救助得以实现的前提条件。

第二，完备的基础数据以及民政部门的背书，成为大救助网络的信任基础。信任，是社会关系成为"社会资本"的核心因素。因为只有社会关系中拥有足够的信任，才能降低关系双方的交易成本，才能促进其他资源作用的

---

① 例如，乐清市芙扬爱心公益协会与湖雾镇大救助分中心举办的残疾人护理培训班、老年人护理培训班，以及和谐志工协会举办的"曙光少年志愿者成长夏令营"等。

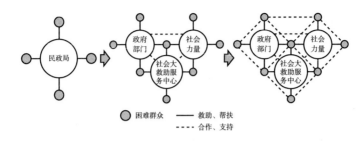

图2 数字化社会大救助社会关系网络变迁示意

高效发挥。乐清市民政局通过详尽的入户调查、跨机构资产核对和持续走访，确保纳入数字化平台的"困难群众"相关数据完备且真实，再加上政府部门为其背书，极大地节约了其他后续使用该平台救助主体的置信成本，为救助事项提速增效奠定了基础。不论是其他政府部门还是社会组织抑或爱心人士，都不必担心其救助或帮扶行为错施于不符合标准的对象。正是由于参与主体之间的多方互信，数字化社会大救助关系网络成了社会资本非常丰沛的网络。

第三，数字技术带来了几乎零边际成本的社会资本增长。社会关系是无形的，其本质可以被认为是一种信息，而互联网等电子网络作为一种信息网络，本就是为创建、存储、复制和传播信息而设置的，因此特别有利于促进社会资本的增长①。本案例的数字化平台其功能也类似于电子网络，组织或个人在其中可以非常便利地建立社会关

① 〔美〕林南：《社会资本：关于社会结构与行动的理论》，张磊译，社会科学文献出版社，2020，第211~231页。

系。例如，新进的施助主体通过后台数据的自动匹配，可以非常精准高效地与需要帮助的困难群众建立关系，一些新的困难群众①被发现后，在其自己还不知道可以享受哪些补助政策的情况下，通过智能研判模块，就会有施助主体进行主动联系、主动施助。这种自动化、智能化的数据处理过程，避免了各职能部门或社会组织重复开展人工走访筛查的资源浪费，把困难群众了解救助政策和获取慈善信息的学习成本降到最低，让大救助网络中的社会资本可以几乎零边际成本的方式增长。

（二）社会组织：社会关系数量和质量提升的关键渠道

社会关系的数量和质量，是测量社会资本的重要指标②，会影响人们的收入水平、创业成功概率③。本案例成功的另一关键之处，正在于大量引入社会组织并与其积极合作，同时提升了大救助网络中社会关系的数量和质量，由此也就增加了网络中社会资本的存量。

第一，引入社会组织直接促进了社会资本的增长。首

---

① 例如，一年内医疗费用超过 5 万元，会被医疗预警模块主动发现。
② 〔美〕林南：《社会资本：关于社会结构与行动的理论》，张磊译，社会科学文献出版社，2020，第 107~130 页。
③ 边燕杰、王文彬、张磊、程诚：《跨体制社会资本及其收入回报》，《中国社会科学》2012 年第 2 期。刘一伟、汪润泉：《收入差距、社会资本与居民贫困》，《数量经济技术经济研究》2017 年第 9 期。

先是社会关系数量的增加。大救助网络引入了可以承接镇街社工站运营的专业公益组织 12 个，可承接救助信息推送的行业协会、商会、企业下设社团等社会组织 154 个，每个社会组织都拥有大量成员，它们都是或者潜在地是每一名困难群众可以连接的社会关系节点。此外，很多慈善个人都是通过社会组织的中介获得救助需求信息，从而进入大救助网络成为关系节点。在数字化平台的自动匹配和推送下，上述这些节点都可以很高效地与困难群众建立社会关系。其次是社会关系质量的提升。专业公益组织的目标和愿景都高度契合大救助的理念，成员多为积极行动的施助者；行业协会等社会组织，成员数量多、技能高、经济实力强，可以有针对性地满足特定困难群众的需求，因此它们的加入带来了对大救助而言更高质量的社会关系。因此，社会关系数量和质量两方面的提升，直接促进了大救助网络内社会资本的增长。

第二，政府与社会组织的合作，间接促进了社会资本的增长。一是社会组织进入大救助网络后，政府会向其购买服务，具体内容包括镇街社工站运营、入户调查、救助回访、动态排摸等，这为社会组织带来了资金收入，保障其生存和发展；而社会组织则可以发挥其自身特长，通过提供特色服务①与政府偏向于资金救助的

————————————

① 例如，法律援助、儿童心理关爱、老年人陪伴等。

政策形成互补。二是政府会对社会组织的服务行为进行指导和品质管控，这提供了一种行为规范，改善了社会组织的运行质量。三是社会组织参与到大救助事业中还可以获得更好的社会信任，这也提升了其自身的社会资本，因此拓宽了其发展空间。总之，通过让社会组织"办得更好"，大救助网络中与社会组织相连的社会关系变得更有价值了，政府间接促进了其中社会资本的增长。

（三）党的领导：政治信任向社会资本转化的支点

政治信任"通常被定义为公民对政府或政治系统运作产生出与他们的期待相一致的结果的信念或信心"①，这种信任会影响群众与政府的互动过程②并进而影响其行动成功的可能性。通过党的有力领导，政治信任还可以转化为社会的普遍信任，从而进一步提升社会资本。

第一，市委整合各方为一个统一的、主动的施助者，提高了政治信任。从对大救助网络发展过程的分析，我们可以发现最初政府并不是以一个整体参与到社会救助中的。各个部门拥有不同的救助政策，针对不同的救助对

① 胡荣、胡康、温莹莹：《社会资本、政府绩效与城市居民对政府的信任》，《社会学研究》2011 年第 1 期。
② 谢岳：《论社会资本与政治稳定》，《学术研究》2005 年第 7 期。

象，这增加了困难群众获得救助的难度并降低了获得救助的总额度——不知道找谁，找了也总会有缺漏。所以，困难群众期待一个整体性的施助主体。数字化社会大救助平台的建立，完成了政府各部门社会救助功能的整合，有效回应了这一期待。后续功能上增加智能研判，主体上纳入社会组织、公有制企业等，更是让主动救助和多角度帮扶成为可能，因此甚至超额满足了上述期待，大大增加了受助群众对政府的信任。而这一过程，不可能借由某一部门的力量就能完成，只有市委的统合才有可能。本案例中，一开始就是在市委书记的主张下，构建了数字化平台。

> 我一开始就是想建立一个困难群众信息比较完整的数据库。向局长汇报后，局长说要建成一个系统。再后来到了书记那里，书记说，要建成一个平台。（访谈资料：211223M-N）

后续的工作协调上，也一直贯彻"一把手"抓的工作机制，如成立市级大救助工作领导小组，由市委书记担任组长，市长担任第一副组长。

第二，高政治信任改善了困难群众参与经济和社会行动的品质。困难群众建立更高的政治信任以后，会更有可能在政府设定的框架内，按照主流价值规范、行为规范开展维权、申请救助、就业创业等行动，这有利于提高他们行动成功的概率，进而也会改善他们在社会结构中的地位，提升其社会资本的持有量及转化成收益的可能性。

第三，党员亮身份，使政治信任可以转化为普遍的社会信任。在大救助具体活动的开展中，乐清市委要求所有党员不论来自政府相关部门，还是社会组织、村级自治组织或是以个人身份参与，都要亮明党员身份。由此，原先不同身份、不同群体的施助者，可以统一到"党员"这一群体中。借由"党员"身份这一中介，政治信任和对社会组织的、对慈善个人的信任被整合到一起，构成一种普遍性的社会信任（即对陌生人的信任）。也就是说，群众对于党的信任，也让他们对党员所在的社会组织甚至与党员一起行动的人赋予了更高的信任。群众因此更容易获得安全感，积极的行动更有可能出现，善意更容易传递。例如，盐盆街道低保家庭的中学生 Q，母亲患有精神疾病，父亲出走失联，因此其性格内向，不愿意相信他人。在大救助平台的协调下，党员教师主动与其结对，慈善人士定期为其提供文具和生活用品，教育局给予其困难生活补助，Q 的心理和学习情况都得到很大改善。Q 说："我原先感觉自己是一个特殊的孩子，特别不幸。后来老师们用他们的耐心和爱心，让我不再沉浸在自己的小世界，逐渐走出来接受阳光，改变了我的人生。我想以后也要成为像叶老师、郑老师一样的老师，可以给更多孩子们带来温暖。"①

结　语

乐清数字化社会大救助的实践表明，在整体政策目标由全面小康向共同富裕转变的大背景下，社会救助不应局限于经济补助，还应该将心理支持、法律援助、创业就业帮扶等特色服务纳入进来。但逐一罗列和分析各项补助或服务，却可能令人陷入"乱花迷眼"的状态。本文认为，为困难群众构建一个大救助网络并不断促进其中社会资本的增长，是乐清数字化社会大救助取得成功的根本原因。困难群众借由大救助网络享受到的主动、精准、丰富、深入的公共服务，都可被视为社会资本增长的一种结果。正如同一棵大树，社会资本是其干与枝，而各种最后呈现的救助和帮扶内容，则更像是大树茁壮成长以后自然绽放的花朵。

如果社会救助可以通过增进社会资本的方式来施行，而社会资本的累积又会带来社会整体财富水平的提高（这是社会资本相关理论的基本结论之一），那么我们在继续提高社会救助工作水平、努力推进共同富裕的时候，

---

① 根据《乐清市数字化社会大救助"1168"工程案例选编》第 53~55 页整理。

就更应该重视对于社会资本的投资。这也是本案例在更宏
观层面的启示——政府可以也应该通过多种方式增加社会
资本从而推进共同富裕：建设促进社会互联的公益数字化
平台，积极培育各类社会组织并与其合作，构建普遍的政
治信任与社会信任。我们相信，一个社会资本丰沛的中
国，能更快更好地达成共同富裕的目标！

共享发展：民营企业
促进共同富裕的华峰经验

朱超颖　李　静[*]

摘　要： 在"谈化色变"和市场竞争的双重压力下，华峰集团从家庭作坊发展到现在的世界级行业龙头、中国500强企业，始终坚持以"创新、绿色、责任"为核心的"共享发展"理念，以创新驱动为引擎，加大技改和自主研发，激发员工干事创业能力；以绿色发展为目标，推动产品、技术革新走可持续发展道路；以社会责任为导向，践行责任关怀理念，不断提高自身市场竞争力，在实现企业高质量发展的同时，解决自身发展与社会环境的矛盾，为社会大众承担起大企的责任，向全国展示了新时代温州

---

[*] 朱超颖，中共温州市委党校瑞安分校助理讲师，研究方向为经济金融；李静，中共温州市委党校瑞安分校助理讲师，研究方向为国际关系。

民营企业促进共同富裕的华峰经验。即民营企业在坚持高质量发展路径（"做大蛋糕"）的同时，形塑"共享发展"、关爱员工的企业文化（"分好蛋糕"）和不忘弘扬回报社会的企业风尚，形成"发展带共富，共富促发展"的良性循环。

关键词：共同富裕　民营企业　共享发展　华峰集团

华峰集团作为全球聚氨酯化工企业的龙头，从一家名不见经传、年产值不足 500 万元的家庭式小作坊，历经创业起步、转型提升、产融结合、创新发展四个阶段，发展成为今天令人瞩目的温州民营经济高质量发展的企业标杆，连续多年位列"中国企业 500 强"，获得"全国创先争优先进基层党组织""全国模范职工之家""全国模范劳动关系和谐企业""国家企业认定技术中心""国家技术创新示范企业""中国制造业单项冠军示范企业（产品）""国家绿色工厂（设计产品）""浙江省文明单位""浙江省首批'雄鹰行动'培育企业"等诸多荣誉。多年来，华峰集团正是坚持以"创新、绿色、责任"为核心的"共享发展"理念，成为民营企业助力共同富裕的示范。

一 以"创新、绿色、责任"为核心，
构建"共享发展"的企业文化

（一）创新驱动，激活高质量发展动力引擎

创新，是华峰集团持续高速发展的强劲引擎。"务实为本、创新为魂"企业精神和"宽容失败"创新理念的落地使得华峰成就今天的规模和实力。华峰集团创立以来，一直将科技创新与管理创新、队伍素质提高作为发展的战略基点，发挥科技的支撑和引领作用，不断加大研发和技改投入，推动产品、技术革新，促进企业高质量发展。

集团内部通过举办创新、创优、创效"三创"竞赛，搭建技能提升工匠平台，提供多种创富加薪新途径。在华峰集团管理层之间，有句话颇为流行："降本增效是一场没有终点的寂寞长跑。"而科技、管理创新就是降本增效的最大利器之一。集团内部的工人们可以通过技能比武、小发明、小革新、小改造、小设计等奇思妙想，提出一些给企业减员增效、降本增效、提质增效的合理化建议方案以获得一定的职级晋升机会。近30年来，氨纶纺丝车间的生产技术迭代了多少次？这个问题可能连业内最有发言权的华峰化学股份有限公司的专业人员都难以回答，因为

生产技术每年甚至每个季度都在不断地更新换代。"提一厘速度，多一分产量，增一份效益。"该创新项目主要负责人介绍说，氨纶行业始终以纺丝的速度更快、能耗更低为目标，在这些年的技改中，纺丝速度由每分钟 1000 米提升到每分钟 1100 米。另外还有工人们在装载运输产品的过程中发现，可以用金属等替代木质底板以减少损耗，从而为企业节省成本资金。借助一线员工在一线岗位的经验，发挥个人聪明才智，通过提建议、技改等方式，让企业提高生产效率，创造经济效益。2021 年，华峰集团"三创"竞赛孵化重点创新、创优项目 71 项，为企业创造经济效益 2.3 亿元，开展技能比武 120 余项，带动工匠精神的弘扬及员工队伍整体素质的提升。

华峰集团不断挑战和超越自我，坚定不移走自主研发道路，在新能源、新材料、节能环保等领域不断探索实现新突破。例如，在氨纶领域，华峰旗下企业仅仅用三年时间就研发出有色氨纶及具有抗菌、易染、吸湿排汗等功能的氨纶新产品，打破行业垄断，奠定全国市场占有率第一的基础，使得民营企业真正拥有了自己的高端氨纶品牌。重庆华峰聚酰胺有限公司员工张传礼，正是集团内部技术创新岗位的一位标兵，他刻苦钻研、一专多能，在己二腈装置设计和生产工艺上打破国外技术和产品垄断，填补国内产业空白。2020 年，他带领团队实现技术改造 164 项，申请 9 项实用性发明专利，确保了装置达产并长期稳定运行。像这样在集团不同领域、不同岗位的榜样还有很多，他们通过科技创新激活企业发展动力，为企业发展贡献力量。"要更多地集聚创新要素、搭建创新平台、壮大科创队伍、优化创新环境、提增创新能力，凭借核心技术能力和产业实力，让产业、产品实现最大价值。"华峰集团创始人、党委书记、董事局主席尤小平如是说，他深谙科学技术与企业高质量发展息息相关。

在初次分配阶段，华峰通过创新管理模式为促进共同富裕做出重要贡献，真正起到了先行军的引领作用。"发展依靠员工，发展为了员工，发展成果惠及员工。""员工是企业的宝贵财富，我们绝不让任何一个员工在共同富裕的道路上掉队。"在每次员工大会上，尤小平心心念念的都是员工的成长成才与发展致富，但如何才能真正地把企业的发展成果分享给更多一线的普通员工呢？2020年，浙江省产业工人队伍建设改革工作如火如荼地开展。作为省级试点单位，华峰集团经过审慎研究，正式发布"八级技工管理办法"，首批制定生产系统五大职类、16个岗位的技能等级评定标准，建立技能晋升与薪级配套制度，横向打通"技术、管理、技能"三条职业晋升通道，推出集团内部共富先行军。一线技能型产业工人可以凭技能提升自己的相关待遇，年收入从最高50万元增加到100万元，打破技能人才职业"天花板"，为一线员工量身定制了新的成长阶梯，推动产业工人由"工"变"匠"。

对于员工而言，"真金白银"的共同富裕就是最实在的爱，感受到的情感关怀也正是集团人本文化的缩影。"'八级技工制'是一项贴近实际，激励生产一线产业工人更有担当作为的制度，大力拓宽了员工的职业发展通道，让一线员工的成长路径更多、发展平台更广。""这项制度让我明确了职业发展方向，相信技术工人在高要求、高标准下能享受到更高的待遇。我们现在一线的工人也能有高工资的待遇了，感谢华峰为我实现富裕梦！""全国五一劳动奖章"获得者、浙江华峰新材料有限公司机修工夏国林介绍，自己是集团内部的"三级技工"，高中学历，因工作需要目前常驻巴基斯坦生产基地，技工待遇加上驻外津贴，年收入逐年增长，幸福指数节节攀升，并且他还可以通过提升岗位业绩、传帮带成效等，向八级技工的百万薪酬目标继续努力。在这里，不论职务高低，不问级别大小，把关心人、尊重人、培训人、发展人、成就人贯穿企业活动始终。对于员工来说，个人的既得利益得到保障，自我价值得以实现，吃穿住行环境不断改善，获得感、归属感、幸福感不断增强，干事创业积极性也不断提高。

民营企业是劳资关系的稳定器和基本单元，华峰集团为员工提供具有竞争力的行业与地方"双领先"薪酬，为员工提供高于同行业、同区域水平的薪酬，并结合员工业绩贡献实行多种激励政策。通过全面推行员工薪酬制度改革，提高劳动报酬在初次分配中的比重，健全员工薪酬福利制度并执行，提高低收入群体收入，扩大中等收入群体。目前一线员工收入年均增长达15%以上，整体薪资水平有所提升，全面提高了员工创造财富的积极性、主动性和创造性，有利于实现员工的共同富裕和美好生活。总之，在创新体制机制的作用下，"高要求、高标准、高待遇"让百万甚至千万年薪在华峰不再止步于梦想。

（二）绿色环保，实现低碳可持续发展路径

在"谈化色变"与企业激烈的市场竞争压力下，华峰作为石化企业之一同样也面临两方面的紧迫任务：一是面对"双碳"背景和能耗"双控"的政策以及生态环保对化工企业的高要求，分析解决自身在安全、环保、健康等方面存在的问题；二是打破化工类企业困于环境污染的桎梏，通过绿色转型升级顺应市场的环保需求，树立良好的企业形象。因此，以"成为国际一流的新材料合作伙伴"为愿景的华峰，要走"高端、高质、高效"的发展道路，就要以更高的标准要求自己，与环境共生发展，打造美丽化工工厂。共同富裕也是社会责任，安全、节能、环保，不能简单地被视为外加的社会责任或法律要求，它们能给企业带来更强的竞争力和更大的利润，从而使企业更好地实现生态环境效益和经济效益双赢。

华峰秉持"用新创享生活"的企业使命，把绿色作为

企业可持续发展的底色和生命色，推动崭新的绿色技术革命，通过绿色设计为客户提供更加低碳环保的产品与服务。随着人们健康环保意识的日益增强，行业对化工材料的安全性要求提高，华峰人深知只有创新、绿色、高品质的产品，才是对用户最好的承诺。从材料使用全生命周期的资源消耗和碳排放评价出发，突破核心关键技术和行业颠覆性技术，拓展产品应用领域和应用场景，促进建立更绿色的用材标准体系，打造绿色产品供应链。生物可降解塑料、生物基环保鞋垫、无钎剂等一系列创新环保产品出现在大众视野，尼龙66一体化和二氧化碳基高分子量生物可降解材料两条产业链背后"卡脖子"技术的突破，从产品链到产业链，华峰正以"创新、品质、绿色"的品牌形象引领行业绿色发展，受到社会各界越来越广泛的关注和青睐。

集团以"低耗、高效、清洁、环保"为目标，努力提高企业及所在区域的能源、资源利用水平，在生产经营的过程中降低"三废"排放量，减少能源消耗和碳排放，全面提升绿色低碳循环发展水平。其实，早在国家将"双碳"写入政府工作报告之前，华峰早已开始践行"双碳目标"，采用循环经济模式，把节能减排管理融入每个员工的岗位职责中，落实到原料、产品的进出厂环节中，渗透到从正常生产到装置检修中的每一个环节、每一道工序、每一个步骤中，积极组织实施清洁生产。华峰东山工业园区内部已经基本实现了废水"零排放"，固废利用率达到99%，能源消耗水平居于行业领先地位，完成从"绿色环保化工"到"智能美丽化工"工厂的高效转变。2021年12月20日，上海华峰铝业股份有限公司12MW分布式光伏项目正式开建。这是国家提出"碳达峰碳中和"目标后，上海市开建的最大用户侧分布式光伏项目，预计建成后有望实现发电1200万千瓦时/年、碳减排1.2万吨/年。

华峰牢固树立和践行"绿水青山就是金山银山"的发展理念，提倡绿色发展的企业文化，并将其通过长期规划纳入企业战略，从而更好地打造"绿色工厂"的企业形象。对于企业而言，保护环境不是出于选择，而是出于责任。尤小平说："我们将可持续发展的理念运用到实践中，通过建立、实施严格的环境、健康和安全管理体系，使我们遍布全国的7个产业基地都能符合国际标准。"为此，华峰制定了环境、健康与提升安全业绩的目标和规划，严格遵循"三不"承诺，即凡是环境保护需要的投资一分不少，凡是不符合环境保护的事一件不做，凡是污染和破坏环境带来的效益一分不要。在华峰东山工业园区边上，华峰的员工们就常常在闲暇之余在一条长达数百米清澈见底的农场河边游玩、钓鱼。这条人工河就是华峰多年来奉行环保发展的成效之一。

（三）以人为本，推进发展成果社会共享

华峰能从众多化工企业中脱颖而出，成为当地老百姓

交口称赞的企业，靠的就是积极履行企业责任关怀义务，发展企业，不忘回报社会；始终坚持以人为本、诚信经营，积极让员工、客户、社区共享企业的发展成果，由此提高了员工的凝聚力、客户的信赖度和企业的竞争力，为企业赢得了良好的社会声誉。

"是员工成就了华峰的事业发展，让员工共享企业的发展成果是我们的责任与义务。"尤小平如是说。华峰始终将员工的发展与幸福作为企业发展的重要关切，给予员工最温暖的关怀与爱护。自 2003 年华峰集团首次提出"共同目标、共同创业、共同利益、共同发展"的文化核心理念后，通过一系列的制度安排，华峰给予员工较高的价值回报，始终围绕"高收入、全保障、快发展、高成长、好环境"来保障员工的利益、实现员工自我价值、改善员工吃穿住行环境，力求将"共享发展成果"这一理念上的"饼"，让员工看得见、摸得着、享受得到，华峰也在"发展依靠员工，发展为了员工，发展成果惠及员工"的良性循环中，获得了更高质量的发展。一是满足员工在衣食住行上的基本需求，解除员工的后顾之忧。以员工宿舍为例，近年来，华峰秉承安居才能乐业的理念，不断在全国产业基地打造"住"的地标，现员工宿舍数量已增加到近 7000 套。二是关注员工的"文化诉求"，华峰成立了 20 个职工文化俱乐部，瑞安基地每年投入超过 500 万元，举办 400 多场次各类文化、体育、娱乐活动。三是注重企业困难员工关怀，通过建立"职工爱心银行""职工爱心超市"等方式，让员工切实感受到华峰大家庭的关爱。吴章平是浙江华峰合成树脂有限公司的一名员工，几年前他的孩子得了一场病，每年需要花去2万~3万元医疗费用，这样的费用对于一个普通的一线工人来说不是一个小数目。那段时间，吴章平工作时都忧心忡忡。工会小组得知情况后立即伸出援手，为吴章平筹集费用，每年帮助他在企业"职工爱心银行"申请数万元的无息贷款以及困难职工生活补助。"现在孩子慢慢好起来了，我也安心、放心地在这里好好工作。华峰给我支持，帮我渡过每年的难关，所以说我还是感谢华峰这个大家庭的。"在华峰集团，工会每年都会帮助不少像吴章平这样的困难职工，仅"职工爱心银行"就已累计为50多名职工提供了相应的帮助。这种有尊严的关怀，让员工增强了归属感、获得感和幸福感，真正将华峰当作自己的家，将企业命运与自身发展联系在一起，极大地调动了每一个员工的工作热忱和奋斗热情。

在企业发展过程中，华峰认识到"一花独放不是春"，一个缺乏道德诚信和责任感的企业是难以长久生存的。作为行业内的标杆，从2006年开始，秉持责任关怀理念，华峰面对化工行业的困境，积极寻求突破，启动责任关怀"1+3"项目，带动全产业链共同发展。华峰集团通过帮扶上下游客户，带动社会全产业链及其他利益相关方共同富裕，同时向全产业链推广责任关怀制度，共同履责。2010 年，广东惠东有家鞋厂来买华峰的鞋底料，当时通过了解，这个鞋厂正处于严重亏损状态，但华峰依旧真诚地与这家公司签订了合作协议。此后，针对客户的情况，公司营销连同技术拟定了一套较为完善的系统解决方案，从选料、配料、操作到脱模等一系列常规生产环节进行规范与整理，最终帮助客户解决了生产难题。自此以后，这家鞋厂开始全部使用华峰原材料，工厂效益也节节攀升，到 2014 年已经开始建设新厂房，也加入"责任关怀"体系。在这个过程中，华峰不仅带动相关企业发展，也把先进的发展理念带进上下游产业链，引导更多企业参与责任关怀行动，树立并向社会公众展示绿色环保、安全可靠、勇担责任、美丽清新的化工新形象，推进行业整体形象提升进而推动化工行业发展。同时通过推广践行责任关怀，让更多企业把践行责任关怀、坚持绿色发展、严保生产安全、建设美丽化工作为始终不渝的责任与追求，从而在产业链内形成良性的经济循环，建立低消耗、低排放、低成本的竞争优势，实现绿色发展、安全发展、创新发展和可持续发展。

"华峰在成就自己的同时，也回报社会，实现企业的社会价值。"华峰集团总裁林建一如是说。当被问到华峰集团是如何理解企业的慈善行为时，尤小平的回答简单得出人意料："我们只是做了华峰该做的。"华峰始终把回馈社会作为企业的责任与义务。华峰集团党委率先在全国石化行业倡导、承诺并实施"责任关怀"理念，持续开展"党建+公益"主题活动，督促企业履行社会责任。一是打造"五个千万"慈善工程。华峰集团捐资1000万元设立"华峰诚志助学基金"，累计资助近2000人次贫困家庭大学生；捐资2000万元设立温州大学"华峰品德奖基金"，奖励该校德育工作的先进集体和师生；在"建设美丽浙南水乡"、"绿化长江、重庆行动"和"森林瑞安"建设中分别捐资1000万元，支持国家及地方环保工作。二是关注社会热点关切，落实精准扶贫。华峰集团关注社会大灾大难，曾捐赠520万元驰援汶川灾区、捐赠600万元支援台风利奇马受灾地区等，此次在新冠肺炎疫情防控中捐赠850多万元现金及防疫物资。公司积极落实"精准扶贫"战略，助力帮扶地区社会发展，开展了一系列实践。例如，捐资近千万元支援四川阿坝藏族自治州、南部县等东西部协作以及集团各产业基地所在地区深入开展挂钩结对，以巩固拓展帮扶成果，持续助力乡村振兴。三是热心公益事业，共建和谐社区。公司倡导员工积极参与志愿者活动，开展了义务献血、节约粮食、关爱留守儿童、关爱贫困学生等公益活动，为社会发展增添一份自己的力量。

"这一切，都是华峰诚志助学基金帮助我实现的。"这是出生于瑞安市平阳坑镇的一个家境贫寒的学生在瑞安市区用按揭贷款买下一套商品房后发出的感叹。2014年，谢玉俊手捧温州大学瓯江学院的录取通知书却为学费没有着落而发愁时，是华峰诚志助学基金帮他圆了大学梦。如今他早已大学毕业并成为一名华峰员工。有了经济收入的他，分批返捐助学金1万元。这也是华峰创立奖学金的初衷——培养大学生诚信励志，打造"有尊严"的诚信助学模式。这样的感人故事还有很多。据不完全统计，截至目前，华峰已在抗震救灾、扶贫济困、助学助教、植树造林、"五水共治"、抗击新冠肺炎疫情等公益事业中捐资超过2.6亿元，被中华慈善总会授予"中华慈善突出贡献单位（企业）奖"，在需要爱的地方，华峰从不缺席，一次次彰显民营企业的责任与担当。

二　民营企业促进共同富裕的华峰范式

民营经济是我国经济制度的内在要素，能够促进生产力的快速发展，促进经济又好又快增长。民营企业是推动共同富裕新征程中的重要基础，是共同富裕"做大蛋糕"的主力军、"分好蛋糕"的生力军。新发展阶段社会主义社会中共同富裕之路应该是物质财富和精神财富持续性增长、国家财政基础充盈、"人人参与"共建的发展道路。而民营企业可以创造大量的就业岗位，为人民提供参与共建的机会，增加个人收入，同时通过税收夯实了国家二次分配的物质基础，为社会发展提供所需要的物质财富、精神财富，为实现共同富裕提供了有效路径。因此，如何促进民营经济高质量发展，成了实现共同富裕的一个重要问题，而华峰交出了漂亮的答卷。

（一）坚持高质量发展的企业路径

共同富裕不只是分配问题，它首先是一个生产问题。中国特色社会主义已经进入新时代，但我国仍然是世界上最大的发展中国家，仍处于并将长期处于社会主义初级阶段。基于我国生产力虽有大发展但并没有达到高度发达的现状，要实现共同富裕，首要任务是不断解放和发展生产力，继续发挥各种所有制经济的优势，让一切劳动、资本、土地、知识、技术、管理、数据等要素活力竞相迸发，让一切创造社会财富的源泉充分涌流。高质量发展是共同富裕的基石，只有在经济高质量发展中才能逐步实现共同富裕。民营企业为共同富裕提供物质财富，是社会实现高质量发展的生力军。实现高质量发展，华峰有其独到的成功经验。华峰深入贯彻新发展理念，主动融入新发展格局，抢抓"双碳"战略机遇，用好政策红利，坚守实业，做强主业，练好内功，持续提升技术创新、产品创新、管理创新能力，逐步形成以科技进步和创新为核心的新的发展动力，为推动共同富裕夯实高质量发展基础注入更多新动能。华峰集团不断完善企业内部治理结构，深化财富分配制度改革，对员工成长通道、薪酬绩效分配机制进行改革创新，探索员工共创共享模式，确保初次分配中的劳动报酬比例稳步提高，从而调动员工为企业创造财富的积极性，不断提高劳动力素质和劳动生产率，在不断"做大蛋糕"的同时"做好蛋糕""做优蛋糕"。30 年来，华峰能从昔日的"小舢板"企业，发展成为聚氨酯行业的标杆"航母"企业，靠的就是始终坚持主业深耕化工领域，坚持"专、精、特、新"目标清晰谋发展。华峰坚持"务实为本、创新为魂"的企业精神，始终走创新发展道路，聚焦创新要素，通过理念、制度上的创新，建立技能晋升与薪级配套制度，为企业员工搭建创新平台，坚持"宽容失败"的创新文化，重视人才引进与培养，壮大科创队伍，优化创新环境，增强创新能力，凭借核心技术能力和产业实力，让产业、产品实现最大价值，从而实现企业的高质量发展。

（二）铸造共享发展的企业文化

当前，我国发展不平衡不充分的问题仍然突出，城乡区域发展和收入分配差距较大。促进全体人民共同富裕成为又一项长期而艰巨的任务。共同富裕归根到底可以概括为两件事："富裕"——社会实现高质量发展（"做大蛋糕"）和"共同"——人民群众共享发展成果（"分好蛋糕"）。高质量发展是全民共享的前提和基础，共享发展成果的人民又反哺于发展的全过程，形成良性循环。这便是一种"共享发展"的理念。这个理念同时包含了"发展"、"共享"与两者间的良性作用三个过程。民营企业应以人为本，调整收入分配结构，缩小收入差距。秉持共享发展理念，企业需继续深化改革，让人民群众普遍受益于经济增长成果；也要完善财富均衡分配机制，将人均可支配收入差距控制在既尊重差异又保持均衡的合理范围内，通过多元化的财富增收渠道增加中等以上收入阶层数量，形成科学的分配结构，扎实推进共同富裕。华峰集团高度关注企业员工共同成长、共同发展。严格遵守法律法规，杜绝歧视，建立公平公开的选人用人平台，保护和尊重员工的各项权益，尽心为员工提供平等的工作环境。完善薪酬分配体系，提供给华峰员工较高的薪资；通过兴建华峰公寓、食堂等一系列设施，解除员工衣食住行上的后顾之忧；成立职工文化俱乐部，满足员工的"文化诉求"；注重员工关怀，通过建立"职工爱心银行""职工爱心超市"等方式，让员工切实感受到华峰大家庭的关爱，保证员工共享企业发展成果，激发员工的主动性与创造力。同时，充分发挥市场机制优势，优化收入分配制度，秉承以"共同目标、共同创业、共同利益、共同发展"为核心的共享发展企业文化，给予员工较高的价值回报，对员工成长通道、薪酬绩效分配机制进行改革创新，探索员工共创共享模式，确保初次分配中的劳动报酬比例稳步提高，从而调

动员工为企业创造财富的积极性，不断提高劳动力素质和
劳动生产率。

（三）弘扬回报社会的企业风尚

"民营企业家富起来以后，要见贤思齐，增强家国情
怀、担当社会责任，发挥先富帮后富的作用，积极参与和
兴办社会公益事业。"民营企业应增强家国情怀，勇于担
当社会责任，发挥好先富帮后富的作用，积极与内外部利
益相关方加强联系，主动将自身的发展与员工、社区、地
方、国家的发展统一起来，将自身的发展融入推进共同富
裕的进程。创新企业间社会责任联动机制，打造高效协
同、互利共赢的产业平台，带动全产业链共同富裕、共同
履责；履行道德责任与慈善责任，真诚回馈社会。企业家
只有真诚回报社会、切实履行社会责任，将企业发展融入
积极推进共同富裕的进程中，才能真正得到社会认可，成
为符合时代要求的企业家。而作为市场主体本身，除了要
履行经济责任、法规责任之外，履行道德责任、慈善责任
也是企业应尽的职责。华峰集团高度重视运营所在地经济
社会发展，积极主动承担社会责任，在保障自身经济发展
的同时，积极支持地方经济建设，开展形式多样的公益慈
善活动，促进所在地社区共同发展，实现互利共赢。"华
峰在成就自己的同时，也回报社会，实现企业的社会
价值。"

实现共同富裕就是要正确处理做大做好"蛋糕"和切好分好"蛋糕"的关系，只有不断提升劳动生产率，同时注重优化分配，才能更好地实现共同富裕，促进社会生产发展。华峰集团在实现自身高质量发展的同时，秉持"四个共同"的企业文化与"共享发展"的理念，积极优化分配，关爱员工，回馈社会，形成了民营企业促进共同富裕的范式。

参考文献

司马红：《发挥民营企业在促进共同富裕中的积极作用》，《学习时报》2021 年 11 月 10 日，第 003 版。

隗斌贤、赵文冕：《新时代民营经济推动共同富裕的内在逻辑》，《人民政协报》2021 年 11 月 22 日，第 007 版。

邹升平、程琳：《论民营经济参与共同富裕进程的机理、原则与路径》，《内蒙古社会科学》2021 年第 6 期。

杨晓洁、徐冬先：《共享发展理念的进路及价值阐释》，《经济师》2022 年第 1 期。

安福利生慈善基金会：
用"温暖之手"助推共富共享

陈　勋[*]

摘　要：以公益慈善为主要实现形式的第三次分配是调节收入差距、实现共同富裕的有效路径。各类公益慈善组织是第三次分配的重要参与主体。作为具备一定品牌美誉度和标识度的慈善基金会，浙江安福利生慈善基金会近年来依靠丰富的精神文化内核与较强的组织内聚力，高度制度化、体系化的组织架构与运行系统，独特的队伍孵化机制与保障体系，精准回应时代与社会需求的敏锐度和高效的执行力获得了快速发展。其以"提升自己，利益他人"为核心理念，提出并积极落实"七安"计划，在优秀传统文化传承、怀老助老、社会救助、乡村振兴等领域

＊ 陈勋，中共温州市委党校社科处处长、副教授，研究方向为社会组织和社会治理。

开展了一系列慈善公益项目，真正履行了政府好帮手、社会暖心人的职责使命，用慈善公益的"温柔之手"促进了全民共富共享。随着第三次分配被列入基础性制度安排，公益慈善事业被赋予了新的历史使命和更高的战略定位，公益慈善组织也将迎来更大的发展空间与更好的外部环境。

关键词： 第三次分配　慈善公益　共同富裕　安福利生慈善基金会

前　言

在高质量发展促进共同富裕的过程中，必须正确处理效率和公平的关系，充分发挥初次分配、再分配、三次分配的作用，形成橄榄形收入分配结构，实现全民共富共享。目前我国面临的社会主要矛盾是"人民日益增长的美好生活需要和不平衡不充分的发展之间的矛盾"，关键是要解决不平衡不充分发展这个问题。共同富裕就是要实现区域、城乡、群体之间的协同发展，让全体社会成员共享改革发展成果。在我国整个国民收入分配过程中，初次分配以效率优先为原则，由市场发挥决定性作用，按生产要素的作用进行分配，容易出现较大的贫富差距。二次分配是政府利用行政手段对收入分配进行强制性调节并发挥主导作用。尽管有助于缩小贫富差距，但有其局限性，无法全面关照到落后地区发展与弱势群体生活。三次分配是建立在自愿性基础上，以募集、自愿捐赠、资助等慈善公益方式对社会资源和社会财富进行的分配。三次分配的主体是社会力量，是各类社会主体对资源和财富的主动让渡，其内涵、参与主体和价值取向均具有独特性。中央曾不止一次强调三次分配的意义和作用。继中共十九届四中全会与十九届五中全会强调要发挥第三次分配作用后，2021 年 8 月 17 日召开的中央财经委员会第十次会议正式提出，要在高质量发展中促进共同富裕，构建初次分配、再分配、三次分配协调配套的基础性制度安排。公益慈善是三次分配的主要实现形式，各类公益慈善组织是三次分配的重要参与主体。慈善组织在慈善资源的动员、使用、管理与慈善行为的组织化、有序化方面发挥了重要的枢纽作用，为推进慈善公益事业发展、促进社会和谐稳定作出了重要贡献，已成为参与社会治理、促进共同富裕的重要力量。党和国家对公益慈善事业越来越重视，将发挥慈善第三次分配作用作为实现共同富裕的有效抓手，尤其是将第三次分配列入基础性制度安排，赋予了公益慈善事业新的历史使命和更高的战略定位，也给予了其更多的发展机遇、更大的发展空间。

温州是个有着悠久慈善历史和深厚慈善文化积淀的城市，温州人也一直保持着乐善好施、热心公益的优良慈善传统。目前，温州市登记认定的慈善组织已有130多家，位列全省第二。安福利生慈善基金会（简称"安基金"）是一家源起和总部均在温州，并具备地域品牌美誉度和标识度的省级慈善基金会。自2017年成立至今，安基金以"提升自己，利益他人"为理念，立足温州、面向浙江、辐射全国，开展了惠及不同群体的各类慈善项目与慈善活动，为社会弱势群体，尤其是孤、苦、老、弱、贫、病人群提供帮扶，在汇聚慈善力量、助力全民共富共享方面发挥了积极作用。

一 安福利生慈善基金会概况

安福利生慈善基金会的前身为安福利生慈善功德会。2017年1月4日，浙江省民族宗教事务委员会（简称"民宗委"）批复同意筹备成立浙江安福利生慈善基金会。同年3月1日，浙江省民政厅颁发浙江安福利生慈善基金会法人登记证书。至此，浙江安福利生慈善基金会正式成立，注册资金为1000万元，业务主管单位为浙江省民宗委，总部设在温州。2019年12月，安基金被浙江省民政厅评为5A级社会组织，并在2020年1月取得公开募捐资格。

（一）组织理念

安基金成立后便积极发扬传统公益慈善精神，确立了

"提升自己，利益他人"的行动理念。安基金将"孤、苦、老、弱、贫、病群体"列为主要帮扶对象，明确了"观弱势群体，怀慈悲大爱，回安福家园，树东方文明"的服务宗旨，并建构了"安仁、安心、安康、安养、安净、安学、安济"① 的"七安"慈善事业发展体系用以支撑与实现这一宏伟愿景。

同时，安基金还立足于慈善基金会的职责定位，明确了"不越界、不越位、不居功"的行动原则与"四大四合"的基本视野，立志做政府的好帮手、社会的暖心人。"四大"意指"大变局、大公益、大愿力、大担当"，希望安基金人能有感知并回应时代需要、社会要求、大众期盼的宏观视野与使命担当。"四合"意指"合法、合理、合情、合力"，要求安基金做公益事业必须坚守一些底线要求，争取党和政府、社会和民众的支持认可。

（二）组织架构与运营体系

安基金有一套高度制度化、组织化的运营系统，安基金内部组织架构主要分三层。一是设定理事会为基金会顶

① 具体指：安仁计划，致力于中华优秀传统文化的教育、研究与推广；安心计划，致力于弱势群体的心灵慰藉和心理抚慰；安康计划，致力于中医养生和生命整体健康的研究、实践及推广；安养计划，致力于养老和怀老模式的研究与实践；安净计划，致力于自然生态环境的研究和保护；安学计划，致力于助学助教，使学子学有所成、奉献社会；安济计划，对贫病困苦群体开展帮扶，同时积极参与应对突发灾害和重大公共安全事件的救助。

层组织，依据基金会章程决策重大事项。同时设立理事长会议制，负责理事会重大决策事项的事前研究和审核，以及理事会决策之外的重大事项决策，每年不少于4次。此外，还设立监事会，依照章程规定程序检查基金会财务和会计资料，监督理事会遵守法律和章程情况。目前，理事会共有11名理事，监事会共有3名监事，理事和监事均为一届五年，届满可以连任。二是设定基金会中层组织，负责重大决策的组织实施和日常运营管理。中层组织具体包括6个部门（中心），分别是办公室、传承发展部、项目合作部、传统文化中心、寻声救助中心和安养怀老中心。日常运营实行理事长办公会议制和秘书长工作例会制（原则上每周召开1次），确保重大决策的贯彻实施和各部门（中心）事务的协调跟进。三是建立基金会基层组织，负责具体项目的落实。基层组织是基金会发展目标和"七安"计划的基础承担者，也是基金会在各地开展工作的枢纽和窗口。安基金在一些大型城市（如北京、南京、上海和杭州等）建立了工作站，负责指导孵化各地社会组织和义工团队；在县（市、区）级城市布局建立了"安仁坊"，在乡镇（街道）或村（社区）建立"安仁小舍"，具体落地执行"七安"计划。同时，结合具体区域特性，安基金还在城市社区探索建立针对老年人服务的"怀老站"，开展社区互助怀老、优秀传统文化教育和弱势群体帮扶等慈善公益项目。截至目前，安基金已在全国建有 5 个工作站、10 个安仁坊和 1 个怀老站。

2020 年 1 月 15 日取得公募资格后，安基金又对原有的组织运营模式进行了优化升级，根据专业化和体系化要求，重新梳理和调整了基金会原有的中层与基层组织，形成了"前台+中台+后台"的组织系统。前台是负责公益项目的实施和执行主体，由各地工作站和安仁坊组成。中台负责基金会重点项目的策划、募捐、组织实施等，对前台常规项目进行专业指导、支持，由传统文化中心、安养怀老中心和寻声救助中心组成。后台是各公益项目的运营管理部门，由办公室、传承发展部和项目合作部等部门组成，是前台和中台的服务支撑。

（三）成绩与社会反响

根据业务范围和宗旨，安基金在正式成立后便推出了"安仁、安心、安康、安养、安净、安学、安济"七大计划，统称为"七安"计划，并以此为行动框架实施了各类公益项目，获得了较好的口碑与社会知名度。截至 2021 年底，基金会已与全国 136 家社会组织建立了合作关系，先后开展了乡村少年阅读工程（安仁计划，受益人数 17957 人）、乡村传统文化夏令营（安仁计划，受益人数 5108 人）、安仁传统文化夏令营（安仁计划，受益人数 630 人）、为您安个家（安济计划，受益 940 户）、大病救助（安济计划，受益人数 661 人）、老有倚靠（安养计划，受益 7389 户）、安福助学（安学计划，受益人数 504 人）和安福计划（综合项目，受益人数 3060 人）等重点项目，受益人数总计 36249 人（户）。截至 2021 年 12 月，安基金接受社会各界人士捐赠累计 128240 人次，募集善款 11210 万元，累计善款支出 7691 万元，登记义工 3783 人，直接受益人群超过 32 万人。[①]

通过在全国各地积极开展各类公益慈善活动，安基金的慈善理念与慈善行动得到了社会各界的肯定和认可。2019 年 12 月，安基金被浙江省民政厅评为 5A 级社会组织，随即在 2020 年 1 月，又取得了公开募捐资格。2020 年 2 月 3 日，浙江省民政厅发文，安基金等浙江省内 14 家社会组织被确定为防控新冠肺炎疫情进口捐赠物资受赠人，可以接受境外进口捐赠物资，并享有免税优惠。2020 年 6 月 11 日，浙江省委组织部、省民政厅等领导出席安基金离休干部居家适老化改造资金捐赠仪式，并授予安基金"关爱老干部　善举传美德"荣誉称号。2020 年 7 月 2 日，在浙江省民宗委主办、安基金承办的 2020 浙江省佛教慈善基金会联席会议上，与会领导和嘉宾充分肯定了安基金成立以来的工作经验和抗疫救援中取得的成绩。同时，安基金的多个项目也得到各大媒体的肯定和关注，《光明日报》主办的光明网、民政部主管的《中国社会工

---

① 本文数据均由安福利生慈善基金会提供。

作》、《浙江日报》、凤凰网等国家、省、市级多家媒体对相关活动进行了专题报道。

二 "七安"慈善事业助力共同富裕

在功能作用发挥上，安基金提出的定位是要做"政府好帮手、社会暖心人"，凝聚社会慈善力量，助力全民共富共享。基金会根据社会现实需求设立公益项目，目前开展的各类公益项目共 64 个，其中公开募捐项目 28 个，非公开募捐项目 36 个。近五年，安基金积极落实"七安"计划，重点在优秀传统文化教育、怀老助老、社会救助、乡村振兴等领域开展了一系列慈善项目与慈善活动，为助力共同富裕作出了应有的贡献。

（一）优秀传统文化教育：推动文化传承与发展，助力精神富有

共同富裕原本就包含物质富裕与精神富有。从社会整体层面看，实现精神富有离不开深厚历史文化底蕴的支撑。中华优秀传统文化是中华民族的"根"与"魂"，只有根植于中华民族优秀传统文化，通过推动其传承与创造性转化、创新性发展，才能真正树立民族文化自信。从个体层面看，教育缺失和文化知识的匮乏、精神文化生活缺失与精神空虚是精神贫困的主要原因。精神富有需要一定

的物质基础、教育条件及相关文化活动的促进，只有这样才能实现社会个体精神世界的丰富与充实。

近年来，安基金一直致力于以公益慈善方式促进中华传统文化的传承和教育。安基金传统文化中心具体履行相关职责，目前已与来自全国各地的35家社会组织开展了项目合作。与安基金传统文化中心一体运作的还有一个实体机构——华鼎书院。华鼎书院于2010年由安基金第一届理事会常务副理事长陈积勋及其女儿在北京创办，一直致力于传统文化教育的研究、实践与推广，在北京国学界和教育界有着良好的口碑。2017年安基金正式成立后，华鼎书院全体股东经过慎重讨论，认为把华鼎书院变成安基金所属机构，从事公益型传统文化教育，能使书院在传统文化教育事业中发挥更大的作用。于是，股东们作出了向安基金捐赠100%股权，把华鼎书院整体转制纳入安基金的决定。目前，安基金传统文化中心和华鼎书院就是两个牌子一个团队在运作。

近几年，安基金在传统文化教育领域实施的项目主要有如下几个。

1. 安仁传统文化公益师范班

师范班学制两年，包含研学、研习和研修三部分内容，以中华优秀传统文化为核心，以"回归经典、回归心灵"为教学理念，通过深入学习传统文化经典，把握传统文化要义，启迪人生学问与智慧，以期达到"提升自己，利益他人"的目标。自 2017 年至今，师范班已成功举办 5 期，累计学员 300 多人，志愿服务时间达 39300 小时。师范班 80% 的学员后来成为安基金的义工，还有一些成为骨干力量，为安基金公益事业发展培养和输送了大量人才。

2. 传统文化老年启蒙班

安基金"安养计划"走入温州鹿城水心社区后，社区的一些老人提出了想要识字的想法。这些老人早年由于各种原因失去了受教育、识字的机会，到了晚年，他们渴求能看书识字，具备一点基础阅读的能力，跟上社会发展节奏。得知这些老人的心愿后，安基金专门为老人们研发了传统文化怀老课程，还专门为老年群体编写了传统文化读本。

3. 中华家文化传承工程

中华家文化传承工程旨在通过传统家文化的复兴与当代家文化的重建，促进家庭和谐和善，培育社会善良之源。2021 年中华家文化传承工程共支出 66.18 万元，具体用于开展中华家文化研究、安福传家营、家文化亲子营、安仁家塾线上公益课、安仁传统文化公益夏令营等，以倡导和振兴家文化。截至 2021 年底，该项目累计受益人数达 2120 人。

4. 助学项目

助学项目主要包括如下几个。①辅仁行动乡村传统文化公益夏令营：致力于将城市里的优质传统文化教育资源带入乡村，给乡村的孩子们带去高质量的夏令营，缩小城乡教育的差距。截至 2021 年 9 月，"辅仁行动"已成功举办四年，支援 7 所定点支教学校，为乡村中小学生提供了 5108 人次的支教活动，足迹遍布安徽、河南、河北、黑龙江、甘肃等地区。②乡村少年阅读工程："仁人书包"项目升级优化后的全新呈现。"仁人书包"项目自 2018 年正式启动，截至 2021 年上半年，已累计为全国二十几个省市的百所学校送去了 12618 个国学书包（内含文具、环保水杯、10 余本国学图书）。2021 年 10 月，赫基集团与安基金合作成立"安基金赫基乡村少年阅读工程专项基金"，希望通过 5 ~ 10 年时间，共同打造乡村少年阅读工程，为乡村中小学建立 6500 个以传统文化为特色的安仁图书角，同时提供赋能课程。截至 2021 年 12 月底，项目已经为全国 60 多所学校建立了 500 多个安仁图书角，惠及 17000 多名乡村儿童和 500 多名乡村教师，志愿服务时间累计有 620 小时。

（二）怀老助老：关爱老人，促进"老有所养""老有所乐"

共同富裕是全体人民的富裕，这其中自然也包括庞大的城乡老年群体。保障好老年人群的基本生活，使其"老有所养""老有所乐"，是共同富裕的内在要求。第七次全国人口普查数据显示，我国 60 岁及以上人口已超 2.6 亿人，占总人数的 18.7%，65 岁及以上人口为 1.9 亿人，占总人数的 13.5%。随着人口老龄化程度逐步加深，老年群体对健康医疗、社会服务等的需求也日渐突出。怀老助老事业一直是安基金的工作重点，也是安基金慈善事业中做得最具特色、最有实效的。近年来，安基金围绕老人生活帮扶、精神陪伴与文化娱乐推出了多个公益项目，在困难老年群体帮扶、丰富老人精神文化生活等方面做了大量创新探索和努力。

1. "老有倚靠"与"为您安个家"：改善老人居住环境

因身体机能与反应能力下降，老人容易发生一些意外。对老年人而言，一次意外的跌倒就可能成为从健康到病痛甚至死亡的转折点。为防范老人在居家生活中发生跌倒等意外，安基金推出了"老有倚靠"项目，为 65 岁以上贫病或空巢老人提供防滑垫、浴凳、卫生间扶手安装等适老化服务，提升其居家生活安全度。老人在家中最易发生跌倒的地方通常是卧室和卫生间，在房间为其增设扶手、防滑垫，在浴室为其选用洗澡椅，建议其采用坐姿淋浴，可以有效防止老人沐浴时因地面湿滑、如厕时因腿脚麻木或地面湿滑等引起的滑倒、摔伤甚至致死。项目前期评估和安装工作全部由志愿者经培训后入户开展，如发现老人情况特殊，还可同时为有需求的老人提供定期看望与身心陪伴服务。目前该项目已同全国 70 多家社会组织开展了合作，为全国 21 个省、市、县 7389 户老人提供了卫生间、浴室等的适老化改造服务，累计支出 1696717.57 元。

在关注老年人群生活状况的过程中，安基金还发现一些山区农村的孤寡老人生活还很贫苦，他们的房屋破旧不堪，不能很好地遮风挡雨，室内墙体和线路严重老化，一些房子还没有自来水和室内卫生间，甚至有的已成为危房，随时都有倒塌的危险。正如一些义工所见："我们过的普通生活，可能是别人梦寐以求的。看着破旧的房屋，老人们佝偻的背影，蹒跚的身躯，我们内心悲痛不已。这些需要照顾的老人，正在慢慢老去，爱需要及时到达……"为此，安基金推出了"为您安个家"项目，为山区农村以及偏远地区困难家庭 60 周岁以上的孤寡空巢残疾失独老人提供居家环境改善、生活帮扶和定期看望陪伴服务。安基金通常会与当地社会组织合作开展前期入户调查和评估，以确定改造方案和预算。随后会对老人居所进行室内整洁改造、安全使用改造、无障碍防滑改造，包括电气线路更换、饮用水改造、卫生间和楼梯改造、门窗更新、室内整洁改造、室外道路修整等。后期还会提供定期回访陪伴、及时介入服务。"为您安个家"专项基金正式成立于 2020 年 12 月，起始资金为 1000 万元。目前安基金已与全国范围内的 70 多家优质公益组织开展项目合作，资助指导及考核其在全国 200 多个市、县、区推行的

"为您安个家"项目，有 5500 多名志愿者参与。截至 2021 年 12 月 31 日，安基金在全国各地已为 940 位（户）老人改善居家环境，累计支出 579.58 万元。其中 2021 年新增 440 位老人，支出 416 万元。

"为您安个家"项目推出后得到了社会各界的高度认可和肯定。项目在 2021 年 5 月 28 日获"浙江省青年志愿者服务项目大赛金奖"，又在同年 12 月荣获"中国青年公益项目创业大赛铜奖"。"为您安个家"公众号新闻报道的前言里有这样一些话："人老了，究竟意味着什么？衰老、病痛、孤独，这些指的是普通的老人；如果再加上困境、孤寡、残疾，甚至半失能，则更加形象地描述了我们所要帮助的这些老人。""现在的我们，似乎总是关心旭日东升的风光无限，而又有谁在乎夕阳低沉时的冷漠凄凉。"这些文案体现了安基金对社会问题的敏锐体察与对弱势群体的深度关切。安基金不仅为孤寡困难老人提供更加安全、便捷、舒适的生活环境，同时还给予他们生活上的帮扶和心灵上的安慰。上述荣誉和肯定皆因安基金是真正以社会需求为出发点，帮困难人群解决了实实在在的生活问题。他们为政府力量无法完全关照的领域和个体提供专门的帮扶服务，充分体现了慈善事业的社会价值。

2. "暖心餐"：为孤寡困难老人送餐入户

"暖心餐"是为缓解孤寡老人吃饭不便问题，专门为温州市水心周边社区 80 岁以上空巢、孤寡、残障等老年群体及社会弱势群体提供免费素食及陪伴服务而推出的慈善项目。项目在 2020 年 12 月开始试运行，于 2021 年 3 月 15 日正式启动。截至 2022 年 1 月 29 日，"暖心餐"送餐总份数已达 7005 份，投入义工 1825 人次，送餐金额约 10 万元，惠及温州鹿城区松台街道 60 位老人。

每天上午 10 点，义工们就会来到水心社区的亲情素食餐厅"打卡"，核对餐食份数，摆放保暖饭盒，装上为老人精心配制的低盐、低油、低糖的饭菜，分送到老人家中。每到节日，水心安仁坊陶玲坊长还会带着义工为老人送去中秋月饼、过年对联、冬日暖心袜等。了解到很多老人子女不在身边，独居生活孤苦寂寞，义工们还定期上门和老人谈心聊天，了解其健康和心理状况，开展心理陪伴服务。水心社区有位 90 多岁高龄的程阿婆，女儿常居上海，因各种因素无法日常陪伴左右。两年前阿婆摔了一跤，骨盆骨裂，但因年龄太大不能手术，只能长期卧床调养。水心安仁坊了解到程阿婆的情况后，立即安排了暖心餐，每日按时按点送到阿婆家里。平时家里有什么大事小情，义工们都会帮忙，如送餐时看到阿婆头发长了，便主动承担起理发的工作。在大家的细心照料下，程阿婆的身体渐渐康复，已经能下床走动了。安基金帮助的像程阿婆这样的老人还有很多。比如安基金一直在帮扶的一对高龄母女，母亲已接近 90 岁高龄，每天还要照顾多年瘫痪在床且体弱多病的 70 多岁的女儿。安基金了解到她们的困难情况后，在 2020 年 12 月就将其作为送餐对象，无论节假日，每天坚持将饭菜送至老人家中。一位义工曾经颇有感触地说道："在参与暖心餐义工工作前，真的不知道在城市里、在我们身边还有这么多需要帮助和关怀的人。只有推开那一扇扇门，才能真切感受到每扇门背后一个个辛酸的故事：年迈和病痛、贫穷和困顿、孤独和无望……每次入户调查即将结束，我们合上调查记录本和老人拉着手告别，老人们都会依依不舍地送我们到门口，他们不会说太多华丽的语句，只有那句重复了不知多少次的'谢谢'和紧紧攥住不放的手……"这样温暖又感人的故事几乎每天都会上演。对于参与送餐的义工而言，这是一堂堂真实而厚重的有关生命主题的人生课。尊老敬老爱老是社会主义优越性的具体体现，也是人类社会文明进步的重要标志。这些义工们带着"有一天你也会老"的共情与"善待老人就是善待明天的自己"的信念，坚持风雨无阻地送餐，生动诠释了安基金"提升自己，利益他人"的行动理念。

3.水心怀老站：社区互助怀老新探索

为破解居家养老难题，打造居家养老互助模式，自2017 年开始，安基金以水心社区为试点，尝试探索建立社区慈善枢纽实体，以重点实施助老敬老项目，同时落地开展各类慈善公益项目。水心社区是温州市城区一个始建于 20 世纪 80 年代的老旧社区，无物业管理，且老人众多，60 周岁以上的常住老人有 3000 人以上。为帮助提升社区老人居家养老的幸福感和安全感，安基金于 2019 年 9 月 29 日正式与水心社区共同启动水心怀老站改造工程。怀老站的前身是一个 20 世纪 80 年代的旧自行车车棚。平时停放着为数不多的几辆车，还堆放着大量杂乱的废旧物品，既浪费了宝贵的小区空间资源，也严重影响了小区环境美化。安基金充分发动社区居民和社会慈善公益力量捐款捐物，参与到怀老站改造建设中来。最终，原本预算 200 万元的投入，只用了不到 150 万元就打造了一个单层面积有 200 多平方米的双层楼综合慈善实体。

经过各方人士的共同努力，水心怀老站在 2020 年 5 月 15 日正式建成并投入试运营。建成后的怀老站就像老人家门口的大客厅，每天都吸引着社区老人们自发前来参加不同类型的主题活动。很多人更是自愿加入轮值义工的队伍，为怀老站和其他老人服务，这其中年纪最大的义工已有 78 岁。水心社区的一些老人直言："我有空了就会来怀老站看看、坐坐。来这里开心，有事做，有人说话。这里给我们老人交流、活动提供了一个好去处。"除站内的七馆一园开展各类服务项目和活动，吸引健康老人到站内互动娱乐外，怀老站还策划了各类助老公益服务项目，组织引导老人成为志愿者服务社区，为高龄、失能等不方便走出家门的老人送去服务和关爱。怀老站几乎每天都有活动，以老人自发的固定主题活动和居民自愿参加志愿者服务为主，每月有近 2000 人次参加。每日负责轮值的志愿者团队总人数有 78 人，平均每日参加人数 10 人左右，每月约有 300 人次提供轮值服务。一月一次的老人集体生日会平均每次参加人数有 80 人左右。目前怀老站已建立服务联络信息的老人有近 200 人，对接的社区党员、公益讲师、志愿服务体验者近百人。水心怀老站的服务活动更多的是围绕居民社区生活展开的，因此很快怀老站的活动就成为社区生活的一部分。怀老站已不再是一个单纯意义的活动场所，而是真正成为社区慈善公益的枢纽实体。有了水心怀老站实体作支撑和平台，社区老人之间形成了一种友爱互助的关系，怀老站打造了社区老人居家养老的互助怀老模式，并影响和改善了社区整体的公益环境与氛围。社区干部对安基金在社区共治中的作用给予了高度评价，"我们温州市鹿城区松台街道水心社区自 2017 年开始与安基金开展合作，从最初的老年启蒙班到各类适老化改造项目，到 2020 年设立专项基金投入 150 多万元建设水心怀老站，再到 2021~2022 年结合惠民工程专项基金投入 70 万元左右为老旧小区修缮围栏、提升小公园品质等，安基金给了我们很多帮助。帮助'筹钱'只是一个方面，更重要的是与社区协同借助慈善来'筹人'。安基金在与社区合作过程中，非常关注本地慈善资源的培育和挖掘，通过建立水心亭、推出防疫健康茶、开展捐步配捐扩大慈善社群等，培养他们的主人翁意识，引导他们参与到社区治理中去，对帮助我们探索解决老旧小区居民过度依赖社区托底服务问题作用很大"。

（三）社会救助：扶弱助困，为共富"托底"

扶弱助困需要构建多层次的社会救助体系。这其中，社会力量的参与必不可少，是弥补政府救助不足的重要补充。安基金近年来在医疗救助、教育救助和灾害应急救助等领域开展了一系列慈善项目，为弱势群体和困难人群摆脱困境贡献了社会力量。

1. 医疗救助

为方便因病致贫的生活困难病患知晓求助，安基金推出了"寻声救助项目"，并专门组织了"寻声救助中心"，主动帮助需要救助的病患。迄今项目累计支出已超过490万元，受益人员3000余名。其中，2021年共支出211.6万元，使661名因身患大病而陷入困境的患者得到救助与帮扶。安基金还积极与政府合作参与医疗救助，如参与了温州市民政局开展的温州市"真爱到家·救助服务联合体"献礼建党百年系列活动。截至2021年12月底，帮扶温州市鹿城区177名因病致困对象，共支出870000元，帮扶瓯海区163名患白内障的困难老年人，共支出300675.72元。还参与了温州市民政局"红社e善·真爱到家"活动中的"为生命续航 尿毒症综合成长蒲公英计划"项目，截至 2021 年 12 月底，帮扶 223 名困难家庭尿毒症患者，共支出 67080.6 元。2022 年 2 月 15 日，安基金"为生命续航"项目在腾讯公益平台正式上线。

2. 教育救助

安基金"安学计划"主要致力于帮助因病、灾、变故而陷入困境家庭的少年儿童，资助他们重回学校，帮助他们实现求学梦想。同时还通过义工的定期回访和陪伴，开展心理援助和心理重建，重塑这些孩子的自信和生活的勇气，帮助其更好地成长。安学计划的实施方式主要有两种。一种是个案助学项目。先由求助者个人提出申请，再由安学计划项目人员按照项目管理流程办理资助手续。另一种是与院校社团合作，有组织有步骤地开展助学行动，避免盲目性和随意性。截至 2021 年 12 月底，安基金助学项目已资助 500 多名困境少年儿童，志愿服务时间累计 1200 小时。

3. 灾害应急救助

近两年，安基金还积极参与了重大自然灾害和突发公共安全事件救助。2020 年初基金会在新冠肺炎疫情突发的第一时间即加入抗疫行动，救援足迹横跨欧亚非洲，深入疫情重灾区湖北武汉、浙江温州等地，持续战疫 150 多个日夜。抗疫救援期间，安基金共接收款物合计 698.98 万元，发放抗疫物资 778.99 万元，支持抗疫机构（单位）668 个，在国内疫区 1292 个社区和乡村设立了 14638 个消毒点，援助在意大利、肯尼亚等海外华人华侨的呼吸机、口罩等防疫物资共计 74 万元。2021 年 7 月，安基金积极参与河南抗洪救援，共接收捐赠 266.46 万元，购买物资 51453 件，支出 290.57 万元，主要用于支援河南郑州、新郑、荥阳、巩义、中牟、鹤壁等受灾严重区域的群众，直接受益人数超过 21 万人。

（四）"乡村振兴工程"：响应国家战略，助力乡村共富

进入 2021 年，安基金在步入转型升级、发展创新的新阶段后，随即提出了"三个转向"，即要把慈善事业重心转向国家政府倡导扶持的公益方向，转向社区、农村、落后地区和西部地区，转向社会弱势群体的真实急切需求。对标国家发展战略和时代热点命题，通过前期大量的调研、咨询、设计和部署，安基金于 2021 年 4 月正式启动了"安福乡村振兴工程"。该工程旨在协助党委政府，助力乡村振兴、促进共同富裕。业务范围具体包括帮扶弱势群体、助力产业兴旺、打造宜居环境、传承乡土文化和实现美好生活等，涵盖乡村振兴的组织、产业、人才、文化、生态 5 个领域，通过将"七安"计划真正落地乡村、服务村民，助力乡村实现"产业兴旺、生态宜居、乡风文明、治理有效、生活富裕"。2021 年 4 月 27 日，安基金成立了以秘书长为组长、各部门（中心）负责人为成员的"安基金安福乡村振兴工程领导小组"，设立了"安

福乡村振兴工程专项基金"，起设资金 300 万元。6 月 27 日，安基金第一届理事会第十次会议把乡村振兴工程列入安基金"二五"规划战略，计划在"二五"期间发起 50 家安仁小舍建设，开展 50 个乡村的振兴工作。同年 7 月 8 日，第一批 5 家安仁小舍批复设立，11 月第一家乡村安仁坊——温州市文成县西坑乡安仁坊建成并投入使用。

尽管在 2020 年才正式推出乡村振兴工程，但其实近 3 年来安基金在助力乡村振兴、促进共同富裕方面已经开展了很多工作。如陆续在浙江省文成县、龙游县和山东省巨野县等地资助少数民族乡村和山区落后乡村开展了十几个乡村振兴项目，其中有乡村安仁坊、安仁小舍等落地机构建设，助力通乡公路、桥梁等基础设施建设，开展村史编修、建设红军地下交通站展厅等文化传承项目，还有老茶园改造等产业振兴项目，总投入金额达 210 多万元，惠及村民达 11000 多人。下一步安基金将以乡村安仁坊和安仁小舍的建设和运营来进一步落地开展安福乡村振兴工程。

三　经验与启示

慈善组织一方面要精准对接国家发展与社会服务需求，另一方面还要充分重视自我建设与服务能力提升，只有这样才能提高组织公信力与专业服务水平，真正发挥好政府好助手、社会暖心人的作用。安基金能在较短时间内迅速成长，并取得一定的品牌知名度与美誉度，有其较为成功的一套组织运营经验。

（一）丰富的精神文化内核与较强的组织内聚力

组织的凝聚除了制度机制层面的整合，还需要组织理念和组织文化的内化与聚合。安基金在发展过程中成功凝练出一整套成体系的文化理念，构筑了凝聚整个基金会的精神内核。"提升自己，利益他人"的核心理念为安基金组织成员和广大义工的行动提供了一个基本的目标指向。"观弱势群体，怀慈悲大爱，回安福家园，树东方文明"的服务宗旨有效引导了安基金行稳致远，更好地造福国家与社会。同时安基金的文化内核里还有很多克己、利他和无私的公益品格，如"不越界、不越位、不居功"的基本原则，"四大四合"的基本视野，立志做"政府的好帮手、社会的暖心人"的合理定位与责任担当等，不仅为基金会的长远发展确立了一个合理又清晰的定位，也显示了安基金全体慈善参与者的气度和胸怀。安基金团队深知基金会是一个非营利性组织，要凝聚理事、员工、义工和捐赠人就必须有一定的精神内聚，就必须重视组织文化建设。明确组织的核心理念、宗旨和价值观，并不断强化，在基金会内部各界人士中达成共识，各方同心协力，才能锻造一支"有信仰，有情怀"的公益队伍，构筑安基金长远发展的坚实基础。正是这些丰富的精神文化内核，使得安基金在发展过程中显示出了强大的组织力和内聚力。安基金也正是通过不断发展和凝练精神内核，强化组织文化建设，推进成员的价值引导与组织化参与，成功实现了组织内部的聚合、激励以及规制。

（二）高度制度化、体系化的组织架构与运行系统

一个社会组织的行动力在一定程度上依赖组织架构与运行体系的规范化、科学化程度。安基金自成立伊始，就十分重视建章立制，通过基金会的制度化、规范化建设来保障组织的良性运行。安基金先后制定实施了《浙江安福利生慈善基金会章程》以及关于监事会、财务管理、人事管理、志愿者管理、重大事项报告、项目管理、专项基金运营管理、安仁坊创办运营管理、档案管理、信息公开、证章管理等方面的数十个规章制度，从顶层架构、日常运行、项目管理实施、志愿者服务和信息披露等全方位系统强化了组织的制度化、规范化建设，确保了组织的高效规范运行。

组织架构上，安基金顶层、中层、基层三大组织系统的设立以及后来"前台+中台+后台"运营体系的整合优化，大大保障了组织的行动能力与服务能力，尤其是两大"前台"——工作站和安仁坊的设立。安仁坊、安仁小舍由独立法人的社会组织负责运营，并非基金会的直属单位，但服务理念上与安基金保持高度一致。它是安基金的文化

展示窗口，也是社区（乡村）义工之家与社区（乡村）服务平台，承担着基金会具体慈善项目在不同区域落地实施的职责。类似的还有在城市社区建立的旨在构建社区互助怀老模式的"怀老站"。它们可以将基金会的服务触角直接深入社会最前沿、最基层，同时发挥公益慈善枢纽的作用，是很好的实践创新。高度制度化、体系化的组织架构与运行系统，直接深入社会基层内部的组织设置，是安基金的显著特点，也是确保其规范高效运行的根本保障。

（三）独特的队伍孵化机制与保障体系

人力资源短缺与专业人士缺乏一直是困扰慈善组织专业化、长远发展的难题。任何基金会的发展都需要一支专业化、稳定性的员工团队。安基金多年来形成了一套相对成熟又独特的队伍孵化与保障机制，确保了其近五年慈善事业的迅速发展。截至目前，安基金共有荣誉理事 50 人，义工近 4000 人，员工 40 人。首先，借助荣誉理事制、义工制和员工制等，基金会吸纳了不同身份背景与专业特长、不同年龄层次的群体加入基金会，人才资源基础得到了一定程度的夯实。同时，依托传统文化中心，安基金得以大力孵化和吸纳慈善公益事业的后备力量。近些年，安基金传统文化中心先后开展了安仁传统文化公益师范班、七安使者研习班、传统文化怀老研修班、安仁坊修学营和百年传承修学营等面向不同群体和层次的主体班次研修课程，培训总人数合计 570 人次。这些学员中有部分优秀人才结业后便被吸纳到基金会，安仁传统文化公益师范班甚至有 80% 的学员后来成为安基金的义工。就目前人才来源结构看，基金会中层管理者很大部分是通过参与传统文化中心举办的研修班而加入基金会的，其中就包括全职员工 9 名、安仁坊坊长 6 名，还有大量骨干义工也是一样的。独特的队伍孵化机制是安基金发展的特色之一，是其五年多来能得到迅速成长、产生社会影响力的重要保障。

其次，筹款劝募能力也是决定慈善组织持续发展、能发挥作用的关键性要素。安基金有自己"独特的"劝募机制，即相对稳定的理事队伍以及较强的捐赠意愿和能力。考虑到理事会名额受规定限制只能有 25 名，安基金制定了荣誉理事制度，授予为安基金慈善事业作出突出贡献的善心人士为"荣誉理事"。同时成立荣理会，为这些志同道合的"圈内人"建立沟通交流与凝聚智慧的平台。2017 年基金会成立大会上，就有 44 名荣誉理事诞生。这些理事和荣誉理事很多是企业界人士，不仅能大大提升安基金的资源筹措能力，也在一定程度上保障了善款筹集的持续性与稳定性。

（四）精准回应时代与社会需求的敏锐性和高效的执行力

任何慈善组织的发展与作用发挥，除了取决于组织自身的组织力和行动力外，还要看能否找准时代与社会需求点，及时、精准地予以回应，让组织发展拥有更强的"生命力"。安基金自成立始就一直保持着精准体察社会问题与及时感知服务需求的敏锐性，同时执行力较强的团队能及时、高效地跟进回应与设计相关的项目，这是安基金能在短短几年便树立口碑产生社会影响力的重要原因。如为老人安家、送餐、进行适老化设施改造，以及设置专门的怀老站，推进社区慈善深入开展，还有后来乡村振兴工程的推出，都是顺时代之势、应时势之需。在一个有着悠久历史文化积淀和根脉的国家开展传统文化的教育和传承、在一个存在长期城乡差距的社会助力欠发达地区均衡发展、在一个较早进入老龄化的发展中国家关注老年人群的生活和心理，本身就是意义重大而深远的事业。尤其是进入高质量发展阶段后，共同富裕成为新时代重大命题，落后地区经济社会发展、特定人群生活将被重点关注，社区慈善、乡村慈善也已成为慈善领域的新增长热点，这些都为安基金的慈善事业增添了更多时代价值与生命力。

结　语

共同富裕的重点和难点在于"共"，是所有人的富裕，是包括所有地区、所有阶层、所有群体的富裕。三次分配作为调节收入分配、促进共同富裕的重要手段，能有效弥补初次分配和再分配在推动共同富裕中的不足。其本质是通过道德的力量与人性友善实现资源让渡和配置均衡，既彰显了"共享"的发展理念，也体现了社会主义"共同"富裕的价值追求，对社会发展进步而言有独特的道德与价值功能。因为它通过对弱势群体的帮扶，给予其物质与精神层面的获得感和幸福感，不仅有利于缩小贫富差距，调节财富分配；还能培育公民利他奉献精神，改善社会关系，促进社会和谐。要让三次分配充分发挥功能，必须强化价值引导和组织化参与，必须确保作为主要参与主体的慈善组织健康、有序发展。共同富裕的实现离不开三次分配的协同，三次分配作用的发挥必须依赖广大公益慈善组织的发展与积极作为。我国目前的整个慈善规模与社会财富量级、第三次分配的地位均不匹配。国家层面需作出相应的制度安排及积极的社会动员，建立、完善相应的激励与保障体系，以推进慈善事业的进一步发展。于公益慈善组织而言，只要与时代需求、国家需要、民众渴求同频共振，同时注重加强自身建设、提升专业化水平，在发挥三次分配作用、促进共同富裕的道路上还将大有可为！

后　记

　　温州是改革开放以来中国最早富裕起来的地区之一，温州人通过市场化、民营化、工业化、城市化实现了从物质贫乏到物质富有的转变，创造了享誉海内外的"温州模式"。进入 21 世纪以来，温州市委市政府牢记习近平总书记殷殷嘱托，忠实践行"八八战略"，遵循新发展理念，聚焦发展中不平衡不充分问题，加大公共服务领域的投入，民生事业取得显著进步，百姓生活正在从物质富裕向物质与精神共同富裕转变，人们幸福生活取得了质的变化，温州连续三年被评为中国最具幸福感城市。

　　2021 年 5 月 20 日，《中共中央　国务院关于支持浙江高质量发展建设共同富裕示范区的意见》发布，这是党中央回应人民群众对共同富裕的共同期盼作出的重大战略部署，由浙江省开展先行先试更是基于浙江省在探索解决共同富裕方面取得了有目共睹的巨大成绩，在全国更具优势和基础。温州作为中国最先富裕起来的地区，在实践发展的过程中已经积累了比较丰富的经验，即便对照高水平共同富裕温州还存在不少短板弱项，但并不影响这些经验在推进实现共同富裕方面的启发意义，自然的，挖掘和研究这些经验就变得非常有意义。

本书的研创工作得到校领导班子的高度重视和支持，常务副校长洪文滨亲自担任主编并为开展好共同富裕的研究提出了要求。我们通过各县（市、区）委和各党校征集到案例 30 多个，由我带领研究室、科研处和经济学教研部的有关人员到 9 个县（市、区）进行实地调查，最后根据案例对应的共同富裕的内涵特征，综合考虑了覆盖面和类型差异，2021 年 10 月选定了 16 个案例作为研究内容，依托全市党校系统组建课题组，并开展培训，确定课题研究的具体要求。2021 年 12 月至 2022 年 1 月，根据课题研究的进度，再度赴各县（市、区）开展课题检查。2022 年 2 月陆续收齐案例研究成果，并启动书稿的审稿、统稿工作。审稿、统稿由我、金坚、陈勋、陈中权、陈忠谊五人参加，3 月 10 日初稿交社会科学文献出版社，本书编辑宋静博士对初稿提出了很多的建议，收到初校样后我们再次集中对目录、标题、内容进行了针对性的修改。本书的案例研究忠实反映了实践的情况，都是经得住考察的鲜活事例，但不可否认的是，囿于个别案例存在不够深入和研究者能力的问题，文章内容并没有完全反映出案例本身精彩生动的故事，留下了一些遗憾。我们把这本书稿以《共同富裕看温州》为名正式出版，作为"看系列"的第三本书，希望能给关注温州打造高质量发展建设共同富裕市域样板的读者提供一扇观察窗口，为温州迈向更高水平的共同富裕提出好的建议。

著名学者、中国社会科学院社会学研究所副所长王春光教授在百忙之中欣然为本书作序，是本书的一大亮点。浙江省委党校马克思主义学院院长李涛教授对本书内容提出了指导意见并给予支持鼓励。社会科学文献出版社皮书出版分社的邓泳红社长为本书的顺利出版提供了专业指导，在此，由衷表示感谢。

王　健

2022 年 4 月 10 日

图书在版编目（CIP）数据

共同富裕看温州 / 洪文滨主编 . —北京：社会科学文献出版社，2022.5
ISBN 978-7-5201-9942-1

Ⅰ.①共…　Ⅱ.①洪…　Ⅲ.①共同富裕-研究-温州
Ⅳ.①F127.553

中国版本图书馆 CIP 数据核字（2022）第 048761 号

共同富裕看温州

主　　编 / 洪文滨
执行主编 / 王　健

出 版 人 / 王利民
组稿编辑 / 邓泳红
责任编辑 / 宋　静
责任印制 / 王京美

出　　版 / 社会科学文献出版社·皮书出版分社（010）59367127
　　　　　　地址：北京市北三环中路甲 29 号院华龙大厦　邮编：100029
　　　　　　网址：www. ssap. com. cn
发　　行 / 社会科学文献出版社（010）59367028
印　　装 / 三河市龙林印务有限公司

规　　格 / 开　本：787mm×1092mm　1/16
　　　　　　印　张：22.5　字　数：215 千字
版　　次 / 2022 年 5 月第 1 版　2022 年 5 月第 1 次印刷
书　　号 / ISBN 978-7-5201-9942-1
定　　价 / 98.00 元

读者服务电话：4008918866